Was ist Zeit?
Zeit und Verantwortung
in Wissenschaft,
Technik und Religion

Eingeleitet und herausgegeben von Kurt Weis

Deutscher
Taschenbuch
Verlag

Der vorliegenden Taschenbuchausgabe liegt die bearbeitete und um ein Namens- und Sachregister erweiterte 3. Auflage des zuerst im November 1994 in der Reihe Faktum, Bd. 6, der Technischen Universität München veröffentlichten Bandes zugrunde.

1. Auflage Oktober 1995
2. Auflage April 1996: 6. bis 8. Tausend
Deutscher Taschenbuch Verlag GmbH & Co. KG,
München
Alle Rechte vorbehalten
Erstveröffentlichung: Faktum – Fakten, Analysen,
Konzeptionen. Eine Reihe wissenschaftlicher Veröffentlichungen
der Technischen Universität München, Band 6, 1994
Umschlaggestaltung: Klaus Meyer, Antonia Berger
Umschlagbild: ›Harold Lloyd in Distress‹
(© Bettmann Archive, Utrecht)
Gesamtherstellung: C. H. Beck'sche Buchdruckerei,
Nördlingen
Printed in Germany · ISBN 3-423-30525-8

Das Buch

"Was also ist Zeit? Wenn mich niemand danach fragt, weiß ich es; will ich es einem Fragenden erklären, weiß ich es nicht." So Augustinus. In unserem Kulturkreis gilt Zeit vielen als lineares Ordnungsprinzip, das an der Existenz der Materie klebt. Kann Zeit Druck ausüben, den sogenannten Zeitdruck? Ist sie ein konditionsstarkes Rennpferd, dem viele von uns mit den zivilisationseigenen Scheuklappen hinterherzuhetzen trachten? Läuft sie im Norden schneller als im Süden, in der Stadt schneller als auf dem Land? Warum ist die Herrschaft über den Kalender so begehrt? Wie lange währt Gegenwart? Vernichten moderne Informationstechnologien Zeit, indem sie weltweite Allgegenwart und damit Zeitlosigkeit einführen? Was wird aus den Verteilungskämpfen zwischen selbstbestimmter und fremdbestimmter Zeit? Haben Frauen und Männer ein unterschiedliches Zeitgefühl? Was wird aus der Freizeitgesellschaft, die keine Zeit mehr findet? Wie können wir lernen, mit der Zeit besser umzugehen? Ebenso wichtig für die Antworten, die in diesem Buch versucht werden, ist die Frage nach unserer Verantwortung im Umgang mit der Zeit.

Die Autoren

Michael von Brück, Hans-Peter Dürr, Hermann Lübbe, Hans Maier, Helga Nowotny, Ruprecht Paqué, Ernst Pöppel, Kurt Weis und Wolfgang Wild.

INHALT

Zum Geleit

Im Jahre 1993 feierte die Technische Universität München das Jubiläum ihres 125jährigen Bestehens. Aus diesem Anlaß führte Professor Kurt Weis vom Institut für Sozialwissenschaften unserer Universität im Sommersemster 1993 wieder eine Ringvorlesung durch mit der Fragestellung: "Was ist Zeit?" Im vorliegenden Band, der zuerst in drei Auflagen in der neuen FAKTUM-Reihe der TUM erschien, werden die Beiträge dieser Vortragsreihe nun weiter veröffentlicht.

Als Leitthema ihres Jubiläums hatte unsere Hochschule "Ethik und Technik" gewählt in dem Bewußtsein, daß der Verantwortung gerade der Technik- und der Naturwissenschaften gegenüber unserer Gesellschaft immer größere Bedeutung zukommt. Der Untertitel der Ringvorlesung und dieses Buches zeigt den Bezug zu dem Leitthema unseres Jubiläums auf: "Zeit und Verantwortung in Wissenschaft, Technik und Religion". Dieser Disziplinen, Arbeitsbereiche und Lebenshaltungen verbindende Titel knüpft an die Formulierung der ersten großen Ringvorlesung von Kurt Weis an, die unter dem Thema "Bilder vom Menschen in Wissenschaft, Technik und Religion" stand und ebenfalls in der FAKTUM-Reihe veröffentlicht wurde. [1]

Die direkte Frage, was denn Zeit sei, mag nur schwer oder gar nicht zu beantworten sein. Aber, wie Weis in seinem nachfolgenden Einleitungskapitel schreibt, das Fragen nach der Zeit verdeutlicht Arbeit und Aufgaben der befragten Wissenschaftler und ihrer Fächer. Es führt uns mitten in die Entwicklungsprozesse der einzelnen Wissenschaften und damit auch zu den Fragen, wie Entwicklungen gefördert werden können, die für die Menschen zur Erhaltung einer lebenswerten Zukunft notwendig sind.

---

[1] Hier vergriffen. Jetzt: Kurt Weis (Hrsg.): Bilder vom Menschen in Wissenschaft, Technik und Religion. Zweite Auflage. Opladen: Westdeutscher Verlag 1995, 600 Seiten.

8

Die Referenten gehen ausdrücklich auf die Fragen der Zeitumgangsmoral angesichts der Zivilisationsdynamik, auf die Zeitkonflikte in unserer technologischen Gesellschaft und eben auf die Verantwortung für unsere Zukunft ein. Hier werden Kernfragen gerade auch einer deutschen Technischen Universität angestoßen. Im Gegensatz zu vielen anderen Ländern ist in Deutschland die Einstellung zu wissenschaftlichen Forschungen und technischen Entwicklungen ungewöhnlich kritisch geworden. Nach Meinungsumfragen empfinden zwei Drittel der Deutschen die rasche Entwicklung von Wissenschaft und Technik verwirrend und bedrückend. In der Tat greifen ja auch Wissenschaft und Technik in unser Leben ein wie noch nie zuvor in der Geschichte der Menschheit. Auch die Rückschau auf die 125jährige Geschichte unserer Technischen Hochschule verdeutlicht diesen Prozeß und seine Beschleunigung. Dabei sind aber auch über vier Fünftel der gleichen Befragten der Meinung, daß die Technik das Leben erleichtert. Nicht nur im Verkehr, an den Mediengeräten und in Kliniken nutzen wir alle Techniken, die wir zumeist im Detail nicht mehr verstehen. Zwischen diesem Vertrauen und den Ängsten gegenüber der Technik muß es Aufgabe der Wissenschaft sein, durch verständliche und offene Informationen Auskunft zu geben. Wissenschaftler müssen mehr als bisher den Dialog mit der Öffentlichkeit suchen und Gelegenheiten nutzen, ihre Forschungen zu erläutern, Forschungsfragen zu erklären, den Sinn der eigenen Arbeit aufzuzeigen und die Vorteile und Risiken für die Gesellschaft anzusprechen. Hier trifft sich die Aufklärungsbringschuld der Wissenschaft mit einer Informationsnachfrageschuld der Öffentlichkeit.

Auch diesem Zweck sollen unsere öffentlichen Ringvorlesungen mit renommierten Referenten und international ausgewiesenen Zeitforschern dienen. Ich wünsche diesem Buch eine interessierte Aufnahme und kritische Reflexion.

Otto Meitinger
Präsident der Technischen Universität München

KURT WEIS

Zur Einführung:

Was verdeutlicht das Fragen nach Zeit ?

Was ist Zeit?

Dieses Buch fragt nach der Zeit. In seinem Kern stehen sieben Fragen und die dazu in einer Ringvorlesung an der Technischen Universität München 1993 vorgetragenen Antworten. Es gibt unendlich viel Literatur und ein derzeit schnell wachsendes Bücherangebot zum Thema Zeit. Einige unserer Vortragenden haben dazu bereits Wegbereitendes geschrieben. [1)]

Zeit liefert ein Ordnungsgefüge für Dinge, Beziehungen und Reihenfolgen. Der Essay "Über die Zeit", den Norbert Elias (1897-1990), ein 1933 berufs- und landesvertriebener deutscher Soziologe, im Alter zwischen 77 und 87 Jahren mit ungewöhnlichem gesellschaftlichem Einfühlungsvermögen und geistiger Durchdringung schrieb, ist für Soziologen noch immer wegweisend. Elias wurde erst gegen Ende seines langen Emigrantenlebens von Teilen der deutschen Soziologie ansatzweise rezipiert. Ihm folgend verstehe ich unter Zeit den Ausdruck und das Ergebnis einer hohen menschlichen Syntheseleistung, die erst im Zusammenhang mit gesellschaftlichen

---

1) z.B. Hermann Lübbe: Im Zug der Zeit. Verkürzter Aufenthalt in der Gegenwart. Berlin etc.: Springer-Verlag (1. Aufl. 1992), 2. Aufl 1994. Hans Maier: Die christliche Zeitrechnung. Freiburg: Herder (1. Aufl.1991), 2. Aufl. 1992. Helga Nowotny: Eigenzeit. Entstehung und Strukturierung eines Zeitgefühls. Frankfurt a.M.: Suhrkamp (1. Aufl. 1989, 3. Aufl. 1990), TB 1993

Entwicklungen zu verstehen ist. Die wirkliche Frage, nicht nur für Elias, lautet, "wozu eigentlich Menschen Zeitbestimmungen brauchen." Zeit setzt Dinge für unsere Wahrnehmung in Beziehung und ist für diese Beziehung Symbol, ein mit Sinn gefülltes Zeichen. Zeit ist ein sozial institutionalisiertes Mittel der Orientierung (und damit auch der Regulierung!). Sie wurde für uns eine eigene soziale Einrichtung. [2]

Ich übernehme einige Anregungen und Fragen, die der Philosoph Martin Heidegger (1889-1976) vor siebzig Jahren in seinem Vortrag "Der Begriff der Zeit" vor der Marburger Theologenschaft ansprach und denen wir, wiewohl unzitiert, bei den Fragen dieses Bandes wieder begegnen werden. Manche seiner Sätze begleiten programmatisch den Aufbau des Buchs. Heidegger hat sich von seinem Habilitationsvortrag 1915 bis zu seinem Hauptwerk "Sein und Zeit" (erstmalig 1927) und danach immer wieder um die Zeit bemüht. Er sagt (mit hier übersprungenen eingehenden Erklärungen): "Die Zeit ist nichts." - "Die Zeit ist, worin sich Ereignisse abspielen." - "Das Dasein ... *ist die Zeit selbst*, nicht *in* der Zeit." - "*Das Grundphänomen der Zeit ist die Zukunft.*" - "Gerade das Dasein, das mit der Zeit rechnet, mit der Uhr in der Hand lebt, ... sagt ständig: ich habe keine Zeit. Verrät es damit nicht sich selbst in dem, was es mit der Zeit macht, sofern es ja selbst die Zeit ist? Die Zeit verlieren und sich dazu die Uhr anschaffen?" - "Wenn die Zeit ihren Sinn findet in der Ewigkeit, dann muß sie von daher verstanden werden." [3]

Diese Einführung erinnert im folgenden weiter an das vielfältige Fragen nach der "Zeit", geht dann auf die zunehmende Bedeutung von Zeit in unserer Gesellschaft ein, stellt schließlich Zeit als Verdeutlichungsagenten wie in fremden Diensten und damit gleichzeitig

2) vgl. Nobert Elias: Über die Zeit. Arbeiten zur Wissenssoziologie II. Frankfurt a.M.: Suhrkamp (1. Aufl. 1984; TB 1. Aufl. 1988), TB 5. Aufl. 1994, S. XVII, XVIII, XLV. Siehe nunmehr auch Armin Nassehi: Die Zeit der Gesellschaft. Auf dem Weg zu einer soziologischen Theorie der Zeit. Opladen: Westdeutscher Verlag 1993

3) Martin Heidegger: Der Begriff der Zeit. Vortrag vor der Marburger Theologenschaft Juli 1924. Tübingen: Max Niemeyer Verlag, 1989, S. 7, 8, 19, 20f., 5. Hervorhebungen im Original. - Zu Heideggers Definition von Zeit vgl. unten in diesem Band S. 38 f., Anm. 24

den Inhalt des Buches vor, gelangt damit zur untrennbaren Verbindung von Zeitbewußtsein und Verantwortung und freut sich am Ende über ein zeitgemäßes Geschenk.

Sieben - oder unendlich viele - Fragen

Das Fragen nach der Zeit gehört zu den ungelösten Urfragen der Menschen.[4] Die Antworten sind ausschlaggebend auch für unser Verständnis von Natur, von Technik mit ihrer Zeitmessung, das Verständnis unseres Alltagslebens, des Woher und Wohin des Menschen. Was ist Zeit? Gibt es sie überhaupt, und wenn, dann seit wann?

In unserem Kulturkreis gilt Zeit vielen als lineares Ordnungsprinzip, das an der Existenz der Materie klebt.

Kann Zeit Druck ausüben, den sogenannten Zeitdruck? Ist sie ein konditionsstarkes Rennpferd, dem viele von uns mit den zivilisationseigenen Scheuklappen hinterherzuhetzen trachten? Läuft sie auf der Nordhalbkugel und in Städten schneller als im Süden oder auf dem Lande? Ist sie gar eine menschliche Erfindung?

Wie stark sind die Vorstellungen von der Entstehung des Kosmos und die Unterschiede zwischen westlichen und östlichen Kulturen mit ihrem jeweiligen Weltverständnis, ihren Religionen und Göttern, ihren Ideologien, Menschenbildern und Gottesbildern, von Zeitkonzepten geprägt, die noch hinter diesen Vorstellungen und Bildern stehen?

Warum ist die Herrschaft über den Kalender, wie sie bei säkularen und religiösen Revolutionen mit ihren neuen Kalender-Zeitrechnungen bis heute immer wieder versucht wird, so begehrt; warum ist die Bestimmung von Haushalts-, Geschäfts- und Kirchenjahren, von Feiertagen und Sommerzeiten gesellschafts-, wirtschafts-, macht- und religions-, eben ordnungspolitisch so wichtig?

Läßt sich Zeit in Vergangenheit, Gegenwart und Zukunft einteilen? Muß, darf oder kann man in der Gegenwart leben? Existiert Gegenwart eigentlich, oder gibt es nur Vergangenheit als Faktizität und Zukunft als Potentialität? Die Gegenwartsfrage durchzieht auch

---

4) Vgl. Kurt Weis: "Neue Ringvorlesung: Sieben Fragen an die Zeit." In: Mitteilungen der Technischen Universität München 3-92/93 (Mai 1993), S. 14-16

dieses Buch. Wie lange währt Gegenwart? [5]

Sind Fernseher Zeittotschlagsmaschinen? [6] Vernichten moderne Informationstechnologien Zeit, indem sie weltweite Allgegenwart suggerieren und damit Zeitlosigkeit einführen? Die Kommunikationsmedien überfluten uns mit immer wieder neuesten punktuellen Informationshappen, die, oft und nicht nur in Wahlnächten schon zum Sendezeitpunkt veraltet und verfault, jeweils sofort durch noch neuere ersetzt werden müssen. Wird uns dadurch der Sinn für längere Gedankengänge und anspruchsvolle Lernprozesse, für zeitliche Entwicklungen und allenthalben für Zusammenhänge jeder Art ausgetrieben, werden so Informations-Riesen und Wissens-Zwerge produziert? [7] Oder verändern und verstärken die Medien unsere Zeitwahrnehmung?

Was wird aus den Verteilungskämpfen zwischen selbstbestimmter und fremdbestimmter Zeit? Werden die Arbeitszeiten kürzer,

---

5) Je nach Perspektive ihrer Herkunftsdisziplin und Aufgabenstellung argumentieren unsere Autoren ganz verschieden, ohne sich jedoch gleich widersprechen zu müssen: Die Gegenwart schrumpfe (Lübbe, S. 53 ff.), sie dehne sich in die Zukunft aus (Nowotny, S. 81 ff.), sie betrage wenige Tausendstel oder auch bis zu gut drei volle Sekunden (Pöppel, S. 127 ff, der S. 138 ausdrücklich auf die hier angesprochene "Verwirrung" hinweist), sie könne zeitlos und ewig sein (von Brück, S. 207 ff.).

6) vgl. zu den neuen "Chrono-Technologien" Mike Sandbothe, Walther Ch. Zimmerli (Hrsg.): Zeit - Medien - Wahrnehmung. Darmstadt: Wissenschaftliche Buchgesellschaft 1994

7) Oder führt die Informationsgesellschaft mit ihren Kommunikationstechnologien zu "Informationsidioten", die an ihren Multimediageräten mit der "informationellen Überfrachtung nichts Selbständiges mehr anzufangen" wissen und schließlich nicht wie Fachidioten zu viel von zu wenig, sondern "eher zu wenig von zu viel wissen"? Dies befürchtet Kurt Weis: "Die Informationsgesellschaft: Zum Wandel der Menschenbilder unter neuen Technologien." In: Marie-Theres Tinnefeld, Lothar Philipps, Kurt Weis (Hrsg.): Institutionen und Einzelne im Zeitalter der Informationstechnik. Machtpositionen und Rechte. München, Wien: Oldenbourg 1994, S. 25-38, 33. - Dürr hält in weiterem Zusammenhang für die Zukunft eine durch die beiden Balken des Großbuchstabens "T" symbolisierte Intelligenz für erforderlich (vertikal für tiefes Spezialwissen, horizontal für weite Quersicht), die sich mit ihrem Fachwissen in größere Sinnzusammenhänge einbettet. Hans-Peter Dürr: "Wie offen ist die Zeit? Die Verantwortung für unsere Zukunft", unten in diesem Band S. 181-206, 202 f.

dichter, flexibler? Haben Frauen und Männer ein unterschiedliches Zeitgefühl? Wird Zeit in Umbruchphasen wie derzeit zum thematischen Kern des Lebensstils? Was wird aus einer Freizeitgesellschaft, die keine Zeit mehr findet? - Wie können wir lernen, mit der Zeit besser umzugehen?

Zeitlos und klassisch ist das Fragen nach der Zeit:

"Denn was ist 'Zeit'? Wer könnte das leicht und kurz erklären? Wer vermöchte es auch nur gedanklich zu begreifen, um sich dann im Wort darüber auszusprechen? Gleichwohl, was ginge uns beim Reden vertrauter und geläufiger vom Munde als 'Zeit'? Beim Aussprechen des Wortes verstehen wir auch, was es meint, und verstehen es gleichso, wenn wir es einen anderen aussprechen hören." [8]

So schrieb kurz vor dem Jahre 400 n. Chr. der berühmte nordafrikanische Kirchenlehrer Augustinus (354-430) in seinen "Bekenntnissen", einem Buch für die geistige und asketische Elite seiner Tage. Er fährt im elften Buch dieser Confessiones mit der unübertroffenen und als Zitat seither unvermeidbaren Zusammenfassung fort, auf die sich auch alle Referenten beziehen und die ich daher im Wortlaut bringe:

"Quid est ergo 'tempus'? Si nemo ex me quaerat, scio; si quaerenti explicare velim, nescio." (Was also ist 'Zeit'? Wenn mich niemand danach fragt, weiß ich es; will ich es einem Fragenden erklären, weiß ich es nicht.) [9]

---

8) Augustinus: Bekenntnisse. Lateinisch und Deutsch. Eingeleitet, übersetzt und erläutert von Joseph Bernhart. Frankfurt a.M.: Insel Verlag 1987. Liber XI, 14,17, S. 627, 629

9) Augustinus aaO., Lb. XI, 14,17, S. 628 f. - Sandbothe erläuterte unlängst, wie "Was-ist-Fragen" eigentlich unangemessene Fragen sind, weil sie zu sehr "aufs Ganze gehen." Nachdem er seinen eigenen Beitrag trotzdem mit der Augustinus-Frage "Was also ist die Zeit?" eingeleitet und mancherlei Rechtfertigung dafür angeführt hatte, verhehlte er doch nicht: "Die Was-ist-Frage, so meine ich, leitet in Sachen Zeit völlig in die Irre. 'Was also ist die Zeit?' - Das ist, wenn man es sich genau überlegt, eine ziemlich abstruse Frage. Wer fragt uns schon: 'Was ist *die Zeit*?' Das tut noch nicht einmal ein Philosophieprofessor in der Prüfung." Mike Sandbothe: "Die Verzeitlichung der Zeit. Grundtendenzen der modernen Zeitphilosophie und die aktuelle Wiederentdeckung der Zeit." In: Glaube und Denken. Jahrbuch der Karl-Heim-Gesellschaft, 7. Jahrgg., 1994, S. 108-133, S. 112 f. (Hervorhebung im Original)

In den Confessiones, einem der meistgelesenen Bücher der abendländischen Welt, versuchte Augustinus, die Geschichte seiner Bekehrung auf die Fragen auszurichten: Wer ist der Mensch? Wozu dient des Menschen Zeit? Auch in seinen späteren Werken zur Geschichtstheologie mochte und konnte Augustinus sein Eingeständnis über das menschliche Unwissen vom Wesen der Zeit nicht mehr widerrufen. Geht es uns anders?

Dieses Buch nennt im Inhalt sieben Fragen. Hinter den "sieben" (also den "unendlich vielen") Fragen an die Zeit verbergen sich wichtige Themen und Aufgaben für den Umgang mit uns selbst und mit der Welt: Die Moral im Umgang mit der Zeit, die Verantwortung für die Zukunft der Technik und die Zukunft der Erde und ihrer jeweiligen Menschen und auch die Suche nach dem Ort, an dem Zeit ruht oder endet. Zur Erörterung all dieser Fragen lädt dieses Buch ein.

Eine hohe Zeit für die Zeit

Die Ringvorlesung mit den sieben Vorträgen zur Zeit fand im Sommer 1993 statt, als die TU München ihr 125jähriges Bestehen [10] feierte. Zu solch einem Jubiläum drängen sich Fragen nach Zeit und Alter, genauer nach Wesen und Wahrnehmung, nach Entstehung, Richtung und Verfügbarkeit von Zeit geradezu auf. Kein Thema ist derart fachübergreifend und überdisziplinär, und doch wird Zeit in allen Disziplinen der Natur-, Sozial- und Geisteswissenschaften so fachspezifisch eigentümlich wie nur möglich behandelt und hinterfragt - oder verdrängt.

Zeit, wie Martin Heidegger fand und zu ändern suchte, war im Abendland nur nominell, aber nie faktisch ein Thema. Die letzten 125 Jahre haben nun in Philosophie und Naturwissenschaft die Zeitfrage zu einem zentralen Thema gemacht. Thermodynamik, Relativi-

---

10) vgl. auch Ulrich Wengenroth (Hrsg.): Die Technische Universität München. Annäherungen an ihre Geschichte. FAKTUM Band 1. TU München 1993. - Der Fakultät für Brauwesen, Lebensmitteltechnologie und Milchwissenschaft der TU München ist als Lehrbrauerei die im Jahre 1040 gegründete älteste Brauerei der Welt, die Bayerische Staatsbrauerei Weihenstephan, eng verbunden. Mit solchen Gründungsdaten, von keiner sonstigen Hochschule des Abendlandes erreicht, lassen sich noch ganz andere Jubiläen feiern.

tätstheorie und Quantenmechanik verzeitlichten die Physik und sti-
mulierten die Frage, wieweit Zeit selbständig oder abhängig existiere,
ob sie gerichtet oder reversibel sei, also nur in eine Richtung oder
auch zurückfließen könne. Beobachtungen der Chaosforschung und
selbstorganisierter Strukturen einerseits und das zunehmende Gefühl
einer durchgängigen Beschleunigung der Lebenswelt andererseits
weckten in Wissenschaft und Medien ein ungewohntes Interesse am
Thema Zeit. Die Frage nach der Zeit schwappt in historischen Wel-
lenbewegungen in das Bewußtsein. Derzeit hat Zeit ihre große Zeit.

Die von der physikalischen Grundlagenkrise im ersten Drittel
dieses Jahrhunderts ausgelöste Zeitdebatte, die Verzeitlichung der
Physik durch die Quantentheorie und das neue physikalische Zeitverständnis, in das zunehmend Struktureigenschaften einflossen, "die
zuvor ausschließlich der historischen und lebensweltlichen Zeiterfahrung zugeordnet waren" [11], all das bewegt neuerdings neben Philosophen auch Politik-, Wirtschafts- und Sozialwissenschaftler. So
erkennen wir "die Frage nach der Zeit innerwissenschaftlich als
Schnittstelle zwischen den unterschiedlichen wissenschaftlichen Kulturen" [12]. Diese welt- und wissenschaftsverbindende Funktion der
Zeit bleibt festzuhalten.

Auch hier dient das Fragen nach der Zeit als Mittel zur, ja als
Agent der Verdeutlichung. Das Fragen nach der Zeit verdeutlicht
nämlich, daß die Zweiteilung der Welt in Natur und natur-
wissenschaftliche Forschung einerseits und Kultur und Gesellschaft
mit sozialwissenschaftlicher Forschung andererseits "eine Spaltung
der Welt vortäuscht, die ein Kunstprodukt einer wissenschaftlichen
Fehlentwicklung ist." [13] Das Fragen nach Zeit verklammert diese
beiden Welten wieder. Es sollte auch das Schisma im Denken von
Welt- und Religionswissenschaften [14] wieder überwinden helfen.

---

11) vgl. Walther Ch. Zimmerli und Mike Sandbothe: "Einleitung". In: Dies.
(Hrsg.): Klassiker der modernen Zeitphilosophie. Darmstadt: Wissenschaftliche Buchgesellschaft 1993, S. 1–28, S. 2, 9, 11

12) ebda. S. 1

13) Norbert Elias (Anm. 2), S. XV.

14) vgl. Michael von Brück: "Wo endet Zeit? Erfahrungen zeitloser Gleichzeitigkeit in der Mystik der Weltreligionen." In diesem Band, S. 207–262,
dort: "Das neue europäische Schisma" S. 209

Der Untertitel nennt "Zeit und Verantwortung in Wissenschaft, Technik und Religion". Die "Gesellschaft", um die es dabei geht, im Titel gar nicht erwähnt, ist nur scheinbar ausgespart, da alle Entwicklungen, auch die in Wissenschaften, Techniken und Religionen, sich nicht im Vakuum ereignen, sondern eben gesellschaftliche Entwicklungen widerspiegeln und ihrerseits befruchten. So handelt auch dieses Buch schlicht von der zunehmenden Wahrnehmung von Zeit in unserer Gesellschaft.

Diese Entwicklung ist allerorten zu spüren. Mit seiner Jagd nach Hundertstelsekunden ist selbst der Sport, der bei uns schon immer kulturelle, soziale, politische und wirtschaftliche Strömungen veranschaulicht, ein Lebensbereich, der die wachsende gesellschaftliche Faszination mit vermeintlich zeitverkürzender Geschwindigkeit überdeutlich betont. [15] Und prämiert.

Die Zeitfrage als Katalysator der Verdeutlichung

Zunehmende Zeitsensibilität ist ein Symptom für das Fortschreiten unseres Zivilisationsprozesses. Zeit kennzeichnet und verdeutlicht die Richtung dieses Prozesses. [16] Zeit, das ist wohl für uns das Wichtigste, verdeutlicht Leben. Leben, soweit uns irdisch bekannt, ist durch eine Kürze in der Zeit, durch Kommen und Gehen, Entstehen und Vergehen, Geburt und Tod gekennzeichnet - Durchgänge, die eine gegenwartssüchtige Bevölkerung gern übersehen möchte. Zeit ist Leben, Leben ist kurz, Zeit ist Frist. So jedenfalls spüren es betroffene Menschen. Sonne und Erde, Vulkane und Bäume, Menschen und Eintagsfliegen, alles hat seine Lebenszeit. Der Mensch ist sich der Kürze seiner Verweildauer bewußt, leidet darunter und klagt

---

15) Kurt Weis: "Concepts of time and concepts of man: Does the case of sport show how man both creates and falls victim to his image of time?" In: Otmar Weiß, Wolfgang Schulz (eds.): Sport in Space and Time. Wien: WUV-Universitätsverlag (im Druck, 1995). Kurt Weis: "Ganzheitlicher Mensch oder mental trainierte Ratte? Menschenbilder in Sport und Sportwissenschaft. Mit einer Rückschau auf die Ringvorlesung." In: Kurt Weis (Hrsg.): Bilder vom Menschen in Wissenschaft, Technik und Religion. FAKTUM Band 2. TU München 1993. S. 537-569, S. 542, 551 f., 560, 564

16) Norbert Elias (Anm. 2), S. XXXIII

darüber. Er ist das "Zeitmangel-Wesen" [17].

Zeit liefert ein Ordnungssystem, sie dient uns als Ordnungsgeber. Zeit bildet Beziehungen und Reihenfolgen ab, wie wir sie sehen. Was Zeit wirklich ist, mag nur schwer, andeutungsweise oder gar nicht zu beantworten sein. Dafür führt das Fragen nach der Zeit zu unerwarteten Verdeutlichungen. Wir lernen, wonach wir nicht fragten. Fragen wir nach der Zeit, dann lernen wir, womit sich Wissenschaftler und ihre Wissenschaften zunehmend beschäftigen. Wissenschaft findet Aufgabe und Ziel darin, Phänomene in erklärbare und belegbare Ordnungszusammenhänge zu bringen, mithin Beziehungen und Reihenfolgen abzubilden. So kommt es, daß man auf die Frage an Wissenschaften und Wissenschaftler, was denn Zeit sei, unvermutet viel über den Inhalt der jeweiligen Wissenschaften erfährt. Das Gewahrwerden von Zeit macht gleichzeitig anderes klarer. Das belegen auch die ausführlichen Antworten in den Beiträgen auf die sieben Fragen der Ringvorlesung und dieses Buches:

Der Philosoph und Gesellschaftswissenschaftler *Hermann Lübbe* verdeutlicht auf die Frage, *ob die Zeit schrumpfe* , wie sich in gesellschafts- und kulturpolitischer Bewertung die Gesellschaft entwickelt, wie Pünktlichkeit von Höflichkeit zur Notwendigkeit mutiert, was eigentlich Museen vermitteln, wie es mit der Selbstbestimmungsfähigkeit in der gewachsenen Freiheit steht, wie in der Postmoderne der Eklektizismus zunimmt und wie die Wissenschaft zunehmend an kultureller Geltung verliert.

Die Soziologin *Helga Nowotny* verdeutlicht auf die Frage, *wer die Zeit bestimme* , wer wen warten, wer wessen Zeit für sich arbeiten lassen kann, wie in soziologischer Erfahrung sich die Situationen der Einzelnen in der Gesellschaft und die gesellschaftlichen Machtstrukturen wandeln und dabei alles komplizierter und komplexer wird. Die Zukunft wird nun Teil der erweiterten Gegenwart, sie muß in die Handlungen der Gegenwart einbezogen werden. Ungewöhnlich verantwortungsbewußtes Handeln ist immer stärker vonnöten.

---

17) Odo Marquard: "Zeit und Endlichkeit." In: Hans Michael Baumgartner (Hrsg.): Das Rätsel der Zeit. Philosophische Analysen. Freiburg, München: Verlag Karl Alber 1993, S. 363-394, 375

Der katholische Religionswissenschaftler und Kulturtheoretiker *Hans Maier* verdeutlicht auf die Frage, ob die christliche Zeitrechnung *eine Zeit in der Zeit* darstelle, den langsamen Prozeß, wie sich Glaubensvorstellungen entfalteten und wie sich aus Gruppen gläubiger Anhänger und Nachfolger Jesu Christi über die Jahrhunderte hinweg eine Kirche in Zeit und Gesellschaft, in Staat und Reich und eben in der Welt etablierte und sich dann zunehmend die Ordnungskompetenzen dieser Welt übertrug.

Der Psychologe und Hirnforscher *Ernst Pöppel* verdeutlicht auf die Frage, *wie die Zeit ins Hirn kam* , Mechanismen des Gehirns und die Funktionsfähigkeit bestimmter Hirnstrukturen. Er erklärt, wie uns Zeit in unserem Bewußtsein verfügbar wird, erläutert zeitliche Integration als formale Grundlage des Bewußtseins und bekennt den naturwissenschaftlichen Monismus ohne einen Leib-Seele-Dualismus. Dabei erfahren wir, wie die Wissenschaft an der vorderen Front der Hirnforschung menschliches Bewußtsein und menschliche Wahrnehmung zu erklären sucht, also wohl, was uns zu Menschen macht.

Der theoretische Physiker *Werner Wild* verdeutlicht auf die Frage, *wie die Zeit in die Welt kam* , wie Raum und Zeit nur Anordnungen von Sachen, nicht Sachen selbst sind. Wir erkunden Physikgeschichte. In der Zeit nach Newton wird Zeit als Ordnungsform der Materie verstanden, und so lernen wir bei der Frage nach der Zeit etwas über Entwicklungen und Beziehungen vom Materiellen, die uns bis zu Berechnungen von Weltmodellen, zum "Urknall" der Kosmosgenese einerseits und zur offenen Weltentwicklung zwischen Zufall und Notwendigkeit andererseits führen.

Der Physiker und Träger des Alternativen Nobelpreises (Right Livelihood Award) *Hans-Peter Dürr* verdeutlicht auf die Frage, *wie offen die Zeit sei*, unsere Beziehung zu Zeit und Zukunft und damit, was wir als Verantwortung empfinden und letztlich auch praktizieren. Mit Hinweisen auf Erkenntnisse der Quantenphysik beschreibt er das Naturgeschehen nicht (mehr) als Uhrwerk nach Vorstellungen der klassischen mechanistisch-atomistischen Physik, sondern als fortwährende Entfaltung in der Schöpfung. Beim Blick auf die Erfahrung der Zeit mit ihrem gerichteten Nacheinander sieht er die Welt in

einem kontinuierlichen Schöpfungsprozeß. Dabei zwingen die wachsenden Probleme einer eigendynamischen Entwicklung der Technik
den Menschen - im Gegensatz zu bisherigen sich ungestört entfaltenden Entwicklungsprozessen -, seine eigenen Erfordernisse hintan-
zustellen und sich den Erfordernissen der Technik anzupassen. Führt
das zu unserem Ende?

Der evangelische Theologe und vergleichende Religionswissenschaftler *Michael von Brück* verdeutlicht im letzten Vortrag auf die
Frage, *wo Zeit ende* , was Erleuchtung bedeutet, wie Gottesvorstel-
lungen aussehen und was zeitewigliche Gegenwart und Gleichzeitigkeit meinen können. Die Frage führt uns vom oben erwähnten
Schisma im neuzeitlichen europäischen Denken über die Mystiker im
Herzen der Religionen bis zur Erörterung von Stabilität und Kreativität im Universum.

Im ersten Beitrag fragt der Sozialwissenschaftler *Kurt Weis*
nach der gegenseitigen Abhängigkeit von *Zeitbild und Menschenbild*.
Er versucht, fast schon wie in einer Vorschau auf die sieben Fragen,
den Menschen als Schöpfer und Opfer seiner Vorstellungen von Zeit
darzustellen. Anthropologische, kulturwissenschaftliche und soziologische Erfahrungen werden unter konstruktivistischer Perspektive [18]
einbezogen, um zu zeigen, daß unsere Lebenswirklichkeit eine
"gemachte Wirklichkeit" ist. Die Janusköpfigkeit allen Fortschritts
und der Umgang mit der Zeit erinnern an die Verantwortung, die
Menschen und Gesellschaften für Entwicklungen haben, die sie in
Gang setzen, um sich mit ihnen immer erneut gleichzeitig zu befreien
und zu knechten.

In einer vorhergehenden Ringvorlesung über "Bilder vom Menschen in Wissenschaft, Technik und Religion" [19] hatte ich mir als
Veranstalter den hier wiedergegebenen Vortrag über das mir reizvoll

---

18) Bei Drucklegung dieses Buches erscheint dazu die einschlägige Arbeit von
    Klaus Beck: Medien und die soziale Konstruktion von Zeit. Über die
    Vermittlung von gesellschaftlicher Zeitordnung und sozialem Zeitbewußt-
    sein. Opladen: Westdeutscher Verlag 1994.
19) Kurt Weis: "Menschenbilder - woher und wozu?" In: Kurt Weis (Hrsg.):
    Bilder vom Menschen in Wissenschaft, Technik und Religion. 1. Auflage
    FAKTUM, TU München 1993, 2. Aufl. Opladen: WV 1995, S. 11-38, 35

erscheinende Thema "Zeitbild und Menschenbild. Der Mensch als Schöpfer und Opfer seiner Vorstellungen von Zeit" ausgesucht. Das verdeutlichte mir dann, daß ein derartiges Thema in einem Vortrag und von einem einzelnen Referenten kaum hinreichend behandelt werden kann. Auch das hat zu dieser Ringvorlesung, diesem Buch [20] und dazu geführt, daß hier nur noch Fragen gestellt werden. In einer schnellebigen Zeit, in der sich der Umfang akademischen Wissens eilig potenziert, wird gutes Fragen immer wichtiger.

Zeit und Verantwortung

Die Beiträge des Buches sprechen teilweise schon im Thema (Lübbe: Moral im Umgang mit der Zeit, Nowotny: Zeitkonflikte, Dürr: Verantwortung für unsere Zukunft) neben den Problemen die Verantwortung an. Es ist in der Tat ganz selbstverständlich, daß das Fragen nach Zeit und Entwicklung in oder von Welt und Gesellschaft uns mit der Zukunft, der Frage ihrer Determiniertheit und damit auch unserer Verantwortung für diese Zukunft konfrontiert.

In einem Lebens- und Gegenwartsbewußtsein, in dem Tod und Sterben aus dem gesellschaftlichen Bewußtsein verdrängt [21] und Betroffene gelegentlich in unzugängliche technisierte Klinikräume abgeschoben werden, macht sich bei vielen eine - zumindest klamm-heimliche - Nach-uns-die-Sintflut-Mentalität breit. Dabei muß unsere Verantwortung für Entwicklungen, die ihre einschneidenden Folgen erst nach Ablauf unserer eigenen Tage zeitigen, stärker als je zuvor in der Menschheitsgeschichte betont werden. Denn wir haben mit unserem technischen Können die Schwelle überschritten, bis zu

---

20)   Die vollen Hörsäle und die Nachfrage nach diesem Buch (lange bevor es er-scheinen konnte) ermutigten mich, zum Wintersemester 1994/95 eine zweite und abschließende Ringvorlesung zum Thema "Was ist Zeit? Entwicklung und Herrschaft der Zeit in Wissenschaft, Technik und Religion" vorzu-bereiten (vgl. das Programm unten Seite 288 f.), die zuerst wieder in der FAKTUM-Reihe der TU München als Band 12 veröffentlicht werden soll.

21)   vgl. Norbert Elias: Über die Einsamkeit der Sterbenden in unseren Tagen. Frankfurt a.M.: Suhrkamp 1982. Armin Nassehi, Georg Weber: Tod, Mo-dernität und Gesellschaft. Entwurf einer Theorie der Todesverdrängung. Opladen: Westdeutscher Verlag 1989. S. 157 ff., 277 ff.

welcher der Mensch in von ihm kaum beeinflußbare natürliche Entwicklungen eingebettet war.

Der Physiker und Philosoph Carl Friedrich von Weizsäcker hat
in immer neuen Zusammenhängen und besonders am Ende seines
letzten opus magnum über "Zeit und Wissen" darauf hingewiesen,
jeder Fortschritt sei ambivalent und der Weg zu neuen Erfahrungen
erfordere verantwortliches Handeln: "Die Macht der modernen Technik verändert die Lebensformen der gesamten Menschheit in globa-
lem kausalen Zusammenhang, bereichernd für viele, verarmend für
viele, lebensgefährlich für alle." [22] Hans Jonas begann sein berühm-
tes Buch über "Das Prinzip Verantwortung - Versuch einer Ethik für
die technologische Zivilisation" mit der Beobachtung: "Der endgültig entfesselte Prometheus, dem die Wissenschaft nie gekannte Kräfte
und die Wirtschaft den rastlosen Antrieb gibt, ruft nach einer Ethik,
die durch freiwillige Zügel seine Macht davor zurückhält, dem Menschen zum Unheil zu werden. ... Was der Mensch heute tun kann und
dann, in der unwiderstehlichen Ausübung dieses Könnens, weiterhin
zu tun gezwungen ist, das hat nicht seinesgleichen in vergangener
Erfahrung." [23]

Seinen Festvortrag bei der Feier zum 125jährigen Bestehen der
TU München schloß der Arbeitswissenschaftler und frühere TU-
Rektor Heinz Schmidtke mit dem Hinweis, "ethische Disziplinierung"
sei "auch eine Frage der Selbstbesinnung aller Menschen in den
Industrienationen auf ihr Konsumverhalten und eine zwingende Vor-
aussetzung für einen humanen technischen Fortschritt. Für ... Wis-

---

22) Carl Friedrich von Weizsäcker: Zeit und Wissen. München, Wien: Hanser
     1992, S. 1156, 1157
23) Hans Jonas: Das Prinzip Verantwortung. Versuch einer Ethik für die tech-
     nische Zivilisation. Frankfurt a.M.: Suhrkamp 1985, S. 7. Vgl. dazu weiter
     Kurt Weis: "Janusköpfige Chips als Träger sozialer Kontrolle? Zur Herr-
     schaft und Beherrschbarkeit neuer Technologien." In: Marie-Therese
     Tinnefeld, Lothar Philipps, Kurt Weis (Hrsg.): Die dunkle Seite des Chips.
     Herrschaft und Beherrschbarkeit neuer Technologien. München, Wien:
     Oldenbourg 1993, S. 17-46, 27. Vgl. Walther Ch. Zimmerli: "Der Mensch -
     ein Deus ex Machina? Wissenschaftlich-technische Menschenbilder und
     ihre Grenzen." In: Kurt Weis (Hrsg.): Bilder vom Menschen ... (Anm. 19),
     S. 41-64

senschaftler mag es von großer Bedeutung sein zu wissen, was unsere Welt zusammenhält. Eine gleichermaßen bedeutsame Aufgabe ist es jedoch von uns, sie auch tatsächlich zusammenzuhalten." [24] Evolutionsgeschichtlich gesehen hat die Natur den Menschen hervorgebracht. Er braucht sie. Sie braucht ihn nicht. Nun hat sich der Mensch in technologische Entwicklungen und Umweltprozesse eingebettet, deren Eigendynamik für die Frage, wieweit der neue Mensch die alte Natur und Kultur noch braucht, oft keine Zeit mehr zu haben scheint. Nehmen wir uns die Zeit. Fühlen wir uns gebraucht. Befreien wir uns zur Verantwortung! [25]

Ein zeitgemäßes Geschenk

Zu guter Letzt überlegt und fragt in diesem Buch *Ruprecht Paqué* , philosophischer Weizsäcker-Schüler und Gründungsleiter des Deutschen Übersetzungsdienstes der Vereinten Nationen, ob und wie man *Zeit schenken* könne. Mit Christian Morgenstern'schen Figuren verdeutlicht er die Auseinandersetzung von der Alltagshatz über die Relativitätstheorie bis zur Muße und Verantwortung. Seine Verse wurden nicht vorgetragen; sie erreichten mich nach den Vorträgen der Ringvorlesung als Hörerzuschrift. Sie fassen launig und und kürzer, als ich es könnte, die ganze Zeitproblematik der Ringvorlesung zusammen. Sie ersparen mir ein anderes Nachwort zu dem Buch. Und da sie in einer Zeit, da uns allen die Zeit so knapp wird, zu Weihnachten Zeit schenken wollen, gebe ich dieses Geschenk gern an die Leser weiter.

---

24) Heinz Schmidtke: "Ethische Aspekte des technischen Fortschritts." In: Technische Universität München. Jahrbuch 1993. München 1994, S. 24-32, S. 32

25) Vgl. auch Ulrich Beck: "Freiheit für die Technik! Plädoyer für eine zweite Gewaltenteilung." In: Marie-Theres Tinnefeld, Lothar Philipps, Kurt Weis (Hrsg.): Institutionen und Einzelne ... (Anm. 7), 1994, S. 13 ff.

KURT WEIS

Zeitbild und Menschenbild:

Der Mensch als Schöpfer und Opfer seiner Vorstellungen von Zeit

Woher kommt unsere Zeit(rechnung) ?

Liebe Zeitgenossinnen und Zeitgenossen! Die Zeit drängt. Es ist am heutigen Montag jetzt schon 18 Uhr 23. Wir wollen es noch etwas genauer hören. Die telefonische Zeitansage, ein Dauerdienst der Post, teilt uns gerade mit:

Akustische Einspielung: "Beim nächsten Ton des Zeitzeichens ist es 18 Uhr, 23 Minuten und zehn Sekunden."

18 Uhr 23 und 10 Sekunden? - Das "sagen" uns *Uhr* und Tonband. Aber sie wissen davon gar nichts. Sie sind nur so eingestellt. Die Einteilung in Stunden, Minuten und Sekunden mit ihren 12er- und 60er-Rhythmen ist eine menschliche Kreation aus einer Zeit, da Zahlen neben rechnerischem und quantitativem noch größeren symbolischen und qualitativen Wert hatten und noch nicht zur Positionierung in einem Dezimalsystem gebraucht wurden. Hier übernahmen wir das alte babylonische Zahlensystem. Unsere Verfeinerungen von Zehntel- bis Millionstel-Sekunden rechnen wir dann allerdings in unserem aus der arabischen Welt gelernten 10er-Rhythmus.

Daß heute Montag ist, entnehmen wir dem Kalender, daß es ein *Tag* ist, dem Wechsel von Hell und Dunkel; einmal Sonnenauf- und Sonnenuntergang; oder einmal eine volle Drehung der Erde um sich selbst. Aber davon wissen Sonne und Erde wohl nichts. Daß der heutige Tag *Montag* heißt, ist eine Verbeugung vor dem *Mond* , weniger vor dem Mann im Mond als vielmehr vor der Mondgöttin und dem julianisch-gregorianischen Kalender. Davon weiß der Mond bzw. die "Möndin" sicher auch nichts, obwohl uns dieser Himmelskörper pausenlos mit dem gleichen Gesicht anschaut.

Daß unser Tag als Datum in einem von zwölf *Monaten* (wieder die 12!) gezählt wird, verdanken wir dem zwölfmaligen Wechsel von Vollmond und Neumond im Jahr. Unsere Monatsnamen stammen aus einer Besatzungszeit vor fast zweitausend Jahren und der dabei übernommenen lateinischen Verkehrssprache des später christlichen Abendlandes. Die Zeit des *Jahres* braucht die Erde, um einmal - mit den durch die Schräglage der Erdachse nördlich und südlich der Tropen entstehenden Jahreszeiten - um die Sonne zu ziehen.

Wir benutzen die sogenannte *christliche Zeitrechnung*. Da müßte es fromme Kalenderbetrachter eigentlich stören, daß unsere Zeitrechnung *nur* die Jahre *vor und nach* Christus zählt, aber ein Jahr (Null oder Eins?) mit Christi Geburt selbst gar nicht stattfinden läßt.

Daß die Woche *sieben* Tage hat, verdanken wir Beobachtungen zu babylonischer Zeit. Mit freiem Auge kann man sieben sich bewegende "Sterne" (Sonne, Mond und fünf Planeten) sehen. Manche unserer englischen und französischen Tagesnamen nennen sie noch, nämlich: Saturn, Sonne, Mond, dann Mars, Merkur, Jupiter, Venus, also: Saturday [1], Sunday, Monday, dann Mardi, Mercredi, Jeudi, Vendredi. In germanischen Stammlanden haben wir nach Sonntag und Montag Mars, Jupiter und Venus durch die entsprechenden ortsansässigen Kollegen und die Kollegin ersetzt. Ziu: Dienstag, Thor-Donar: Donnerstag, Freya-Frikka: Freitag. Odin-Wotan etablierte sich im englischen Wednesday.

---

1) Vgl. aber Heinz Zemanek: Kalender und Chronologie. Bekanntes und Unbekanntes aus der Kalenderwissenschaft. München, Wien: Oldenbourg, 5. Aufl. 1990, S.19: "Das englische Wort Saturday kommt wahrscheinlich nicht von dem Planeten Saturn, sondern von einer Göttin namens Seterne."

Wir Menschen haben die (Sternen-)Götter im Himmel entdeckt, ihnen dann mit verschiedenen Zuständigkeiten Zeiträume zugeordnet. Die Götter und die Zeiträume wurden mit Eigenschaften bedacht, sie verselbständigten sich damit; nun sind wir ihnen (den Göttern, den Zeiträumen, den Eigenschaften) unterworfen.

Gott sei Dank kannte man im Zweistromland nur fünf Planeten. Hätte man alle acht (also auch schon Uran, Neptun und Pluto) sehen können, hätten wir heute wohl eine Zehntagewoche. [2] Nach der Französischen Revolution wurde in der Tat eine Zehntagewoche eingeführt, aber wegen des Dezimalsystems und der übersichtlicheren Rechenbarkeit, nicht wegen der Wandelsterne. Die Begründung ließ keine Zweifel daran, daß man mit aufklärerischem Schwung den überlieferten christlichen Kalender für Narretei und Priesterbetrug ausgeben wollte. Der neue "republikanische Kalender" währte nur zwölf Jahre und wurde 1805 wieder aufgegeben. In unserem Jahrhundert scheiterten Versuche Lenins und Stalins, Sonn- und Feiertage abzuschaffen und die Wochen neu zu zählen, letztlich an der Arbeiterschaft und der russischen Orthodoxie. [3] Die normative Kraft des Faktischen und die Einbettung des Wochenrhythmus in das soziale Bewußtsein der Bevölkerung waren stärker als Aufklärung und alle Diktatoren. Mancher Christ und mancher Jude, dessen Volk ja in der babylonischen Gefangenschaft geknechtet wurde, ist den Babyloniern sicher heute noch dankbar, daß ihnen vor der Erfindung der Arbeitswoche die Zahl ihrer Planetengötter wichtiger war als die Zahl ihrer Finger oder Zehen.

Alle Kalenderrechnungen sind Versuche von Menschen, den Sonnen- und Mondrhythmus in ein gemeinsames Jahresschema zu bringen. Uns macht das Mühe, die Natur interessiert es nicht. Religiös motivierte und gesellschaftlich verankerte Überzeugungen haben zu Religionskonflikten und Kriegen zwischen Sonnen- und Mondhörigen geführt. Davon berichtet schon das Alte Testament. [4]

---

2) Nach anderer Ansicht soll die Sieben-Tage-Woche der uralte Versuch sein, den Mondlauf zu vierteln.

3) vgl. Hans Maier: Die christliche Zeitrechnung. Freiburg: Herder 1991, S. 54

4) Shemaryahu Talmon: Gesellschaft und Literatur in der hebräischen Bibel. Gesammelte Aufsätze, Bd. 1. Neukirchen-Vluyin: Neukirchener Verlag 1988, S. 61, 152 ff. und passim

Später folgte im Jahre 1582 auf Donnerstag, den 4. Oktober, gleich
Freitag, der 15. Oktober, weil unser neuer Gregorianischer Kalender
wieder genauer an das Sonnenjahr gebunden werden sollte. Daß zehn
Tage völlig ausfielen, bedeutet natürlich nicht, daß die Sonne
zehnmal nicht aufging. Da die Kalenderkorrektur vatikanisch initiiert
war, brauchten nicht-römisch orientierte Länder in Europa, protestan-
tische wie orthodoxe, teilweise bis in dieses Jahrhundert, um sich mit
Datensprüngen dem jetzt herrschenden Kalender zu unterwerfen.
Zeitrechnungen, die dem Menschen zur Identifikation mit einer
"einzig richtigen" Ordnung dienen, sind willkürlich und können
nebeneinander laufen. Wer heute [5] in Israel die Jerusalem Post, ein
wichtiges, vergleichsweise liberales Blatt kauft, findet nebeneinander
gleichberechtigt jeweils neben Tag und Monat drei verschiedene
Jahresdaten angegeben: 1992, 5752 und 1413. Christen und Heiden
rechnen weltweit die Jahre nach Christi Geburt, also 1992, Juden
zählen die Zeit seit biblisch errechneter Erschaffung der Welt vor
5752 Jahren, Muslime zählen seit der Hedschra Mohammeds von
Mekka nach Medina vor 1413 Jahren. Je nach arabischer, christlicher
oder jüdischer Bevölkerung sind in Jerusalems Stadtvierteln die
Geschäfte am Freitag, Sonntag oder Samstag geschlossen.

   Was ist Zeit? Bislang erwähnte ich ja nur Kalenderspiele. Zeit
hat mit dem Beginn menschlicher Kultur, zuerst also mit Religion zu
tun. Unsere "Entdeckung der Zeit" ist hingegen jungen Datums und
Teil der menschlichen Ideengeschichte. [6] Die Zeit(-rechnung), wenn
man sie instrumentalisiert, wird ein Mittel zur Periodisierung. Zeit ist
eine vielleicht willkürliche, meist aber als natürlich angesehene -
nämlich vom Schöpfergott, von den Göttern oder von der Natur vorgegebene - Ordnungsstruktur zur Reihung von Vorgängen, oder auch
ein Netz zum Einfangen kausaler Abfolgen. Die Zeitrechnung macht
es also möglich, Vorgänge in Beziehung zu setzen. "Zeit" schafft die-

---

[5] Die Bezüge zum Tagesnamen und Tagesdatum, zur Tageszeit und Jahreszeit
     und zu Tagesaktualitäten in Medien, Politik und Sport dieses ursprünglich am
     24.02.1992 gehaltenen Vortrages wurden - als beliebig austauschbare
     Beispiele - im Text beibehalten.
[6] Vgl. Stephen Toulmin, June Goodfield: The Discovery of Time. Chicago:
     University of Chicago Press 1982, S. 20 und passim

sen Zusammenhang, bringt Ordnung und unterwirft Menschen dieser
Ordnung. "Zeit" ist eine große menschliche Syntheseleistung, "mit
deren Hilfe Positionen im Nacheinander des physikalischen Naturge-
schehens, des Gesellschaftsgeschehens und des individuellen Lebens-
laufs in Beziehung gebracht werden können" [7]. Zeit ist insoweit ein
soziales Konstrukt. Der Mensch ist dessen Schöpfer und Opfer.

Fünfte Jahreszeiten

Uns, die wir nördliche gemäßigte Zonen bewohnen, sind die vier
Jahreszeiten mit den sich jeweils für die Landwirtschaft ergebenden
Verpflichtungen geläufig. In einigen Gegenden gibt es weitere, durch
Regionalkultur bedingte und durch Tradition etablierte Jahreszeiten:
im Bayernland etwa die Starkbierzeit, die nun bald wieder beginnt,
oder auch die Faschingszeit, die nächste Woche vor ihrem Ascher-
mittwochsende die heißen Tage erlebt.
Bestimmte Zeiten haben für manche Menschen so etwas wie
einen Aufforderungscharakter. Der soziale Druck, sich auf eine bestimmte Art und Weise zu verhalten, wächst. Der Mensch lebt jeweils in dieser Zeit und pflegt sich entsprechend dem Bild zu verhalten, das er sich von ihr gemacht hat. So pflegte etwa, statistisch bis
vor 15 Jahren eindeutig belegbar, genau neun Monate nach der heißen
Schlußphase der Faschingssaison die Geburtenzahl zu steigen. Inzwischen wissen wir, daß bei der zunehmenden Auflösung alter, dem einzelnen Menschen und der Gesellschaft Halt und Orientierung geben-
der Strukturen die Faschings- und die Starkbierzeit auch nicht mehr
sind, was sie einmal waren. Eine die Mehrheit beanspruchende Zahl
von Zeitrevolutionären verhält sich bewußt so, als seien Faschings-
oder Starkbierzeit bereits ein Dauerzustand mit ganzjähriger Gültigkeit und nicht länger eine nur kurze, von festen Daten begrenzte und
in Kirchenjahr oder Kalender aufgenommene fünfte Jahreszeit mit
Ausnahmeregeln für das Verhalten, also auch Sondergenehmigungen
zur rituell geregelten Grenzüberschreitung sonst geltender Normen.
Was haben fünfte Jahreszeiten mit unserem Thema zu tun? Sie
sind eine Erfindung des Menschen, anders als die vier Jahreszeiten

---

7) Norbert Elias: Über die Zeit. Frankfurt a.M.: Suhrkamp 1990, S. XXIV.

nicht in der Natur ablesbar. Doch der Mensch richtet(e) sich nach ihnen. Sie sind sozial wirksam. Uns fällt die doppelte Wirkungsrichtung
auf: Der Mensch prägt seine Zeit und seine Gesellschaft - und wird
dann von beiden weitergeprägt. Dieses Wechselspiel erleben wir immer wieder: Auch Religionen sind - abgesehen von Fragen eines
göttlichen oder prophetischen Ursprungs - in ihrem tatsächlichen
Erscheinungsbild immer etwas, was Menschen gestaltet haben - und
was dann umgekehrt wieder die Menschen prägt. Religionen und
sonstige soziale Institutionen, Zeitstrukturen, Rollenvorgaben und
Rituale, das lehrt die Soziologie, geben dem Menschen Richtschnur
und Sicherheit (man braucht nicht jedesmal neu zu überlegen, was
"richtig" ist, man weiß es ja schon), geben wie ein Korsett Halt und
Beschränkung. Wer aus diesem Korsett ausbrechen will, spürt sie als
Instrumente der Einschnürung, Disziplinierung und Unterdrückung.

Bestimmen und Empfinden von Zeit

"Zeit" sollte man zunächst der Verdinglichung entkleiden, die
diesem Begriff in unserem substantivischen Sprachgebrauch anhaftet,
und eher als symbolische Repräsentation einer menschlichen Tätigkeit sehen: der sozialen Tätigkeit des Zeitbestimmens. Die englische
Sprache nennt es treffender, für uns kaum übersetzbar: *Timing*.
Wesen und Funktion des Zeitbestimmens kann man am besten
verstehen, wenn man in den ursprünglichen sozialen Zusammenhang
zurückzutauchen versucht. Dann können wir miterleben, wie Zeit-
kontrolle von der vorstaatlichen Dorfebene zur kolonialherrschaftli-
chen und staatlichen Ebene verschoben wurde. Vernehmen wir dazu
in verkürzter Form einen von dem Kultursoziologen und Zivilisati-
onstheoretiker Norbert Elias [8] wiedergegebenen Bericht über Ereignisse in sechs Ibodörfern Ostnigerias. Der Ibo-Gott Ulu hatte dort
einen Oberpriester namens Ezeulu. Dieser bestimmte im Namen seines Gottes das, was wir "Zeit" nennen. Er wußte, wie man nach dem
neuen Mond Ausschau hält, und verkündete seinen Schützlingen jeweils, daß er den neuen Mond wirklich gesehen und ihn als willkom-

---

8) Norbert Elias (Anm. 7), S. 148-155 (nach Chinua Achebe: Arrow of God,
    1964)

menen Gast begrüßt habe und daß die Menschen nun all die Geschäfte erledigen könnten, die vom Kommen des neuen Mondes abhängig waren. Natürlich wußten auch die anderen undeutlich, daß der Mond immer wiederkam. Aber sein Kommen wurde noch nicht als ein natürliches, mechanisch begründbares Ereignis verstanden. Man begegnete dem Mond wie einem anderen lebendigen Wesen. Da war es sicherer, die Feststellung dieser Begegnung dem Priester zu überlassen, der mit seiner Trommel die Begrüßungszeremonie für den neuen Mond einleitete. Der Priester kannte die Geheimnisse der Zeitbestimmung; er entschied nach Beratschlagung mit seinem Gott, wann das Kürbisfest stattfinden sollte, und erfuhr, wann er die rechte Zeit für die Ernte des Hauptnahrungsmittels, der Yamswurzel, zu verkünden hatte. Dies war gleichbedeutend mit der Ansage des neuen Jahres. Für all diese Zeitregulierungen waren die Bewohner auf den Gott Ulu und seinen Priester angewiesen. Als die stolzen Bauern wieder einen Krieg wegen eines kleinen Ackerstreifens führen wollten, Ezeulu ihnen aber erklärte, dieses sei ein ungerechter Krieg, und dieses vor Gericht auch den weißen Kolonialherren mitteilte, meinten die Bauern, der Priester habe sie verraten. Mit seinem Gerechtigkeitsgefühl zog sich Ezeulu darauf in immer tiefere Verbitterung zurück. Sein Gott war ein eifersüchtiger Gott, der von seinem Volk Gehorsam erwartete und diese Mißachtung strafte. Als sich die Erntezeit näherte, blieb Ulu stumm, sein Priester konnte die Stimme des Gottes nicht vernehmen und konnte den Menschen nicht die Zeit zur Ernte verkünden. Die Leute litten schwer, hungerten und kauften heimlich Nahrungsmittel von den Weißen. Langsam übernahmen sie auch deren Zeitvorstellungen. Die Zeit von Ulu und Ezeulu war vorbei.

Wir spüren, in dieser frühen Form von Zeiterfahrung wird Zeit nicht wie bei uns als stetiger, unpersönlicher Fluß, als Zeitlinie verstanden. Zeit stellt sich auch noch nicht als berechenbares, also unerbittliches Kommen und Gehen von Kalenderjahren dar. Zeit ist eher so etwas wie "die rechte Zeit', der Kairos [9], hier für die Ernte, ein

---

9) griech. kairos (rechtes Maß, rechter Ort, Zeitraum). Vgl. sanskr. kāla (Zeit) und sanskr. kal (zählen), lat. calculare (zählen) und lat. calare (den Anfang nennen, religiös ausrufen; wie Ezeulu Neumond, Zeit "ausruft"; vgl. engl. to call), daher lat. Calendae, die Kalenden, der auszurufende Monatsanfang, davon dann Kalender

Ereignis, das die Menschen einbezieht, die von "kosmischen" Ereignissen durch einen Götterboten oder Vermittler, die Römer hätten
gesagt durch einen "pontifex" (deutsch: "Brückenbauer", Priester)
erfahren. Von Zeitlinie und Zeitpunkten ist noch nicht die Rede. Erst
als nächster Schritt wurde parallel zu den regelmäßig wiederkehrenden Ereignissen ein am Himmelsgeschehen orientierter Kalender aufgestellt, und noch sehr viel später wurde dieser Kalender zu einem
mathematisch-abstrakten mechanisch (eben in Uhrzeiten) darstellba-
ren Gerüst einer als homogenen Zeitlinie vorgestellten Zeit stilisiert.
    Heute haben andere die Arbeit von Ezeulu übernommen. In der
Bundesrepublik Deutschland definiert etwa das Gesetz über die Zeitbestimmung vom 25.7.1978 die gesetzliche Zeit auf der Grundlage
der UTC, Universal Time Coordinated, koordinierte Weltzeit. Letz-
tere fügt der "normalen" Weltzeit gelegentlich eine Schaltsekunde zu.
Denn die Atomsekunde für die internationale Atomzeit ist etwa 3 x
10^{-8} Sekunden kürzer als die gegenwärtige Sekunde der mittleren
Sonnenzeit. Die mittlere Sonnenzeit nimmt, wenn auch unmerklich,
weiter zu. Wegen der allmählichen Abbremsung der Erdrotation infolge der Gezeitenwirkung vor allem des Mondes ergibt sich eine gleich-
mäßige Zunahme der Tageslängen von etwa 0,06 Sekunden pro Jahr.
    Wir fingen mit der Wahrnehmung des Ereignisses der Erdumdre-
hung und der Sonnenumlaufzeit an, maßen erst diese und messen nun
mit unseren Cäsiumuhren genauer, als wir es auf der Erde mit dem
Schlingern unseres Trabanten brauchen können. Was früher die Priester erkundeten und kundtaten, erforschen und messen heute die Naturwissenschaftler, die Juristen legen es für uns fest, und die Apparate
teilen es mit, alle jeweils mit der kulturtypischen Genauigkeit. Also:
    Akustische Einspielung: "Beim nächsten Ton des Zeitzeichens ist
es 18 Uhr, 40 Minuten und zwanzig Sekunden."

Jahreswechsel

    Man muß gelegentlich mit anthropologischen Augen sehen, um
zu erkennen, was "Zeit" für Menschen bedeuten kann.
    Als die Spanier unter Hernán Cortés 1519-1521 Mexiko erober-
ten, stießen sie zuerst auf die Mayas der postklassischen Periode.

Diese Mayas auf der Halbinsel Yucatán hatten schon 600 Jahre zuvor die Blüte ihrer Hochkultur erlebt, waren Zahlen-, Datums- und Kalenderfetischisten. Sie kannten bereits den Stellenwert der Null in ihrem Zahlensystem, konnten entsprechend mit riesigen Summen operieren, wußten Mond- und Sonnenfinsternisse im voraus zu berechnen, was für Schlachten hilfreich war, weil das die eroberungssüchtigen Spanier nicht konnten. Zeit wurde von den Mayas als Belastung empfunden. Jeder Tag hatte seinen eigenen Zeitgott. Wie alle mesoamerikanischen Völker glaubten sie an einen festen Zyklus von 52 Jahren. Nach 52 Jahren war immer alles vorbei, es kam eine neue Epoche, und man konnte nur hoffen und bangen und opfern und beten, daß sie auch tatsächlich eintrat. Wenn das geschah, gab es eine ungeheure Erleichterung, und es wurde wild gefeiert.

Im mittleren Europa, in Mesoeuropa sozusagen, gibt es übrigens Stammesvölker auf ähnlich hoher Kulturstufe. Ich denke da besonders an Volksstämme, deren Siedlungsgebiet im Norden von Küstenregionen begrenzt wird und im Süden in einem hohen Gebirgsmassiv endet. Diese Stämme, die früher sehr kriegerisch waren und unlängst ihre verschiedenen östlichen und westlichen Gruppen wieder vereinigen konnten, kennen seit längerer Zeit den Stellenwert der Null und rechnen mit entsprechend großen Summen. Sie sind ebenfalls Zeit-, Datums- und Kalenderfetischisten. Besonders deutlich wird das bei einem Vorgang, den sie "Jahreswechsel" nennen. Diese Stämme sind in verschiedene Religionsgruppen aufgesplittert, haben deswegen sogar mal einen 30jährigen Krieg geführt; die Oststämme gelten inzwischen als fast religionslos. Aber die Zeit-Religion vereinigt sie alle. Deren Feste begehen sie gemeinsam. Alle zwölf Monate, in tiefem Winter, hoffen sie gemeinsam auf diesen sogenannten Jahreswechsel. Die eine Hälfte des Kulturvolkes tritt dann aus den Hütten ins Freie und schießt allerlei Arten von Feuerwerkskörpern in den Himmel. Es muß auch ganz laut sein und knallen; die geweihten Kultglocken in den Kirchen werden geläutet. Die andere Hälfte schaut drinnen auf die Uhr oder horcht ins Radio oder versammelt sich "gebannt" und erwartungsfroh vor der Mattscheibe eines ganz wichtigen Kultgegenstandes, um zu erleben, daß oder ob beide Zeiger auf die Zwölf gehen (die Zwölf mit ihrer vielfältigen Teilbarkeit behielten sie aus uralten

Kulttraditionen). Und wenn es dann geklappt hat, daß sich alle Zeiger auf der "Zwölf" treffen, und die Nachrichtensprecher der ganzen Kultgemeinde verkünden, jetzt sei "Neujahr", dann vereinigen sich die beiden Hälften des Kulturvolkes wieder, jeder sagt jedem, zeitverzögert oder in "real time", *jetzt* sei Neujahr, und alle sagen Prosit (obwohl sie sonst die Kultsprache ihrer alten Kirche aufgegeben haben). Und dann feiern sie und tanzen sie und trinken ihre nach altem Stammesritual vorgeschriebenen kultischen Rauschgetränke und benehmen sich wie zu Fastnacht. Die Polizeistunde für die Öffnung der Stammesrauschgetränkstätten ist verlängert, und so treiben sie's die halbe Nacht. Und am nächsten Tag ist ein staatlicher Feiertag, und da dürfen, ja müssen sie ganz lange ausschlafen. Der Mensch als Schöpfer und Opfer seiner Vorstellungen von Zeit.

Doch wenn dann Anthropologen und Volkskundler oder gar Soziologen Befragungen unter den Stammesangehörigen durchführen, haben die Leute Angst, daß man sich auf den Datenschutz nicht verlassen könne und die Ergebnisse vielleicht veröffentlicht würden. Dann geben sich alle ganz aufgeklärt und behaupten, sie glaubten schon lange nicht mehr an die Wirkung von kultischen Glocken, Feuerwerk und Lärm. Das sei nur so'n Ritual. Früher, als alle noch an Geister geglaubt hätten, hätten die Leute tatsächlich das alte Jahr vertreiben wollen. Aber als Glaubensfreie wüßten sie ja, daß das neue Jahr von selbst komme. Doch von dieser Wissenschaftsreligion sind inzwischen auch viele wieder abgefallen, und die knallen jetzt - scheinbar zufällig am Namensfest des heiligen Sylvester, eines frühen christlichen Papstes (314-335) - wieder umso lauter.

Wie kam Christus in die Mitte der Zeit?

Wir leben in einer Kultur und sind immer noch Träger einer Kultur, von der inzwischen weite Teile der Welt die Zeitrechnung übernommen haben. Diese richtet sich offiziell nach einem etwas ungenau geschätzten Geburtsjahr des christlichen Gottessohnes und Menschensohnes aus Nazareth. Dieser Christus, Jesus von Nazareth, wurde ungefähr 6 v. Chr. geboren. Als er in der Provinz Judäa hingerichtet wurde, herrschte dort römisches Besatzungsrecht. Die Juden zählten nach dem Erschaffungsdatum ihrer Welt, das sie aus den halb-mythischen Genealogien in ihren heiligen Schriften errechneten. Sie haben diese Zählweise nicht aufgegeben und leben jetzt, wie erwähnt, im Jahre 5752. Die Römer rechneten *ab urbe condita*, nach den Jahren seit der Gründung Roms, oder später nach kaiserlichen Regierungsjahren. So taten es auch noch die Christen im Weihnachtsevangelium nach Lukas. Da sie ohnehin eine baldige Wiederkunft ihres Herrn erwarteten, störte es sie nicht, die Jahre nach heidnisch-römischen Gott-Kaisern zu zählen. Erst als sich die Wiederkunft unerwartet lange hinauszögerte, begann man sich neu zu besinnen. Im fünften Jahrhundert unserer Zeitrechnung tauchte in der Zählweise eines Osterzyklus die Jahreszählung "post passionem" auf, also nach Passion und Auferstehung Christi. Im Jahre 525 zählte dann der skythische Abt Dionysius Exiguus in seinem Osterzyklus die Jahre nach einer errechneten Geburt Christi.

Die Einführung eines neuen Kalenders beeinflußt das gesamte Zeitgefühl. Auf der Erde hat sich unsere westliche Welt den Rest wirtschaftlich, militärisch, technisch, kulturell und auch kalendermäßig - das alles läßt sich kaum noch trennen - weitgehend unterworfen. Die Kalenderverbreitung markiert einen Wandel. Die christliche Zeitrechnung entstand und verbreitete sich, als das Lebens- und Zeitgefühl der ersten Christen sich wandelte und sich das Christentum seit dem vierten Jahrhundert auch gesellschaftlich etablierte. Es läßt sich "stärker auf die Zeit ein. ... Es schafft sich seine eigene Zeit." [10]

Wir kennen das Ergebnis mit den noch heute gültigen "Eckpunkten." [11] des kirchlichen und weltlichen Kalenders: das auf dem Sonnenkalender beruhende römische Jahr, die alte jüdische Woche mit der neuen Betonung des Sonntags statt des Sabbats, der mondabhängige Ostertermin des jüdischen Pessach-Festes. Nach dieser problematischen Verknüpfung von Sonnen- und Mondjahr bestimmen wir heute noch unsere "beweglichen" Feste, deren Daten im Kalender jährlich wechseln: Rosenmontag, später Palmsonntag, Ostern, Pfingsten, Christi Himmelfahrt, Vatertag, Muttertag, Ferienbeginn.

---

10) Engehender Hans Maier (Anm. 3), S. 19. Vgl. ders.: "Eine Zeit in der Zeit? Die christliche Zeitrechnung." In diesem Band unten S. 106
11) aaO., vgl. unten S. 110

Auch sonst ist unser moderner Kalender nicht der Traum von
Ordnungsfanatikern. Die Monate haben vier verschiedene Längen,
die mit Ausnahme des Februars zumindest nicht wechseln. Selbst
gleichlange Monate haben eine ständig wechselnde Zahl von Sonn-
und Arbeitstagen. Die Jahresquartale sind nicht gleich lang. Jedes
Jahr, jedes Quartal, jeder Monat kann mit jedem beliebigen Wochentag beginnen. Jedes Jahr ist anders. Feiertage fallen entweder auf
wechselnde Daten (wie Ostern) oder auf wechselnde Wochentage
(wie Weihnachten). Kalender sind etwas sehr Lebendiges.

Die Zählung der Jahre nach Christi Geburt verbreitete sich recht
langsam. Wirklich christianisiert wurden Zeit und Kalender erst im
Hochmittelalter, im zwölften und dreizehnten Jahrhundert; die rech-
nerisch umstrittene Ausgangsdatierung von Dionysius Exiguus behielt man bei. Wohl neu in der Weltgeschichte war, daß in eine Zeit
von - nach beiden Richtungen - unbekannten Ausmaßen mit einem
bestimmten Datum ein Anker geworfen und dann von diesem Datum
aus auch zurückgerechnet wurde, also Jahreszahlen "vor Christi
Geburt" im Rahmen der jetzt sogenannten "retrospektiven Inkarnationsära" [12] angegeben werden konnten. Endgültig durchgesetzt hat
sich die Zeitrechnung vor und nach Christi Geburt überall in Europa
erst seit dem 17. Jahrhundert. Martin Luther etwa zählte zwar die
Zeit "nach Christus", aber bis zu Christi Geburt rechnete er noch
jüdisch-biblizistisch ab Welterschaffung.

Daß das christliche Abendland Christi Geburt in die Mitte der
Zeit setzte und von ihr vor- und zurückrechnete, umging nicht nur das
heikle Problem eines Datums für die Welterschaffung, sondern betonte auf einmalige Weise, was von nun an als Zentrum der Welt, des
Lebens und der Zeit verstanden wurde. "Es gehört", so schreibt Hans
Maier, "zur Ironie der Geschichte, daß sich jene Zeitrechnung, die
Christus in die Mitte der Zeit rückte, just in der Zeit der Aufklärung
endgültig durchsetzte - in einer Zeit also, die sich in vielen Bereichen von christlichen Überlieferungen loszulösen begann." [13]

---

12) Diese Wortschöpfung meint eine zunächst von der Mensch(Fleisch-)-
    werdung des Gottessohnes zurückblickende und dann die Jahre bis dahin -
    nachträglich wie ein erwartungsvolles "count-down" - zählende Weltzeit.
13) Hans Maier (Anm. 3), S. 42; vgl. ders. unten S. 119

Bilder von der Zeit

Das Thema spricht von Bildern. Gemeint sind nicht (Ab-)Bilder, die dann als Vorstellungen für die Zeit stehen; die Zeit erscheint vielmehr unmittelbar in verschiedenen Gestalten, wie ein Schauspieler hinter verschiedenen Masken. Wie sehen und erfahren wir die Zeit? Fließt sie im mächtigen Strom unaufhaltsam dahin? Ist vorbei, was vorbei ist? Dreht sie sich unaufhaltsam im Kreis mit dem Rad der ewigen Wiederkehr des Gleichen? Dreht sie den Kreis wie eine Spirale um einen Pfeil, den Zeitpfeil des Fortschritts? Bewegt sie sich wie die Deutsche Bundesbahn oder unsere "Bahnen der Zukunft" in einzelnen Zeitzügen vorwärts, die wie der ICE schnell fahren und kaum halten oder wie ein Bummelzug auf jedem Bahnhof jeden ein- und aussteigen lassen, mit stillgelegten Strecken, wo man ewig und umsonst wartet, daß es weitergeht? Sitzen wir so jeweils in verschiedenen Zügen, läßt man uns umsteigen, Ziel und Tempo wechseln?

Auch neue Buchtitel wollen Sehweise und Bild der Zeit neu vermitteln und geben sich griffig. Sie sprechen von unserem "Fall in die Zeit" [14], von der "Verkürzung der Gegenwart" [15], vom "Sterben der Zeit" [16], von ihrer "Zerstörung und Wiederaneignung" [17]. Künstler haben zu gestalten versucht, was Sprache nur schwer erfahrbar machen kann. Nach der griech. Mythologie vom Titan Kronos [18] malte etwa der Spanier Goya [19] an seinem Lebensabend die Zeit als gefräßigen Chronos, der seine eigenen Kinder verschlingt. [20] Ist sie das

---

14) William Irwin Thompson: Der Fall in die Zeit. Mythologie, Sexualität und der Ursprung der Kultur. Reinbek bei Hamburg: Rororo 1987

15) Hermann Lübbe: Im Zug der Zeit. Verkürzter Aufenthalt in der Gegenwart. Berlin u.a.: Springer 1992

16) Dietmar Kamper und Christopf Wulf (Hrsg.): Die sterbende Zeit. Darmstadt u.a.: Luchterhand 1987

17) Rainer Zoll (Hrsg.): Zerstörung und Wiederaneignung von Zeit. Frankfurt a.M.: Suhrkamp 1988

18) Vater von Zeus, wegen der Namensähnlichkeit früh Chronos, der Zeit, zugeordnet; andernorts Saturn, Baal

19) Francisco José de Goya y Lucientes, 1746 - 1828, Bild im Madrider Prado

20) Vgl. dazu Helga Nowotny: Eigenzeit. Entstehung und Strukturierung eines Zeitgefühls. Frankfurt a.M.: Suhrkamp, 3. Aufl. 1990, S. 87 f. Siehe auch den Bildband von Marie-Louise von Franz: Zeit. Strömen und Stille. Mün-

alles und sich selbst verschlingende Nichts, das sterbend überlebt?

Wie vorgefaßte Bilder vom Menschen können auch Bilder der Zeit für Alltag und Wissenschaft handlungs- und forschungsleitend sein. [21] Das moderne Denken trennt das Bild von der Sache, für die das vorgestellte Bild dann stellvertretend steht, ohne daß die Sache selbst erkannt sein oder in Erscheinung treten muß. Phänomenologisches Denken ruft uns "zu den Sachen selbst" in ihrer Erscheinungsgestalt zurück. Bilder, auch von der Zeit, beflügeln das Denken. Zeitbilder, bewußt oder unbewußt, gestalten die Kultur und führen zur Gruppenidentifikation. Bilder haben eine eigene Aussage und Kraft. Sie sind Folgen und Ursachen von handlungsleitenden Einstellungen. Sie prägen die Ideenwelt, die Perspektiven und Handlungsziele des Menschen. Sie schaffen eine eigene Realität, die Folgen hat. Bilder, seien sie real oder vorgestellt, haben Wirkungen. Religiöse Bilder und Vorstellungen aktivieren ihre Träger mit Vertrauen oder Furcht.

Bilder, vom Menschen oder von Zeit, sind also mehr als "nur Bilder". Sie existieren nicht im luftleeren Raum. Sie informieren über mehr als nur Zeitvorstellungen der jeweiligen Wissenschaft, Technik oder Religion bzw. über Zeitvorstellungen ihrer Produzenten und Anwender und über weit mehr als über die Zeiten, auf die sie sich beziehen sollen.

Vorstellungen und Bilder von Zeit werden entdeckt und, oft folgenreicher, werden erfunden. Sozialwissenschaftliche Erkenntnisse verdeutlichen die Konsequenzen. Der Konstruktivismus erforscht die Prozesse, durch die wir uns unsere Vorstellungen von der Welt schaffen, und betont, daß wir uns unsere Wirklichkeit konstruieren. Der symbolische Interaktionismus beschreibt, wie die Menschen aufgrund von "Bedeutungen" handeln, die sie Zeiten und Dingen symbolisch und bildhaft zuschreiben und situationsbedingt interpretieren. Soziologen haben sich selbst bestätigende Prophezeiungen analysiert

---

chen: Kösel 1992, weiter Heinrich Theissing: Die Zeit im Bild. Darmstadt: Wissenschaftliche Buchgesellschaft 1987.

21) Die nächsten eineinhalb Seiten folgen in textnaher Übertragung Kurt Weis: "Menschenbilder – woher und wozu?" In: Ders.: (Hrsg.): Bilder vom Menschen in Wissenschaft, Technik und Religion. (1. Auflage FAKTUM Band 2, TU München) 2. Auflage Opladen: Westd. Verlag 1995, S. 11–38, S. 21–23

und gezeigt, wie die Prophezeiung eines Ereignisses zum folgenträch-
tigen Ereignis der Prophezeiung wird. Ein nach William I. Thomas[22)]
benanntes Theorem besagt, wenn Menschen Situationen und Vorstellungen "wirklich" oder *real* nennen, dann haben diese Folgen und
somit Wirkungen, sind also "wirksam" und insofern wirklich. Hierfür
bieten Vorstellungen von Zeit, von Anfang und Ende, von Dauer und
Reihenfolge, gute Belege. Sie können noch so dogmatisch falsch,
wissenschaftlicher Unfug, sachlich ungerechtfertigt sein: Sie haben
reale Folgen, weil sie als handlungsleitend gebraucht und genutzt
werden. Ihretwegen hoffen und fürchten Menschen, wegen eschato-
logischer Vorstellungen beten Menschen und geschehen in Sekten-
gruppen Mord und Massenselbstmord.

Zeitbilder sind Motoren und Blaupausen für Wirklichkeitskon-
struktionen, sie zeigen als Leitbilder und Wegweiser das Ziel der Entwicklung, sie können einem Manipulator als Beeinflussungsmittel
dienen. Legt man die Bilder frei, eignen sie sich auch als Anhalts-
punkt dafür, welchen Vorstellungen eine Entwicklung eigentlich
folgt. Sensible Künstler nutzen sie manchmal zur Verdeutlichung
und Gegenkontrolle. Bilder reifen oder verfestigen und verhärten
sich zu Modellen. Modelle können geronnene Vorstellungen sein.
Welchem Bild oder Modell von Zeit folgen wir?

Zeitbilder für Religionen und Wissenschaften

Zeitvorstellungen prägen unser Verständnis von Gott, Welt und
Menschen. Hat alles Anfang und Ende? Schuf ein Gott einen Anfang? Schuf Gott am Anfang Himmel und Erde? Sind Gott oder Götter Herren über die Zeit oder ihr unterworfen? Sind Gott oder Götter
innerhalb oder außerhalb der Zeit, von Dauer oder nur zeitweilig? Ist
Gott tot, wie der Pfarrerssohn Nietzsche deklarierte, woraufhin die
"falsche Zeitrechnung" enden, mit dem 30. September 1888 der "erste
Tag des Jahres Eins" beginnen sollte und späterhin seine Jünger die
Jahre nach dem Todes Gottes zählten? [23)] Gibt es ein ewiges Leben,

---

22) vgl. zu der Frage, ob dieser Satz Thomas oder Znaniecki zuzuschreiben ist,
     Heinz Steinert: Symbolische Interaktion, Stuttgart 1973, S. 334 f., Anm. 2
23) Hans Maier (Anm. 3), S. 53. Vgl. Martin Heidegger: "Nietzsches Wort

auf das sich Christen in ihrem irdischen Tun ausrichten? Wie ist hier
"ewig" gemeint? Sind wir schon erlöst und können wir's freudig an-
gehen? Oder müssen wir deswegen schaffen und uns hetzen, getreu
dem von Max Weber geschilderten Zusammenhang zwischen prote-
stantischer innerweltlicher Askese und dem Geist des Kapitalismus?
Gibt es die Möglichkeit der Reinkarnation, die Hindus und Buddhi-
sten erlaubt, beim nächsten Durchgang vergangenes karmisches Un-
recht zu sühnen oder in der Hierarchie der Lebewesen aufzusteigen?

Wer von solchen "religiösen" Fragen hier nicht berührt wird,
begegnet entsprechenden Fragen andernorts wieder, etwa in Physik
oder Philosophie. Begann die Welt vor 8, 13 oder 18 Milliarden Jahren mit Urknall und inflationären Schüben aus dem Nichts? Wird sie,
je nach dem Gleichgewicht der Masseverteilungen, wieder zurück-
schrumpfen, stagnieren oder weiter expandieren? Gibt es für das Universum Anfang und Ende, oder pulsiert es wie ein ewig tätiger Dudel-
sack, oder ist es in anderer "Schleifenform" unendlich ausgelegt?
Sind Riesensterne, wenn sie zu unvorstellbarer Dichte kollabiert sind,
als sogenannte schwarze Löcher dann alles verschlingende zeitfres-
sende Monstren? Sind unsere Zeitvorstellungen Sklaven der Physik?

Die Zeitfrage ist die Frage nach dem Letzten, nach allem. Hierzu
trug Heidegger einmal den Marburger Theologen vor: "Wenn die Zeit
ihren Sinn findet in der Ewigkeit, dann muß sie von daher verstanden
werden." - "Das Grundphänomen der Zeit ist die Zukunft." - "Gerade das Dasein, das mit der Zeit rechnet, mit der Uhr in der Hand lebt,
dieses mit der Zeit rechnende Dasein sagt ständig: ich habe keine
Zeit." - "Die Zeit verlieren und sich dazu die Uhr anschaffen?" [24]

'Gott ist tot'" in ders.: Holzwege. Frankfurt a.M.: Vittorio Klostermann, 6.
Aufl. 1980, S. 205-263

[24] Martin Heidegger: Der Begriff der Zeit. Vortrag vor der Marburger
Theologenschaft Juli 1924. Tübingen: Max Niemeyer Verlag 1989, S. 5,
19, 20, 21. Ferner Hinweise bei Kurt Weis: "Zur Einführung: Was
verdeutlicht das Fragen nach Zeit?" oben in diesem Band S. 9-22, S. 10.
Heideggers Mitarbeiterin Feick faßte später Heideggers Definitionen von
Zeit wie folgt zusammen: "Das, von wo aus das Dasein so etwas wie Sein
unausdrücklich versteht und auslegt, ist *die Zeit*. Diese muß als der Horizont alles Seinsverständnisses und jeder Seinsauslegung ans Licht gebracht

Viele schauen bei jedem erneuten Hinweis auf die Uhrzeit gleich
auf ihre eigene Uhr, als wollten sie etwas mit prüfendem Blick kontrollieren. Das gilt selbst, wenn kein "Jahreswechsel" mit dem erwähnten Zeigervergleich ansteht. Wie einige die ehedem kurzen fünften Jahreszeiten ganzjährig ausdehnten [25]), wurden auch viele Zeitgenossen, als warteten sie immer auf Neujahr, für alle Zeit uhrhörig.

Die Uhr ist ein Kultgegenstand, den man als Mitglied der neuen
Zeit-Religion gar nicht oft genug fasziniert und ergeben anschauen -
oder soll ich sagen "gläubig konsultieren"? - kann. Dies ist das
Jahrhundert der Zeitwahrnehmung, Zeitdebatten und Zeitkämpfe. Für
viele ersetzt die Uhr mit ihren Auskünften die Rolle alter Propheten
und Orakel. Dieses Jahrhundert erlebte die Verzeitlichung der Physik
und der Welt, die durch die Quantentheorie ausgelöste allgemeine
physikalische Grundlagenkrise und Neuorientierung mit dem weiter
verdeutlichten philosophischen Interesse an der Zeit. [26]) Trotz der
Symmetrievorstellungen in der Physik (abgesehen vom "zweiten
Hauptsatz" der Thermodynamik), nach denen Zeit eigentlich vorwärts
und rückwärts fließen könnte, fliegt in Selbstorganisationsprozessen
von der kosmisch-physikalischen über die biologische bis zur soziokulturellen Evolution der Zeitpfeil nur in eine Richtung. [27]) Leben
läuft nicht rückwärts. Um uns herum beobachten wir Kämpfe um
Zeitordnungen für Arbeitszeiten und Freizeiten und spüren, wie sich
Entwicklungen beschleunigen und der Zeitdruck wächst. Einige

---

werden. Dazu bedarf es einer ursprünglichen Explikation der Zeit als Horizont des Seinsverständnisses aus der Zeitlichkeit als Sein des seinverste-
henden Daseins." "Die (griechische) Bestimmung des Sinnes von Sein als
παρουσια bzw. ουσια, was ontologisch-temporal 'Anwesenheit' bedeutet,
zeigt: Das Sein des Seienden ist mit Rücksicht auf einen bestimmten Zeitpunkt, die 'Gegenwart', verstanden." Index zu Heideggers >Sein und Zeit<.
Zusammengestellt von Hildegard Feick. Tübingen: Max Niemeyer Verlag,
3. Aufl. 1980, S. 107

25) Vgl. oben S. 27, 32
26) Vgl. nunmehr Walther Ch. Zimmerli, Mike Sandbothe (Hrsg.): Klassiker der
     modernen Zeitphilosophie. Darmstadt: Wissenschaftliche Buchgesellschaft
     1993
27) Vgl. Peter Coveney, Roger Highfield: Anti-Chaos. Der Pfeil der Zeit in der
     Selbstorganisation des Lebens. Reinbek bei Hamburg: Rowohlt 1992

schauen beim nächsten Ton des Zeitzeichens sicher wieder auf die
Uhr, auch wenn der letzte Kontrollblick erst Sekunden oder Minuten
zurückliegt.   Andernorts gibt es noch Menschen, nicht Teilhaber
unserer Zivilisation und Kultur, die nicht wissen, wie alt sie sind, kein
kalendermäßiges Datum der eigenen Geburt kennen und der Zeit-
Religion mit dem Uhr-Fetischismus verständnislos gegenüberstehen.
Wir sind weit gekommen. Bei uns sind die sogenannten Maschinenstürmer, die in Wirklichkeit zuerst die auf den Fabriktoren instal-
lierten Uhren und die von ihnen ausgehende Tyrannei beseitigen
wollten, längst vergessen.

Soziale Zeitgeber

Im Gegensatz zu jenen Menschen "andernorts" konstruieren und
verbessern wir hier nicht nur unsere Zeitvorstellungen, sondern ganz
konkret auch die Geräte, die uns die gemessene Zeit "geben". Vor
den Uhren, Zeitungen, Fernsehern und Computern werfen wir einen
kurzen Blick auf unsere eigene Ausstattung. Zeit ist nicht nur eine
soziale Konstruktion, sondern in ihrer Wahrnehmung bereits veranla-
gungsbedingt. Die Hirnforschung erklärt, wie wir aufgrund neuronaler Reizschaltungen im Kopf akustische, optische und taktile Reize
als gleichzeitig oder nacheinander wahrnehmen können. Dabei ist unser akustisches Auflösungsvermögen bei weitem am schärfsten ausgelegt.   Wir "entscheiden" dank unserer bio-physio-psychologischen
Ausstattung, unserer Veranlagung und unserer Schulung, was "zeit"-
lich, also was länger oder kürzer dauernd, gleichzeitig und nacheinander ist. [28] Auch das ist eine Form der konstruierten Wirklichkeit,
denn das Ergebnis hängt genauso vom "Konstruktionsapparat", d.h.
von uns, ab, wie Forschungsergebnisse sonst von den jeweils ange-
wandten Forschungsmethoden und -geräten beeinflußt werden.
Zurück zu den Uhren. In seinem Buch "Zum Verständnis der
wirtschaftlichen und sozialen Wandlungen in Deutschland vom 14.
zum 16. Jahrhundert" berichtet Lamprecht aus den deutschen Han-

---

28)   vgl. nun Ernst Pöppel: "Wie kam die Zeit ins Hirn? Neurophysiologische
      und psychophysische Untersuchungen zum menschlichen Zeiterleben." In
      diesem Band S. 127-152

delsstädten: "Ein Hasten kam in die städtische Bevölkerung des ausgehenden Mittelalters, das im Vergleich zur früheren Muße nicht minder aufgefallen sein mag als die Emsigkeit unserer Lage. Der Begriff
der Zeit in moderner Auffassung begann durchzudringen; in Nürn-
berg schlugen im 16. Jahrhundert vier Turmuhren schon die Viertel-
stunden; zu viele Feiertage galten bereits als Unglück, und Sebastian
Franck nannte zum ersten Mal die Zeit ein teures Gut, dessen wir karg
sein sollen, damit wir niemals etwas Unnützes tun." [29] Im neu aufge-
kommenen weiträumigen Geld- und Warenverkehr wurden Zeit und
Terminsicherheit für die Banken buchbare Geldwerte. Auch verkürz-
te Produktionszeiten brachten Geld. "Wurden Arbeitsrhythmus und
-intensität in agrarischen Gesellschaften vom Ablauf der Jahreszeiten
bestimmt, so wurden sie nun den abstrakten Kategorien einer mechanischen Zeitvorstellung unterworfen. Die Zeitökonomie, die sich in
der Renaissance durchsetzte, nahm Gestalt an in den Turmuhren der
oberitalienischen Handelstädte, die seit dem 14. Jahrhundert den Fortgang der Zeit auch nachts durch Glockenschlag anzeigten. Mit dem
Bewußtsein der Flüchtigkeit der Zeit aber, an das die Glocke vom
Turm regelmäßig gemahnte, zog ein dem Mittelalter fremder Geist
der Rechenhaftigkeit in die Kontore ein". [30]
   Die Zeitung - das Wort meinte ursprünglich ein eingehendes
neues Ereignis, eine Nachricht - folgte als sozialer Zeitgeber in ihrer
Entwicklung dem uns nun schon bekannten Trend. Sie begann ihre
heutige Form als gelegentliches Episodenblättchen, wurde dann peri-
odisiert und erschien in dichterer Folge: 1588 eine Messezeitung jeweils zur Kölner Frühjahrs- und Herbstmesse; 1597 am Bodensee
eine Monatsschrift; 1650 in Leipzig schon mal eine Tageszeitung.
Heute überfluten uns Zeitungen am Kiosk, an Tankstellen und an der
Haustür. Die Zeitung informiert und zeigt uns, daß Zeit aus inhaltli-
chen Episoden und Ereignissen besteht, also eine keineswegs homo-
gene Qualität hat, daß sie nun immer schneller, Weihnachtsfest um
Weihnachtsfest, Wochenende um Wochenende, ja Tag um Tag zy-

---

29) Lamprecht S. 200, zitiert nach Herfried Münkler: Machiavelli. Die
    Begründung des politischen Denkens der Neuzeit aus der Krise der
    Republik Florenz. Frankfurt a.M.: Fischer TB 1984, S. 400, Anm. 36
30) Herfried Münkler (Anm. 29), S. 28

klisch wiederkehrt, daß sie unerbittlich, aus kleinsten Zeittakten
bestehend, sich die Ereignisse notfalls in immer engeren Abständen
auch selbst schaffend und damit inhaltsarm werdend linear in die
unbekannte Zukunft läuft: Tages-Ausgabe, Morgen-Post, Mittags-
blatt, Abend-Zeitung. Die Zeitung wird mit ihren Informationen
dichter, man kommt mit dem Nachrichten-Lesen kaum noch nach.
Diese Entwicklung zur engen Gegenwarts- und Moment-Betonung
treibt uns den Sinn für größere Zusammenhänge nachhaltig aus, die
Zeit rast und die Informationen sind schon überholt, wenn sie erscheinen. Die Zeitung, wie alle Nachrichtenmedien, malt uns mit ihren
schnell wechselnden Informationen ein Bild von sozialer Geschwindigkeit vor, strukturiert wie alle Nachrichtenmedien unser Zeitgefühl,
und wir bauen sie in unsere Zeitrituale ein, so daß die Zeitung, wie
viele Zeitgeber, gleichzeitig Zeitmesser und Zeitfresser ist.

Mit dem Aufkommen der Photographie beginnt eine ganz neue
Codierung von Zeit. Das Gewesene wird uns als wirklich im vergangenen Zustand gegenwärtig gezeigt. [31] Vergangenheit und Gegenwart liegen uns gleichzeitig vor Augen. Das bürgerliche Fotoalbum
löscht den Abstand vom Zeitpunkt der Aufnahme über die Entwicklung und das Einkleben bis zum Betrachten im Jetzt. Zeit scheint ver-
dichtet und zusammengezogen. Alte Zeitgrenzen werden verwischt.
Wir sind in expandierter Gegenwart Zeugen einer (im Bild fixierten)
Vergangenheit.

Aber wer nimmt sich noch die Zeit, neue Bilder einzukleben und
alte zu betrachten? Die telekommunikative Entwicklung führte vom
stehenden zum bewegten Bild, vom Film weiter zum Fernsehen mit
seinem Wechsel von alten oder frisch gespeicherten und unmittelbar
live gesendeten Aufnahmen. Inzwischen sind wir auf dem Weg zu
Multimediageräten, die Fernsehen, Video, Telefon und Computer zu
einem neuen interaktiven Netz mit uns verflechten. Da wird unser
Zeitbewußtsein neu geprägt. Es geht nicht nur darum, daß Fernseher
mit ihren laufend vermehrten Angeboten und wiederkehrend festen
Programmteilen die Tageseinteilung von Menschen beeinflussen und

---

31) Vgl. hierzu und zum Folgenden ausführlich Götz Großklaus: "Medien-Zeit."
     In: Mike Sandbothe, Walther Ch. Zimmerli (Hrsg.): Zeit - Medien - Wahr-
     nehmung. Darmstadt: Wissenschaftl. Buchgesellschaft 1994, S. 36-59, 37 f.

hrer individuellen Zeitkultur neue Reaktionsweisen abverlangen, die
vom totalen Sichausliefern bis zur tapferen Selbstdisziplinierung oder
bewußten Abstinenz reichen. [32] Soweit sind Fernseher für den häus-
lichen Alltag nur neue soziale Zeitgeber. Viel wichtiger wird für unser Zeitbewußtsein die Gewöhnung an Synchronizität, die Vergleich-
zeitigung allen Geschehens. Zeit wird entgrenzt. "Das heißt: die
schnellen elektronischen Medien saugen alles Geschehen - so entfernt
es zeitlich und räumlich auch sein mag - in das enge Sichtfenster des
Momentanen und Aktuellen." [33] Geht hier Zeit als dreidimensionaler
"Raum des Da-Seins" verloren und wird sie sozusagen auf "einen
Punkt" gebracht? Mit dem gleichen Vorgang wird ferne Zeit nicht
nur punktuell zusammengefaßt, sondern umgekehrt wird die Gegenwart auch in beliebig ferne Zeiträume ausgedehnt, Zeit also entgrenzt.
Besonders aufregend wird diese Entwicklung dann, wenn Experten
zeigen können, daß das Aufnehmen, Abspeichern und Verstauen,
Wiederaktivieren und Repräsentieren von Bildmaterial auf dem Bild-
schirm sich in mancherlei technischem Aspekt der Arbeit der neuronalen Netze annähert, mit denen unser Gehirn Wahrnehmungen auf-
nimmt, speichert, aktiviert und präsentiert. Großklaus fragt: "Kehren
wir mit der Medienzeit zur neuronalen Innenzeit, zum komplexen
Präsens unseres Gehirns zurück? Gleicht sich der Entwurf einer sozialen Zeit den Strukturen der neuronalen Zeit an?" [34]. Er schildert die
technologische Entwicklung von "Gegenwart zum alleinigen Schau-
platz aller Zeiten. Überführen wir ständig Vergangenheit in die Gegenwart der Medienrealität - und Zukunft in die Gegenwart der Com-
puter-Simulation -, so leben wir zunehmend im künstlichen Präsens
abstandsloser Augenblicke." Das führt Großklaus dazu, mein Thema
durch totale Bestätigung als überholt in sich zusammenfallen zu
lassen: "Dieses mediale Zeitkonstrukt, das auf *Beschleunigung, Zer-
legung, Sprüngen* und *Intervallauflösung* 'ruht', verabschiedet sich radikal vom Konstrukt geschichtlicher Zeit. Aber nicht vom 'Ende der
Geschichte' ist zu sprechen, sondern von der Verabschiedung eines

32)   Vgl. Irene Neverla: "Zeitrationalität der Fernsehnutzung als Zwang und
       Emanzipation." In: Mike Sandbothe, W. Ch. Zimmerli (Anm. 31), S. 79 -88
33)   Götz Großklaus (Anm. 31), S. 40
34)   aaO., S. 41

Konstrukts." [35)]

Die kulturgeschichtliche Leistung, Zeit als immer dichter wer-
denden Ordnungsraster konstruiert zu haben, endet womöglich in der
Überwindung dieser Leistung. Der nächste Schritt der Entwicklung,
die Computersimulation mit der synthetischen Bildwelt der Compu-
teranimation, führt uns in eine noch seltsamere Welt. Hier werden
durch eigene Rechenprogramme, also nicht mehr durch Abtasten
einer optisch-empirischen Wirklichkeit, Vergangenheiten wie Zu-
künfte vollends simuliert und im Bild gegenwärtig vorgeführt. Der
berühmte Gang durch den unzerstörten altägyptischen Tempel trans-
portiert seit 3000 Jahren Vergangenes ins heutige Jetzt und dehnt
unser gegenwärtiges (vorerst optisches) Erleben um die genannte
Zeitspanne zurück. Mit Rechenprogrammen läßt sich gleichermaßen
erstmalig auch simulieren und vergegenwärtigen, was sein wird oder
sein könnte. Der elektronische Rundgang durch die völlig wiederauf-
gebaute Dresdner Frauenkirche wurde in einem IBM-Labor in New
York und dann auf der CeBIT-Messe in Hannover gezeigt. [36)] Cyber
Space und Virtual Reality lösen sich von allen Schranken. Übrig
bliebe also ein (scheinbar?) unbegrenztes Gegenwartsfeld.

So enden wir in den Bereichen von menschlicher Natur, Kultur
und Technik mit drei Zeitwelten. In unserem Leib spüren wir den
Rhythmus von Tag und Nacht sowie andere Rhythmen und Zeiten
und die unumkehrbare Entwicklung des Alterns. In Kultur und Zivilisation erfahren wir die menschlichen und gesellschaftlichen Kon-
struktions- und Koordinationsleistungen, durch Zeitrechnung, Kalender und Uhr Geschehnisse in Reihung und Ordnung zu bringen.
Zugleich spüren wir hier, wie unser westlicher zivilisatorischer Fortschritt zu immer größerer Beschleunigung führt. Im Bereich der elektronischen Medien erleben wir eine Medienzeit, die uns mit der Inner-
zeitlichkeit der Prozesse unseres Gehirns konfrontiert und die korre-
lieren soll "mit Gehirn-Zeit - sowohl hinsichtlich der höheren Ver-
schaltungsgeschwindigkeit der 'hoch nicht-linearen' Wechselwirkun-
gen (Singer) als auch der Gleichzeitigkeit in der Aktivierung mehrerer

---

35)   aaO., S. 44, 45. Hervorhebung im Original.
36)   Wolfram Runkel: "Das Wunder von Dresden. Erlebnis der dritten Art." In:
      ZEIT-Magazin, Computer Special, 11. März 1994, S. 14 - 24

zeiträumlicher Muster (Eccles), der von Augenblick zu Augenblick wechselnden Muster-Konstellationen etc." [37]. Vielleicht stoßen wir hier an neue Grenzbereiche oder besser: Bereiche einer Grenzenlosigkeit, der sich aus völlig anderer Perspektive auch religiöse Mystiker zu nähern scheinen. [38]

Zeit im Sport und andere Zeitkulte mit ihren Menschenbildern

Wir kehren zur sozialen Zeit zurück. Eine Verbindung von Zeitbild und Menschenbild repräsentiert der Sport mit seinem sprichwörtlichen Kampf um Sekundenbruchteile und seinem "keine Nation verschonenden kollektiven Kult der Geschwindigkeit" [39]. Dieser Kult, derzeit inszeniert in den Ritualen der Olympischen Winterspiele, zieht viele in seinen Bann. Ich erinnere im Reportertempo: Dem Schlierseer Markus Wasmeier fehlten 15 Hundertstelsekunden auf den Skiern für Abfahrts-Bronze. Olaf Zinke aus Berlin gewann die 1000-Meter-Eis-Goldmedaille, wie die Zeitungen schrieben, sensationell mit dem kleinstmöglichen Vorsprung von einer Hundertstelsekunde. Als vorgestern der österreichische Viererbob mit zwei Hundertstel Sekunden Vorsprung vor den Deutschen aus Oberhof die Goldmedaille holte, war der Reporter bei der Live-Übertragung ganz hingerissen: "Spannend bis zum Schluß! Zwei Hundertstel! Eine tolle Entscheidung! - Wir konnten das mit unseren Augen nicht mehr sehen." - Und das faszinierte ihn nun besonders!

Da wird endgültig deutlich, wie sehr Tempo ein Fetisch unserer Kultur und Zivilisation geworden ist. Sport und seine medienmäßige Übertragung verdeutlichen unsere gesellschaftlichen Wertorientierungen. [40] Hier wird nicht nur Sinn produziert, sondern auch Komplexität reduziert und deutlicher als anderswo eine mathematisierte Idealwelt von Leistung und Belohnung vorgeführt. Zudem wird hier Tempo verherrlicht. Es geht um Schnelligkeit als Selbstzweck, nicht

---

37)   Götz Großklaus (Anm. 31), S. 57

38)   Vgl. Michael von Brück: "Wo endet Zeit? Erfahrungen zeitloser Gleichzeitigkeit in der Mystik der Weltreligionen." In diesem Band S. 207-257

39)   Helga Nowotny (Anm. 20), S. 152

40)   Vgl. die Nachweise bei Kurt Weis, oben in diesem Band S. 16, Anm. 15

um sinnvolle Zeitersparnis. Denn wer vier oder auch acht Jahre trainieren muß, um sich auf Olympische Spiele vorzubereiten und dort vielleicht einige Sekunden oder Sekundenbruchteile schneller als andere zu sein, hat natürlich keine Zeitersparnis, sondern Zeitkosten von vier oder acht Jahren.

Wollte ich Bilder zeigen, in denen Menschenbild und Zeitbild zusammenfallen, müßte ich wohl Menschen zeigen, die über Zeitleistungen definiert werden: bildschön gebaute Menschen, Priester und Priesterinnen des menschlichen Athletenkultes, den Baron de Coubertin mit den Olympischen Spielen bewußt als neuheidnische Religion inszenieren wollte: Ben Johnson, 10,0-Sekunden-Mann, der dummerweise seine Goldmedaille in Seoul wegen Dopings nur einen Tag behalten durfte; Katrin Krabbe, schnellste Frau der Welt, Sportlerin des Jahres und Identifikationsfigur ehemaliger DDR-Bürger - auf 1 Mio DM Jahreseinkünfte geschätzt wegen der Sekundenbruchteile - vorerst auf vier Jahre wegen Mogelei mit Fremdurin beim Dopingtest gesperrt.

Früher sahen Zeitkulte und entsprechende Verherrlichungen anders aus. Alle Kulturen der Welt mit ihren Religionen und Mythen und Bildern versuchten sich an der Zeit. Aus dem Kulturkreis, der unser Denken geprägt hat, ist aus der hebräischen Bibel die Zusage des Gottes Noahs nach der Katastrophe der Sintflut bekannt: "Solange die Erde besteht, soll nicht aufhören Saat und Ernte, Frost und Hitze, Sommer und Winter, Tag und Nacht" (Gen 8,22). Hier wird, in paradiesischer Erinnerung, die ständige Wiederkehr garantiert. Darüber hinaus ist uns ebenfalls aus dem judäo-christlichen Bereich die Betonung der Linearität geläufig: Der Zeitpfeil von der Erschaffung der Welt am Anfang der Genesis bis zu dem im allsonntäglichen kirchlichen Glaubensbekenntnis versicherten kommenden Leben in der Ewigkeit. Schon die alten Ägypter, die in Osiris ja auch einen Gott hatten, der starb, um wiedergeboren zu werden, suchten in ihrer Frömmigkeit die Vergänglichkeit der Zeit zu überwinden und die Zeit in die ewige Dauer des Jenseits zu überführen. Mittelamerikanische Indios glaubten, ihre Götter, insbesondere den Sonnengott, mit Menschenblut stärken zu müssen, damit er turnusmäßig weiter seine Bahn ziehe. [41] Als die Spanier das Aztekenreich in Mexiko eroberten, fanden sie Schädelgerüste mit Zigtausenden von Geopferten, die den Durst der Götter - offensichtlich erfolgreich - gestillt hatten. In der griechischen Mythologie frißt Kronos, der Gott der Zeit, immer von neuem seine Kinder, um sich durch sie am Leben zu erhalten.

Der Mensch als Schöpfer und Opfer seiner Vorstellungen von Zeit! Er leidet offenbar ziemlich unter diesen Vorstellungen, einmal eher praktisch wie bei den Azteken, einmal eher theoretisch wie bei den Griechen, einmal eher in psychologischer Abhängigkeit wie bei unserem dauernden "Auf-die-Uhr-Schauen".

Besonders in Südindien werden heute noch die Abbildungen des tanzenden Shiva geschätzt: Shiva Nataraja, der König des Tanzes und Herr der Weltbühne. Sein kosmischer Tanz stellt seine fünf Aktivitäten dar: Schöpfung, Erhaltung, Zerstörung, Verkörperung und Befreiung. Wer den im Flammenkreis tanzenden Shiva zu Hause stehen hat oder im Schaufenster sieht, mag daran denken, wie hier der mythische Zyklus der Zeit vom gleichzeitigen Entstehen und Vergehen voller Hoffnung, Unerbittlichkeit und doch zugleich tänzerischer Freude dargestellt wird.

Solche Mythen stammen aus der Entstehungsphase der großen Religionen. Jean Gebser teilte in seinen Büchern über "Ursprung und Gegenwart" die Geschichte des menschlichen Denkens in fünf Phasen ein: archaisches, magisches, mythisches, mentales und integrales Denken. Diesen Denkstrukturen ordnete er auch Zeitbezogenheiten zu. Hier sind bis zur magischen Struktur Zeitvorstellungen zeitlos oder ununterschieden. Das mythische Denken ist naturzeithaft und vorwiegend vergangenheitsbezogen. Unser aufgeklärtes mentales oder rationales Denken ist abstrakt zeithaft und vorwiegend zukunftsgerichtet. Das integrale, von Gebser vor sechzig Jahren [42] für die

---

41) Das Ballspiel der Mayas diente ebenfalls dazu, durch den dauernd in der Luft zu haltenden Ball den Flug der Sonne zu versinnbildlichen und zu sichern. Nach überwiegender Ansicht wurden Verlierer geopfert. Vgl. Kurt Weis: "Die Funktion des Ballspiels bei den alten Maya. Vom Kultspiel einer steinzeitlichen Hochkultur." In: Günther Lüschen und Kurt Weis (Hrsg.): Die Soziologie des Sports, Darmstadt: Luchterhand 1976, S. 115-129, 122

42) Gebser konzipierte seinen Thesen 1932. Jean Gebser: Ursprung und Gegenwart. Die Fundamente der aperspektivischen Welt. Beitrag zu einer

Zukunft vermutete und inzwischen wohl beginnende Denken betont die Zeitfreiheit und die Gegenwärtigkeit im Sinne einer achronischen Wahrung der Ursprungs-Gegenwart des Ganzen.

Nun werden diese Denkstrukturen sicher nicht jeweils im Sinne eines harten Paradigmenwechsels abgelöst. Vielmehr kommen neue, typische Betonungen hinzu. In irgendwelchen Nischen lebt, so scheint es, altes Denken immer fort.

Manchmal bricht es aus den Nischen wieder aus, wie das seit Jahren explodierende Interesse an Esoterik und Parawissenschaften zeigt. Es wird erörtert und untersucht, inwieweit Menschen in Träumen oder Wachträumen oder sonstiger Hellsichtigkeit ihnen unbekannte Ereignisse wahrnehmen können, die lange zurückliegen oder in noch nicht eingetretener Zukunft stattfinden werden, wieweit man also nach unserer Zeitpfeil-Vorstellung auf dem Zeitband hin- und herspringen kann oder ob man in einen Bereich vorzudringen vermag, in dem alle Zeit Gegenwart ist und in dem es Fenster und "Gucklöcher" auf Vergangenes oder Zukünftiges gibt. Mancher glaubt, sei er nun hinduistisch, sei er an dem Amerikaner Cacey, dem sogenannten "schlafenden Propheten", sei er an dem Münchner Esoteriker Thorwald Detlefsen orientiert, an den Turnus von Reinkarnationen und die Möglichkeit entsprechender Rückerinnerungen. Das Vertrauen, aus astrologischen Horoskopen, aus Handlinien und Tarotkarten, aus dem Befragen von Schutzgeistern und anderen okkulten Phänomenen den Blick in die Zukunft gewinnen zu können, fördert einen millionenschweren, wohl weitgehend vor Steuern abgeschirmten Markt. In der Schule lasen wir bei Schiller, wie Wallenstein in seinem Lager seinen Astrologen zu Rate zog, und heute lesen wir in Illustrierten und in Tageszeitungen, daß Präsident Reagan und seine Frau sowie unzählige andere Prominente für zukunftsrelevante Entscheidungen ihre Astrologen fragen.

Einige tibetische Tempelorakel als feste Einrichtung der vielleicht letzten Kultur, die sich in alter kultischer Höhe bis in die Jetztzeit gerettet hat, geben noch immer, wiewohl heimatvertrieben, mit Stempel und Siegel ihre Auskünfte.

Geschichte der Bewußtwerdung. München: dtv, 2. Aufl. 1986, S. 16

Menschentypen und der Umgang mit Zeit

Wie der Mensch mit der Zeit umgeht, ist gesellschaftlich vorge-prägt und hängt doch von ihm ab. Das lehrt uns die Verknüpfung von Zeitbild und Menschenbild und eine kleine psychiatrische Bilder-typenlehre. Das Erleben von Zeit ist, auch wenn der Wecker den Sonnenaufgang abgelöst hat, eine menschliche Urerfahrung. Typ oder Charakterstruktur prägen dieses Erlebnis unterschiedlich:

"Zeit ist Langeweile für den *Schizoiden*; Zeit ist eine Tretmühle für den *Depressiven*; Zeit ist Geld oder Leistung für den *Zwangs-neurotiker*; Zeit ist, was man niemals hat, für den *Hysteriker*." [43]

Ich stütze mich hier auf den an Zeitfragen sehr interessierten, psychoanalytisch orientierten Religionswissenschaftler Eugen Dre-wermann. Er meint, für das schizoide Erleben sei die Zeit eine Art Vakuum, d.h. im Leben sei eigentlich "nie so richtig was los", alles eher grenzenlos "langweilig". So stürze sich der Schizoide, in einer verzweifelten Bejahung des Lebens, auf mancherlei Einzelheiten. [44] - Inhaltlich völlig entgegengesetzt sei das Zeitgefühl des Depressiven. Auch er mag die unerträgliche Leere der Zeit in jedem Augenblick spüren, aber hier deswegen, "weil es dem Depressiven gar nicht möglich ist, in sein Leben so etwas wie ein eigenes Konzept oder eine eigene Planung hineinzubringen." Wie ein gescheuchtes Kaninchen starre der Depressive auf seine Mitmenschen und wähne sie als schlimme Verfolger. Weder Vergangenheit noch Zukunft kennend sauge er das Glück des Augenblicks ängstlich und gierig in sich ein, nur um momentan zu überleben. [45] - Für den Zwangsneurotiker ver-weist Drewermann auf Heideggers Beschreibungen von Zeitlichkeit, die er fast für eine Rationalisierung unseres zwangsneurotischen Zeit-gefühls hält. Danach wird Gegenwart im Zukunftsentwurf, in der Angst um Zukunft und Tod gestaltet, im "*Sich-vorweg-im-schon-sein-in-einer-Welt*" [46]; dafür wird auch die Vergangenheit in ihrer Bedeu-

---

43) Eugen Drewermann: Tiefenpsychologie und Exegese, Band II: Die Wahrheit der Werke und der Worte. Olten, Freiburg i.B.: Walter-Verlag, 5. Aufl. 1989, S. 611

44) aaO., S. 606

45) aaO., S. 608

46) Martin Heidegger: Sein und Zeit. Tübingen: Max Niemeyer Verlag, 15.

tung entdeckt. Im zwangsneurotischen Zeitgefühl wird Zeit als Pla-
nungsauftrag erlebt. Der Zwangsneurotiker "geht mit der Zukunft
ähnlich um wie ein Verfasser des Kursbuches der Bahn mit dem Beginn der Herbstmonate." [47] Er legt möglichst viel möglichst genau
möglichst fest. - Für den Hysteriker wiederum spielt es keine große
Rolle, wann etwas geschieht, ihm geht es nur darum, daß überhaupt
etwas passiert. Für ihn "existiert die Zeit nur als ein dichtgedrängter
Raum voller Möglichkeiten." Ihn reizt geradezu der Rausch, im Wir-
bel der Möglichkeiten den genauen Festlegungen zu entgehen. Für
den Hysteriker ist Zeit also "kein Ordnungsfaktor, sondern im Gegenteil die reine Turbulenz. ... Alles was er unternimmt, gleicht einer un-
entwegten Hetze, wie wenn ein Hund fünf Hasen gleichzeitig erjagen
wollte." So hat der Hysteriker wortwörtlich niemals Zeit. [48]
    Wir merken schon: Als "normale" Menschen haben wir von al-
lem etwas, mancher mehr vom einen, mancher mehr vom anderen.
    Bleiben wir bei dem für unser Zeitgefühl charakteristischen
Zwangsneurotiker. Wer dichte Gegenwart will, muß möglichst viel in
sie hineinpacken und möglichst viel leisten. Dafür gibt es Kalender
zum Zeit-Management. Sie sollen Zeit verwalten helfen. Weil - oder
damit - wir nicht zur Besinnung kommen, müssen alle Termine,
Fristen und Pläne notiert werden (Besprechung, Abflug, Kegelabend,
Buch für den Urlaub, Blumen zum Hochzeitstag). Als Ordnungssystem fördert Zeit das Bedürfnis zum Festlegen. Als ökonomischer
Wert regt sie zum Sparen an. Also wird empfohlen, sie zu nutzen und
mehr aus ihr zu machen.
    Diesen Indoktrinations-Prozeß hat Michael Ende in seinem Buch
Momo farbig beschrieben. Der Herr von der Zeit-Spar-Agentur mit
großem grauen Auto, grauem Anzug, grauem Hut und grauer Akten-
tasche steht auf und sagt beim Weggehen: "Ich darf Sie also hiermit
in der großen Gemeinde der Zeit-Sparer als neues Mitglied begrüßen.
Nun sind auch Sie ein wahrhaft moderner und fortschrittlicher
Mensch, Herr Fusi. Ich beglückwünsche Sie!" Herr Fusi behielt die

---

Aufl. 1984, S. 192 . Hervorhebung im Original.
47)   Eugen Drewermann (Anm. 43), S. 610
48)   aaO., S. 611

graue Lektion in Kopf und Herz, konnte sich aber, das war der Trick, nach einiger Zeit an den grauen Besucher persönlich nicht mehr erinnern. Den Beschluß hatte er als eigenen internalisiert.

"Der Vorsatz, von nun an Zeit zu sparen, um irgendwann in der Zukunft ein anderes Leben beginnen zu können, saß in seiner Seele fest wie ein Stachel mit Widerhaken. - Und dann kam der erste Kunde an diesem Tag, Herr Fusi bediente ihn mürrisch, er ließ alles Überflüssige weg, schwieg und war tatsächlich statt in einer halben Stunde schon nach zwanzig Minuten fertig. - Und genauso hielt er es von nun an bei jedem Kunden. Seine Arbeit machte ihm auf diese Weise überhaupt keinen Spaß mehr, aber das war ja nun auch nicht mehr wichtig. Er stellte zusätzlich zu seinem Lehrjungen noch zwei weitere Gehilfen ein und gab scharf darauf acht, daß sie keine Sekunde verloren. Jeder Handgriff war nach einem genauen Zeitplan festgelegt! In Herrn Fusis Laden hing nun ein Schild mit der Aufschrift: GESPARTE ZEIT IST DOPPELTE ZEIT! - An Fräulein Daria schrieb er einen kurzen, sachlichen Brief, daß er wegen Zeitmangels leider nicht mehr kommen könne. Seinen Wellensittich verkaufte er einer Tierhandlung. Seine Mutter steckte er in ein gutes, aber billiges Altersheim und besuchte sie dort einmal im Monat." Und so geht es weiter. "Er wurde immer nervöser und ruheloser, denn eines war seltsam: Von all der Zeit, die er einsparte, blieb ihm tatsächlich niemals etwas übrig. Sie verschwand einfach auf rätselhafte Weise und war nicht mehr da." [49] In Michael Endes Buch klauen graue Herren die Zeit der andern Menschen und sehen in Kindern ihre natürlichen und größten Feinde. Ende meint: 'Zeit ist Leben. Und das Leben wohnt im Herzen. Und je mehr die Menschen daran sparten, desto weniger hatten sie." [50]

Wir leben nebeneinander und gleichzeitig in vielen Zeiten, multitemporal. Unsere Gesellschaft ist, trotz aller Proteste, längst eine multikulturelle, in der man die einzelnen Kulturen bewußt halten muß, um nicht im geschmacklosen Brei einer globalen Einheitszivili-

---

49) Michael Ende: Momo oder die seltsame Geschichte von den Zeit-Dieben und von dem Kind, das den Menschen die Zeit zurückbrachte. Stuttgart: K. Thienemanns Verlag, 15. Aufl. 1973, S. 68, 69
50) aaO., S. 72

sation zu ersticken, den uns das globale Spiel der multinationalen
Konzerne und die weltumspannend auf Gleichzeitigkeit geschalteten
neuen Massenmedien unserer Kommunikationsgesellschaft zu servie-
ren suchen. Wir leben auch in einer multitemporalen Gesellschaft.
Wir fahren in ganz verschiedenen Zügen der Zeit und müssen lernen,
immer wieder von einem Zug in den anderen umzusteigen. Das mit
seinen ausführlichen Auflistungen nachlesenswerte Wort im Buch
Prediger Salomo, "Alles hat seine Zeit" [51], an das vielleicht auch Helga Nowotny mit ihrem Buch "Eigenzeit" erinnern wollte, kann uns
dafür ein Bahnhof zum besonnenen Umsteigen sein. Sonst spült uns
die Maschinenzeit mit ihrem Einheitsfahrplan, ihren vorausberechne-
ten Sollwerten und ihrem unerbittlichen Maschinenrhythmus einfach
hinweg.

In keinem Beitrag zur Zeitfrage darf der Hinweis auf den Satz
aus dem 11. Buch der Confessiones von Augustinus fehlen, er wisse
nur, was Zeit sei, wenn er nicht gefragt werde. [52] Ich wandle ihn ab:
Wenn man mich fragt, *was Zeit ist* , kann ich es nicht sagen. Fragt
man mich, *was die Zeit ist* , lasse ich es durch die Zeitansage hören.
Es ist Zeit aufzuhören. Ich bin gut fünf Minuten über die Zeit. Man
darf in der freien Welt über alles reden, nur nicht über eine Stunde.
Ich danke und erinnere noch schnell an einen Programmpunkt, an
dem sich die zyklische Zeit mit ihrem natürlichen Tagesrhythmus, die
lineare Zeit mit dem immer reizvoll Neuen und die private eigene Zeit
genußvoll treffen mögen: Es ist Zeit fürs Abendbrot.

---

51) "Ein jegliches hat seine Zeit, und alles Vorhaben unter dem Himmel hat
      seine Stunde: geboren werden hat seine Zeit, sterben hat seine Zeit; pflanzen
      hat seine Zeit, ausreißen, was gepflanzt ist, hat seine Zeit; töten hat seine
      Zeit, heilen hat seine Zeit; abbrechen hat seine Zeit, bauen hat seine Zeit;
      weinen hat seine Zeit, lachen hat seine Zeit; klagen hat seine Zeit, tanzen hat
      seine Zeit; Steine wegwerfen hat seine Zeit, Steine sammeln hat seine Zeit;
      herzen hat seine Zeit, aufhören zu herzen hat seine Zeit; suchen hat seine
      Zeit, verlieren hat seine Zeit; behalten hat seine Zeit, wegwerfen hat seine
      Zeit; zerreißen hat seine Zeit, zunähen hat seine Zeit; schweigen hat seine
      Zeit, reden hat seine Zeit; lieben hat seine Zeit, hassen hat seine Zeit; Streit
      hat seine Zeit, Friede hat seine Zeit. Man mühe sich ab, wie man will, so
      hat man keinen Gewinn davon." (Kohelet 3, 1-9)
52) Genaue Zitate oben in diesem Band S. 13.

HERMANN LÜBBE

Schrumpft die Zeit ?

Zivilisationsdynamik und Zeitumgangsmoral. Verkürzter Aufenthalt in der Gegenwart

Gegenwartsschrumpfung

Die Menge der Innovationen pro Zeiteinheit nimmt in einigen kulturellen Bereichen, insbesondere in denen von Forschung und Entwicklung sowie in Produktion und Organisation derzeit immer noch zu. Diese Innovationsverdichtung hat eine für die gegenwärtige Kulturgenossenschaft längst unübersehbar gewordene temporale Konsequenz: Sie läßt die Gegenwart schrumpfen.

"Gegenwartsschrumpfung" - das ist eine durchaus ungewohnte und daher erläuterungsbedürftige Kennzeichnung des Bestandes, den ich hier zunächst analysieren möchte. Was ist gemeint? Gemeint ist, daß in einer dynamischen Zivilisation in Abhängigkeit von der zunehmenden Menge von Innovationen pro Zeiteinheit die Zahl der Jahre abnimmt, über die zurückzublicken bedeutet, in eine in wichtigen Lebenshinsichten veraltete Welt zu blicken, in der wir die Strukturen unserer uns gegenwärtig vertrauten Lebenswelt nicht mehr wiederzuerkennen vermögen, die insoweit eine uns bereits fremd, ja unverständlich gewordene Vergangenheit darstellt.

Innovationsabhängige Gegenwartsschrumpfung bedeutet überdies, komplementär zur Verkürzung des chronologischen Abstands zu fremdgewordener Vergangenheit, zugleich fortschreitende Abnahme der Zahl der Jahre, über die vorauszublicken bedeutet, in eine Zukunft zu blicken, für die wir mit Lebensverhältnissen rechnen müssen, die in wesentlichen Hinsichten unseren gegenwärtigen Lebensverhältnissen nicht mehr gleichen werden.

Kurz: Gegenwartsschrumpfung - das ist der Vorgang der Verkürzung der Extension der Zeiträume, für die wir mit einiger Konstanz unserer Lebensverhältnisse rechnen können. Die Konsequenz, die sich daraus für die Wahrnehmung der Geschichtszeit ergibt, hat Reinhart Koselleck folgendermaßen beschrieben: Erfahrungsraum und Zukunftshorizont werden inkongruent. Die Erfahrungen, die wir oder unsere Väter im Umgang mit unseren bisherigen Lebensverhältnissen machen konnten, eignen sich in Abhängigkeit von der Veränderung unserer Lebensverhältnisse fortschreitend weniger als Basis unseres Urteils über das, womit wir oder unsere Kinder und Kindeskinder für die Zukunft zu rechnen haben werden.

Ich verdeutliche den Begriff der innovationsverdichtungsabhängigen Gegenwartsschrumpfung noch einmal im Kontrast zu einer Geschichtszeiterfahrung mit großer Gegenwartsdehnung. Noch Machiavellis Interesse an der römischen Geschichte, wie sie ihm durch Livius überliefert war, blieb überwiegend ein Interesse an Verhältnissen und Vorgängen in der Vergangenheit, die sich als Muster für die Beurteilung der Gegenwart, ja für die Abstraktion von Normen gegenwärtigen Handelns zu eignen schienen. Ereignisse römischer Kriegs- und Politikgeschichte gelten als Exempel für Handlungsregeln und Strategien, deren Geltung über die betrachteten Zeiträume hinweg zeitindifferent zu sein scheint. In temporaler Hinsicht bedeutet das: Die Gegenwart, nämlich als ein durch eine gewisse Konstanz wichtiger kultureller Lebenselemente gekennzeichneter Zeitraum, dehnte sich über mehr als anderthalb Jahrtausende aus. Der Erfahrungsraum war weit gespannt, und der Zukunftshorizont entsprach ihm nach Weite und Inhalt.

Demgegenüber ist, zumindest aus dem Blickpunkt strategischen Handelns, in Abhängigkeit von der waffentechnologischen Entwicklungsdynamik die Gegenwart in chronologischer Hinsicht extrem zusammengeschrumpft. Die Erfahrungen jüngstvergangener Kriege eignen sich als Muster für strategische Fälligkeiten unter gegenwärtigen technischen Bedingungen nur sehr begrenzt, und entsprechend hat denn auch der militärgeschichtliche Unterricht seinen primären Sinn nicht mehr in der Präsentation solcher gegenwärtig noch gültigen Muster. Welchen Sinn dieser militärgeschichtliche Unterricht dann überhaupt noch haben kann - das ist dann die Frage.

Ob Machiavelli bei seinem vorherrschenden Interesse, aus der römischen Geschichte zu lernen, die kulturellen Evolutionen zwischen dem Beginn der Zeitrechnung und seiner eigenen Gegenwart als Evolutionen gar nicht wahrgenommen hat, oder ob er sich für sie lediglich nicht interessierte, mag hier unentschieden bleiben. Gewiß ist, daß es kulturgeschichtliche Evolutionen gegeben hat, deren Dynamik so gering war, daß die Vorstellung absurd ist, sie hätten als Evolutionen bemerkt werden können. Auch die ausgedehnten Zeiträume der Ur- und Frühgeschichte waren ja nicht innovationsfreie Zeiträume.

Aber die Zeitmaße in diesen Geschichtsepochen hatten, wie Karl J. Narr in seiner einschlägigen Abhandlung [1] eindrucksvoll gezeigt hat, sozusagen subgeologische Dimensionen, was trivialerweise bedeutet, daß die außerordentlichen Fortschritte in der Schleiftechnik zur Herstellung feiner Steinklingen zwischen Jungpaläolithikum und Neolithikum für die Subjekte dieses Prozesses schlechterdings kein Gegenstand der Aufmerksamkeit sein konnten.

Es wäre durchaus spekulativ, etwas darüber vermuten zu wollen, wie groß innerhalb der kulturellen Evolution der Grad der Innovationsverdichtung geworden sein muß, damit er als solcher aufdringlich werden kann und seine Thematisierung erzwingt. Lebenspraktisch wird sie jedenfalls einen Grad erreicht haben müssen, der ausreicht, innerhalb jener drei Generationen, die gleichzeitig existieren und in ihrer kulturellen Einheit durch unmittelbaren Erfahrungs-

1) Karl J Narr: Zeitmaße in der Urgeschichte. Rheinisch-Westfälische Akademie der Wissenschaften. Geisteswissenschaften. G224. Opladen 1978

austausch zusammengebunden sind, Erfahrungen des Veraltetseins
und der Gestrigkeit aufdringlich zu machen. Wie auch immer: Erfahrungen der Gegenwartsschrumpfung hängen an einem nur scheinbar
paradoxen Effekt der temporalen Innovationsverdichtung. Der hier
gemeinte Effekt ist, daß komplementär zur Neuerungsrate zugleich
die Veraltensrate wächst. Die kulturellen Folgen dieser fortschritts-
abhängig zunehmenden kulturellen Veraltensgeschwindigkeit sind erheblich. In einer dynamischen Zivilisation nimmt die Menge der
Zivilisationselemente zu, die noch gegenwärtig sind, aber über die
sich schon die Anmutungsqualität der Gestrigkeit oder Vorgestrigkeit
gelegt hat. Anders ausgedrückt: In einer dynamischen Zivilisation
nimmt die Ungleichzeitigkeit des Gleichzeitigen zu. Diese Ungleichzeitigkeit des Gleichzeitigen war vor einhundert Jahren ein Thema der
kulturtheoretischen Analysen Friedrich Nietzsches. Aber schon
Friedrich Schlegel hat sie bemerkt und beschrieben.

Der Fortschritt und das Museum

    In Begriffen der Evolutionstheorie ausgedrückt heißt das: Mit
der evolutionären Dynamik wächst die Reliktmenge an. Genau das ist
die gewiß nicht hinreichende, aber notwendige Bedingung für den
gleichfalls nur scheinbar paradoxen Bestand, daß mit der Dynamik
unserer Kultur deren Musealisierungsgrad wächst. Komplementär zur
Zivilisationsdynamik verläuft auch die Musealisierung unserer Zivilisation progressiv.
    Was sind denn Museen? [2] Museen sind, unter diesem Aspekt
betrachtet, nichts anderes als Schauhäuser von Zivilisationsrelikten,
und jeder Museumsfachmann weiß, daß, zum Beispiel in unseren
blühenden Technik-Museen [3] , ineins mit der temporalen technologischen Innovationsverdichtung sich auch die Zeitspannen verkürzen,

---

[2] Zur Museumsphilosophie cf. Kenneth Hudson: Museums for the 1980s. A
     Survey of World Trends. With a Foreword by George Henri Rivière. Paris,
     London 1977
[3] Zu deren Geschichte cf. Friedrich Klemm: Geschichte der naturwissenschaft-
     lichen und technischen Museen. München 1973. Deutsches Museum, Abhand-
     lungen und Berichte. 41. Jahrgang, Heft 2

innerhalb derer die Eröffnung der jeweils neuesten Museumsabteilung fällig wird.

Ich wiederhole, daß die skizzierte Gegenwartsschrumpfung, zu der sich der Prozeß der kulturellen Musealisierung komplementär verhält, lediglich eine notwendige und nicht eine hinreichende Bedingung des Musealisierungsprozesses darstellt. Die Frage liegt ja nahe, warum wir, nach Analogie naturaler Evolutionen, die anfallenden Kulturevolutionsrelikte nicht einfach naturwüchsigen Recycling-Prozessen überlassen. Wieso verwahren wir, zumindest in repräsentativen Exemplaren, was doch gerade durch sein Veraltetsein, durch sein Ausgeschiedensein aus aktuellen funktionalen Zusammenhängen charakterisiert ist? Genau diese Frage ist, am kulturell gar nicht marginalen Exempel der Musealisierung aufgeworfen, die Frage nach der Funktion des historischen Bewußtseins in dynamischen Zivilisationen. Die Antwort auf die Frage nach der Funktion des historischen Bewußtseins und damit der Leistungen der historischen Wissenschaften in modernen Zivilisationen soll uns hier nur beiläufig beschäftigen.[4] Ich beschränke mich insoweit auf einige wenige Bemerkungen.

Wer der Mensch sei, lesen wir bei Wilhelm Dilthey, sagt ihm seine Geschichte. Mit der Vergegenwärtigung dessen, wer wir sind, durch Erzählen unserer individuellen und kollektiven Herkunftsgeschichten hat es vergleichsweise geringe Schwierigkeiten, wenn diese erzählten Geschichten Vergegenwärtigungen von Vergangenheiten sind, über die wir nach den Mustern der Gegenwart und den auf sie sich beziehenden Lebenserfahrungen urteilen können. Die Schwierigkeiten mit der Vergegenwärtigung eigener individueller und vor allem kollektiver Vergangenheiten wachsen aber, wenn in Abhängigkeit von der skizzierten Innovationsdynamik eigene Vergangenheit einem immer rascher zur fremden Vergangenheit wird. Alsdann bedarf es expliziter Leistungen eines schließlich sogar wissenschaftlich disziplinierten historischen Bewußtseins, um eigene Vergangenheit in ihren fremd gewordenen Elementen verstehen und damit aneig-

---

4) Die Wissenschaftstheorie und Kulturtheorie der historischen Wissenschaften ist in meinem Buch "Geschichtsbegriffe und Geschichtsinteresse. Analytik und Pragmatik der Historie" aufgearbeitet. Basel/Stuttgart 1977

nungsfähig halten zu können beziehungsweise die Vergangenheit
anderer diesen zurechnungsfähig.

Kurz: Die Leistungen des historischen Bewußtseins sind Leistungen zur Kompensation eines änderungstempobedingten kulturellen Vertrautheitsschwundes. Die Nötigkeit dieser Leistungen nimmt
modernitätsabhängig zu. Der Denkmalsschutz ist ein besonders anschauliches Beispiel, an welchem wir diesen Zusammenhang von
Modernisierung und historisierender Konservierung ablesen können.
Je rascher uns in Abhängigkeit von der wirtschaftlich und technisch
bedingten Baudynamik unsere städtischen und dörflichen architektonischen Lebensambientes vor unseren eigenen Augen Züge der
Fremdheit annehmen, um so mehr steigern wir die Intensität unserer
konservatorischen Bemühungen in bezug auf das, was besonders
geeignet ist, Erfahrungen einer sich durch die Zeit hindurch haltenden
Selbigkeit zu binden. Exemplarisch heißt das: Je mehr sich die
Skyline von Frankfurt der von Dallas oder Denver annähert, um so
unerträglicher ist uns der Gedanke, man hätte diesem Progreß nun
auch noch das Großdenkmal architektonischen Historismus, das alte
Opernhaus, geopfert und seinerzeit, gemäß dem Vorschlag des
damaligen Oberbürgermeisters, seine Ruine in die Luft gesprengt.

Noch einmal also: Die historische Kultur ist eine spezifisch moderne Kultur, deren Nötigkeit ineins mit der Dynamik der modernen
Zivilisation zunimmt, und diese Nötigkeit ist keine andere als die,
unter Bedingungen der skizzierten Gegenwartsschrumpfung expandierende Vergangenheit mit dieser Gegenwart verknüpfbar zu halten.
Unter Inanspruchnahme der in diesem Zusammenhang unvermeidlich
gewordenen Kategorie der Identität läßt sich dasselbe auch so ausdrücken: Die Leistungen des historischen Bewußtseins kompensieren
Gefahren temporaler Identitätsdiffusion.

Ich füge, um historische Kulturwissenschaften einerseits und Naturwissenschaften andererseits insoweit zusammenzubinden, noch die
Bemerkung an, daß gleichzeitig mit der Entdeckung der Historizität
der Kultur auch die Entdeckung der Historizität der Natur erfolgt ist.
Auch im bürgerlichen Bildungsbewußtsein haben von Anfang an Kul-
turhistoriographie einerseits und Naturhistoriographie andererseits
eine gleichgewichtige Stelle behauptet. Aus gutem Grund hat man

vorm Portal der alten Friedrich-Wilhelms-Universität Unter den
Linden zu Berlin beiden Brüdern Humboldt das ihnen gebührende
Denkmal gesetzt - dem Kulturhistoriker Wilhelm einerseits und dem
Naturhistoriker Alexander andererseits. Analog sind auch an der
Wiener Ringstraße beide Museen, das Kulturhistorische Museum
einerseits und das Naturhistorische Museum andererseits, durch ihre
markanten, herausragenden Kuppelbauten ausgezeichnet. In beiden
Fällen, im Falle der Naturgeschichte nicht anders als im Falle der
Kulturgeschichte, erbringt das historische Bewußtsein eine analoge
Ordnungsleistung. Es ist die Leistung der Herstellung einer genetischen Verknüpfung von naturalen oder kulturellen Evolutionsrelikten,
die, unverbunden, ein Chaos bilden würden und die sich dann durch
Herstellung eines Deutungszusammenhangs ihrer genetischen Abhängigkeit voneinander zur Ordnung einer erzählbaren Geschichte
zusammenfügen [5].

Hat man das verstanden, so erkennt man auch, daß historische
Kulturwissenschaften einerseits und Naturwissenschaften andererseits
sich nicht dadurch unterscheiden, daß die einen, die historischen Kulturwissenschaften, es eben mit einem durch Geschichtlichkeit ausgezeichneten Gegenstand zu tun hätten, die Naturwissenschaften aber
mit einem ungeschichtlichen Gegenstand. Naturgeschichten sind Geschichten wie Kulturgeschichten.[6] Die Besonderheit der Kulturgeschichte besteht insoweit in nichts anderem als in der sprachlich-
symbolischen Form des kulturellen intergenerativen Informations-
transfers - im Unterschied zur genetischen Form des intergenerativen
Informationstranfers in der biologischen Evolution. Der sprachlich-
symbolische Modus des intergenerativen kulturellen Informations-
ransfers, wie er für die Kulturgeschichte charakteristisch ist, ist

5) Und damit den spezifisch modernen Begriff von Naturgeschichte konstituieren. Cf. dazu Wolf Lepenies: Das Ende der Naturgeschichte. Wandel kultureller Selbstverständlichkeiten in den Wissenschaften des 18. und 19. Jahrhunderts. Frankfurt am Main 1978 ([1] 1976)
6) Die Strukturidentität von Naturgeschichten und Kulturgeschichten habe ich
des Näheren in meiner Abhandlung "Die Einheit von Naturgeschichte und
Kulturgeschichte. Bemerkungen zum Geschichtsbegriff" ausgeführt (Akademie der Wissenschaften und der Literatur zu Mainz. Abhandlungen der Geis-
tes- und Sozialwissenschaftlichen Klasse. Jahrgang 1981 (Nr. 10))

übrigens zugleich die entscheidende Bedingung für die gegenüber der biologischen Evolution extrem gesteigerten Geschwindigkeit der kulturellen evolutionären Abläufe.

Wachsender Innovationsdruck und kulturelle Reaktionen

Indessen: Die in anderen Zusammenhängen von mir ausführlicher beschriebenen Funktionen des historischen Bewußtseins sollen uns hier nicht weiter beschäftigen. Das historische Bewußtsein ist nur eine der kulturellen Konsequenzen moderner zivilisatorischer Beschleunigungserfahrungen. Eine weitere ist die Erfahrung zunehmenden Zeitdrucks, unter die man, individuell wie institutionell, beim Versuch gerät, den temporal verdichteten Innovationsanfall kulturell zu verarbeiten. Diesen Bestand kann man exemplarisch an einem kulturgeschichtlich ebenso signifikanten wie bedeutungsvollen Vorgang ablesen, nämlich an Veränderungen in der sogenannten Lesekultur, die gleichfalls just im Jahrhundert des aufgehenden historischen Bewußtseins, nämlich im 18. Jahrhundert, einen dramatischen Lauf nehmen. Es ist, zweihundert Jahre vor den wohlbekannten gegenwärtigen, jährlich sich überbietenden Buchmessen-Rekordziffern, das Jahrhundert der Dauerklagen über die steigende Flut der Publikationen, von der man jeweils zu Michaelis neu und neu überrascht wird.

Was das quantifiziert bedeutet, mag man, exemplarisch, an David A. Kronick's "History of Scientific and Technical Periodicals" (New York 1962) ablesen. Es erübrigt sich, hier die einschlägigen Zahlenkolonnen vorzuführen.

Nächst der zitierten Klage ist aber die Standardreaktion des lesenden Publikums auf die fragliche kulturelle Innovationsverdichtung eine ebenso naheliegende wie folgenreiche: Eine Kultur des extensiven Lesens, die die Kunst des intensiven Lesens partiell verdrängt, entwickelt sich.[7] Noch einfacher gesagt: In Reaktion auf die

---

7) Zur Geschichte der Lesekultur cf. exemplarisch Rolf Engelsing: Die Perioden der Lesergeschichte in der Neuzeit. Das statistische Ausmaß und die soziokulturelle Bedeutung der Lektüre. In: Börsenblatt für den Deutschen Buchhandel - Frankfurter Ausgabe - Nr. 51 (27. Juni 1969). S. 1541-1569

publizistische Innovationsverdichtung wird die Rezeptionskapazität
durch Erhöhung des Lesetempos gesteigert. In einem prominenten Fall heißt das exemplarisch: Goethe las,
wie er gegenüber Kanzler von Müller 1830 erwähnte, im Durchschnitt
einen Oktavband pro Tag. Wenn man eine gewisse Vorstellung von
den Verlaufsformen Goethescher Tages- und Jahreszeiten hat, so versteht sich von selbst, daß die für ein solches Lesepensum benötigte
Lesetechnik nicht die des hermeneutischen Sinnens und Buchstabie-
rens gewesen sein kann, wie sie Faust uns bei seinem bekannten Umgang mit dem ersten Satz des Johannes-Evangeliums vorführt. - Auch
Extremwerte wurden, in anderen prominenten Fällen, damals schon
erreicht. Kein Geringerer als Schlosser hat, eigener Bekundung zufolge, als Gymnasiast in Jever binnen drei Jahren viertausend Bücher
konsumiert.

Die kulturelle Innovationsverdichtung erhöht hier epochenspezi-
fisch den Zeitdruck als Erfahrung der Zeitverknappung durch struk-
turell anwachsende Inkongruenz des wachsenden Reichtums gebo-
tener Aneignungsmöglichkeiten und der in ihrer Gebundenheit an die
grundsätzlich konstant bleibende Lebenszeit relativ abnehmenden
Rezeptionschancen.

In ihrer kulturellen Bedeutung weit wichtiger als die simple
Technik der Erweiterung der Rezeptionskapazitäten in bezug auf Publikationen durch Erhöhung der Rezeptionsgeschwindigkeit ist die
dramatische Zunahme des Zwangs zur Selektion in der Aneignung
der dramatisch wachsenden Fülle des Gebotenen. Eine der wichtigsten Wirkungen dieses Selektionszwangs ist naheliegenderweise
diese: Die relative Menge dessen, was in kulturell verbindliche
Lektürekanons eingebunden werden kann, nimmt ab. Damit nimmt
zugleich die kulturelle Homogenität in der Prägung der Kulturgenossen durch gleichartige Rezeptionsleistungen ab. In Abhängigkeit
von nicht mehr kanonisch oder curricular festschreibungsfähigen
zufälligen Umständen wächst der Grad der Differenziertheit dessen,
was Individuen, gegebenenfalls auch Individuen in gebundenen
Gruppen, sich tatsächlich aneignen. Damit wächst tendenziell die
Ungleichverteilung kulturell insgesamt vorhandenen Wissens. Anders
ausgedrückt heißt das: Das Zeitalter der anlaufenden publizistischen

Massenproduktion löst, statt Vermassungseffekte, ganz im Gegenteil Individualisierungsprozesse aus.

Es erübrigt sich, diese kulturellen Folgen der Brechung der Innovationsverdichtung an den engen temporalen Grenzen der Lebenszeit weiter auszumalen. Man erkennt vor diesem Hintergrund den Sinn der Feststellung von Ernst Robert Curtius, die Aufklärung habe die Autorität des Buches zertrümmert.[8] Das bedeutet: Die relative Menge des kanonisch gebundenen Kulturguts nimmt zugunsten frei rezipierbarer, zugleich in dramatisch wachsender Menge frei produzierter Informationen ab.

Man nimmt, in dieser Beschreibung, die kulturelle Evolution als einen Prozeß wahr, der alsbald die Frage nahelegt, wie das weitergehen und wo das enden soll. Das kann doch nicht immer so weitergehen! - das ist die in eine Expression sich umsetzende Erfahrung mit der eingangs skizzierten Innovationsverdichtung, und wie das Individuum sich unter dem Druck dieser Erfahrung behauptet, sei, noch einmal am Exempel sich entwickelnder Lesekultur, an einschlägigen Äußerungen zweier Prominenter erläutert. Schopenhauer gab, bevor er selber noch als Erfolgsautor das größere Publikum beschäftigte, die Parole aus, man solle nichts lesen, "was soeben das größere Publikum beschäftigt" [9] . Die Voraussetzung und Konsequenz dieser Äußerung ist ersichtlich ein wachsender Grad der Beliebigkeit des jeweils Aktuellen und damit eine abnehmende Chance der Verpflichtung der Kulturgenossenschaft aufs jeweils Neueste. Dieser kulturelle Vergleichgültigungseffekt, den die Innovationsverdichtung auslöst, wird uns später noch in anderen Zusammenhängen beschäftigen. Die relative Menge dessen, was als verbindlich jedermann angesonnen werden kann, nimmt mit der Menge des insgesamt verfügbaren Kulturguts ab, und indem Schopenhauer daraus die Konsequenz der Empfehlung zieht, sich ums jeweils Aktuelle gar nicht mehr zu kümmern, ergibt sich natürlich die Frage, worum man sich dann statt dessen kümmern solle. Darüber hatte sich, schon einige Jahrzehnte früher, Friedrich Schiller geäußert, nämlich 1788 Körner gegenüber,

8) Ernst Robert Curtius: Europäische Literatur und lateinisches Mittelalter (1948). Neunte Auflage. S.352
9) Arthur Schopenhauer: Parerga et Paralipomena. Kleine philosophische Schriften. Leipzig 1891. Zweiter Band. S. 590

dem er schrieb, er werde "in den nächsten zwei Jahren" "keine modernen Schriftsteller mehr", also nur noch die alten Schriftsteller lesen.[10]
Genau in diesem Kontrast der innovationsverdichtungsabhängig
wachsenden Menge des nur noch selektiv Rezipierbaren und damit
gemeinkulturell nicht mehr als verbindlich Zumutbaren konstituiert
sich das kulturelle Phänomen des Klassischen im spezifisch modernen Sinn: Klassisch ist, was sehr alt, wirkungsgeschichtlich nachweis-
lich auch gegenwärtig wirksam und was in eben diesem Sinne
unbeschadet seines Alters nicht veraltet ist.

In Temporalitäts-Kategorien ausgedrückt heißt das: Im Kontrast
zur innovationsverdichtungsabhängig rasch wachsenden Menge kultureller Bestände von hoher Alterungsgeschwindigkeit gewinnt Klassik an Interesse als ein Bestand mit der Verheißung höherer temporaler Geltungskonstanz. Evolutionstheoretisch ausgedrückt heißt
das: Die Menge der Orientierungen, der literarischen und sonstigen
Normen, die Menge des alltagspraktisch oder auch wissenschafts-
praktisch erworbenen Wissens, durch das sich die Einheit einer
Kultur charakterisieren läßt, ändert sich mit der Änderung dieser
Kultur nicht in toto mit analoger Änderungsgeschwindigkeit.
Vielmehr differenzieren sich mit wachsender Kulturdynamik immer
unübersehbarer Bestände geringerer und größerer Geltungskonstanz
aus. Genau diese Ausdifferenzierung kultureller Bestände von
sichtbar größerer oder, auf der anderen Seite, geringerer Änderungs-
resistenz provoziert nun, wie man leicht erkennt, vorher gar nicht
vorhanden gewesene Möglichkeiten, sich entweder beim Beharrenden
oder, auf der anderen Seite, beim sich Ändernden zu engagieren.
Progressive und konservative kulturelle Entwicklungslinien werden
gegeneinander wahrnehmungsmäßig isolierbar und schließlich auch
ideologisierbar, ja politisierbar.

---

10) Briefwechsel zwischen Schiller und Körner von 1784 bis zum Tode
    Schillers. Mit einer Einleitung von Ludwig Geiger. Erster Band. Stuttgart
    1892. 20. August 1788. S. 246-250, S. 249

Politisierte Geschichtsphilosophie

Diesen Ideologisierungs- und Politisierungsfolgen der Erfahrung der Beschleunigung kultureller Abläufe möchte ich mich nun in einem weiteren kleinen Durchgang zuwenden. Eine signifikante frühe Erscheinung dieses Vorgangs ist die wiederum von Reinhart Koselleck eindrucksvoll beschriebene Futurisierung der Utopie.[11] Die Wahrnehmung und Kritik der Welt, in der wir tatsächlich leben, aus der Perspektive der Vorstellung einer besseren Welt ist nichts spezifisch Neues, vielmehr ein kultureller Gemeinbestand, der zu den Gehalten klassischer Überlieferung gehört. Bis tief in die Neuzeit hinein, noch in der Renaissance, hatte die damals zuerst so genannte Utopie einen räumlichen Status, das heißt, sie zeigte uns das Bild einer besseren Welt als eine in einem anderen, fernen Raum bereits realisierte Welt. Mit der Eroberung des Raums, der auf der Erde schließlich keine unbekannten Gegenden von vermuteter Attraktivität mehr übrig ließ, geht schon aus diesem Grund die Möglichkeit verloren, die bessere Gegenwelt zu unserer eigenen Welt im Raum anderswo zu vermuten. Die Temporalisierung der Utopie durch Umsetzung der literarisch realisierten Vollkommenheit vom fernen Raum in die ferne Zeit setzt überdies voraus, daß der gesellschaftliche Zustand, in welchem man sich gegenwärtig befindet, zugleich als ein in gerichteter Wandlung befindlicher Zustand wahrgenommen wird. Das erzwingt die moralisch-politische Validierung der Zukunft, mit der man unter Bedingungen eines erfahrenen gerichteten Wandels der Dinge rechnen muß, und die Heilsutopie repräsentiert literarisch das positive Resultat in der Validierung dessen, was man für die Zukunft erwartet. Daraus ergeben sich bedeutende kulturelle und schließlich ideologisch-politische Konsequenzen. Erstens wird es nunmehr zwingend, den Versuch zu machen, Herkunftsgeschichte in die Zukunftsgeschichte hinein zu verlängern, um so die Zukunft, als ein besseres Jenseits der Gegenwart, zu erkennen. Zweitens wird man im Interesse einer konkreteren Bestimmung gegenwärtiger Fälligkeiten den Versuch machen müssen, den Weg der Geschichte zwischen Herkunft

---

11) Reinhart Koselleck: Die Verzeitlichung der Utopie. In: Utopie-Forschung. Band 3. Frankfurt am Main 1982. S. 1-14

und Zukunft epochal zu gliedern, um dann in solcher Epochenabfolge die ephemere eigene Gegenwartsepoche zu bestimmen. Drittens resultiert aus der Einsicht in die höhere moralische und politische Validität der Zukunft die Verpflichtung, die Bewegung in sie hinein zu beschleunigen.

Damit ist, in äußerster Kürze, die in politische Ideologie transformierte klassische Geschichtsphilosophie beschrieben. Eine besondere Finesse ist in diesem Zusammenhang die Eignung dieser historizistischen Ideologie zur politischen Selbstprivilegierung ihrer Subjekte. Die in politische Ideologie transformierte Geschichtsphilosophie hat nämlich das Besondere, kraft der für sie charakteristischen Einsicht in den epochalen Geschichtsverlauf den Subjekten dieser Einsicht sagen zu können, wieso sie, kraft ihrer Position im Geschichtsverlauf, die bislang Ersten und Einzigen sind, die der Einsicht in eben diesen Geschichtsverlauf überhaupt fähig sind. Daraus ergibt sich die Selbstzuschreibung der Rolle, als Partei bereits gegenwärtig die Zukunftsmenschheit in Vorhutgestalt zu repräsentieren und das Recht, ja die Pflicht zu haben, die entsprechenden Fälligkeiten politisch verbindlich zu machen. Das politische Programm, das sich daraus ergibt, ist sozusagen jenes Emanzipationsprogramm, das Erzieher an ihren Zöglingen vollstrecken. Die Erzieher wissen ja bereits, was der Zögling noch gar nicht wissen kann, und just diese Asymmetrie der Beziehungsverhältnisse, die in der Generationenabfolge das Verhältnis von Alten und Jungen bestimmt, wird, sozusagen in einem Konzept der politischen Erziehung des Menschengeschlechts, auf die singuläre Entwicklung der Gattung übertragen.

Die Konsequenzen einer solchen geschichtsphilosophischideologischen Orientierung der Politik an einem als grundsätzlich begriffen unterstellten Geschichtslauf sind erheblich. Erstens werden, durch die angedeutete Beschleunigungsverpflichtung legitimiert, revolutionäre Änderungspotentiale freigesetzt. Zweitens wird die Politik in einem bisher nicht gekannten Ausmaß potentiell terrorfähig, nämlich durch die politischen Diskriminierungsfolgen der nunmehr hergestellten Dekkungsgleichheit von Alt und Neu einerseits und Schlecht und Gut andererseits. Drittens schlägt eine ideologisch so

orientierte Politik, wo immer sie gesiegt hat, zwangsläufig in
Ultrakonservativismus und Dogmatismus um. Nichts ist ja
konservierungsbedürftiger als jene Doktrin, die einen als in
weltgeschichtlich privilegierter temporaler Position befindlich zu sein
bestätigt.

Wie wir alle wissen, hat diese in Ideologie transformierte Geschichtsphilosophie Weltgeschichte gemacht. Auf Deutsche zumal
wirkt es rührend, zumindest anrührend, bei Gelegenheit politischer
Umzüge in Moskau, in Peking oder auch in Tirana die Großkonterfeis
deutscher Privatdozenten, Professoren und Intellektuelle, die in der
Schule des sogenannten Deutschen Idealismus gebildet wurden, zu
erblicken - Karl Marx oder Friedrich Engels und gelegentlich auch
ihren Lehrer Hegel.

Karl Popper hat die vermeintliche Einsicht in die Gesetzmäßig-
keit historischer Abläufe "historizistisch" genannt, und er hat sein
Buch "Das Elend des Historizismus" [12] den Opfern des Irrglaubens
an die Existenz von Geschichtsgesetzen gewidmet. In zurückgenom-
mener, nämlich wissenschaftstheoretischer Weise ausgedrückt besagt
dieser Irrtum, daß die unverkennbare Gerichtetheit der zivilisatorischen Evolution eben keine Zielgerichtetheit ist, daß die beschleunigenden, ordnungsstiftenden oder auch ordnungsauflösenden Innovationen innerhalb dieses Prozesses kontingenten Charakter haben,
mit der Wirkung, daß die Evolution als solche, unbeschadet ihrer
Gerichtetheit, nicht prognostizierbar ist. Einfacher gesagt: Die
Zukunft der kulturellen Evolution ist offen, und eine Politik, die sich
statt dessen an einer Ideologie orientiert, die die Zukunft als eine
durch gesetzmäßige Epochenabfolge besetzte Zukunft behandelt,
verwandelt daher zwangsläufig auch die Gesellschaft von einer
offenen in eine geschlossene Gesellschaft.

Es bleibt noch kulturhistorisch anzumerken, daß die skizzierte
ideologisch-politische Reaktion auf die Erfahrung der Geschichte als
eines gerichteten und zugleich sich beschleunigenden Prozesses, die
Reaktion nämlich der Selbstverpflichtung auf die Aufgabe, durch
eigene Aktivitäten zur Beschleunigung der Geschichte zusätzlich
beizutragen, ein Säkularisat älterer, nämlich religiös formierter

---

12) Tübingen [2]1969

Erfahrungen eschatologischen Zeitdrucks ist. Ernst Benz [13] hat das in seiner materialreichen Abhandlung über die Akzeleration der Zeit als geschichtliches und heilsgeschichtliches Problem glanzvoll beschrieben. Wern das Ende aller Dinge näherrückt, so wird die Zeit zur fälligen Vorbereitung auf es knapp. Die Missionspraxis bedarf der Beschleunigung, und in der Auswanderung reagiert man nicht nur auf heimische materielle Not, sondern löst sich zugleich auch von den Bindungen an die alte Welt zur besseren Vorbereitung auf die himmlische neue. Kurz: Man existiert bewegt und darf hoffen, eben dadurch die Annäherung des Erhofften zu beschleunigen.

Die Aufdringlichkeit der Zeit im Fortschritt

Aber auch ganz unabhängig vom ideologisch-geschichtsphiloso-phischen Imperativen konstituiert sich unter dem Druck kulturrevolu-tionärer Beschleunigungserfahrungen ein objektiver Zwang zu Versu-chen, jeweils an der Spitze erkennbarer Bewegung zu bleiben. Dieser Zwang entsteht insbesondere unter Bedingungen der Entbindung des Produktions- und Distributionssystems von Schranken der Zunft-ordnung und ständischer Gliederung der Gesellschaft. Unter der schö-nen Metapher "Der entfesselte Prometheus" hat David S. Landes [14] das beschrieben. Die wichtigsten Elemente dieser Beschreibung der industriellen Entwicklung von 1750 bis zur Gegenwart sind, in konzeptueller Hinsicht, die folgenden. Erstens gehört zu den Voraus-setzungen dieses Vorgangs der bereits bekannte Bestand einer drama-tischen Erhöhung der Innovationsrate im wissenschaftlichen und technischen System. Zweitens verkürzen sich die Fristen zwischen wissenschaftlich-technischer Innovation einerseits und wirtschaft-licher Nutzung andererseits. Drittens haben die technischen Inno-vationen ihrerseits zu einem nicht unerheblichen Teil den Sinn, die

13)   Ernst Benz: Akzeleration der Zeit als geschichtliches und heilsgeschichtli-ches Problem. Akademie der Wissenschaften und der Literatur zu Mainz. Abhandlungen der Geistes- und Sozialwissenschaftlichen Klasse. Jahrgang 1977 (Nr. 2)

14)   David S. Landes: Der entfesselte Prometheus. Technologischer Wandel und industrielle Entwicklung in Westeuropa von 1750 bis zur Gegenwart (1969). Köln 1973

Produktivität, das heißt die Produktionsgeschwindigkeit oder auch die
pro Zeiteinheit produzierbare Gütermenge zu erhöhen. Viertens erzwingen die wirtschaftlichen Vorzüge der damit erreichbaren Produk-
tionskostenabsenkung über Mechanismen wirtschaftlicher Konkurrenz generell die Teilnahme an den einschlägigen Modernisierungs-
prozessen. Fünftens erhöht sich über die Menge der zu verteilenden
Produkte und ihre in Abhängigkeit von modernen Produktions-
verfahren dramatisch zunehmende Spezifikation die regionale und
soziale Reichweite der Märkte. Sechstens erhöht sich damit die
Extension des Transports, und zwar eines Massentransports von
Gütern und Personen, die, als eine Extension im Raum, nur durch Erhöhung der Transportgeschwindigkeit kompensiert werden kann.
Siebtens: Allein das schon erzwingt wie nie zuvor Standardisierung
der Zeit als des Mediums der Handlungskoordination. Es genügt, in
diesem Zusammenhang die Entwicklung des Eisenbahnsystems zu
erinnern, die es in vielen Nationalstaaten tatsächlich gewesen ist, die
die Entwicklung von Standardzeit und ihre institutionelle Normierung
erzwungen hat. Achtens erzwingt die wachsende Aufdringlichkeit der
Zeit als ein berücksichtigungsbedürftiges Medium der Handlungskoordination Veränderungen der Verhaltensweisen. Die Tugend
der Pünktlichkeit gewinnt an Nötigkeit. Unpünktlichkeit bewirkt
Ausschluß von sozialen Kooperationschancen, und die Instrumen-
tarien der Synchronisation von Handlungs- und Planungsabläufen gewinnen gemeinkulturelle Gegenwart - von der Taschenuhr bis zum
Terminkalender. Zeitdisziplin wird entsprechend bei Norbert Elias als
eine der subtilsten Folgen des Zivilisationsprozesses beschrieben.

Bei Philosophen und sonstigen Zeittheoretikern finden wir überall mit einer gewissen Unvermeidlichkeit die Augustinische Betrachtung zitiert, daß uns, in der Zeit lebend, die Zeit kein Problem ist, daß
wir aber, reflexiv fragend, was sie sei, stets in Verlegenheit geraten.
Unter dem zuletzt behandelten Aspekt der durch die gesellschaftliche
Entwicklung erzwungenen Standardisierung der Zeit läßt sich ein
pragmatischer Zeitbegriff jetzt mühelos formulieren: Zeit ist das
Medium der Handlungskoordination, und die Nötigkeit dieser Koordination wächst mit dem Grad der Differenziertheit und mit der
Änderungsdynamik moderner Gesellschaften an.

Wieso es übrigens dahin kommen konnte, daß in jüngsten deutschen erziehungsideologischen Kontexten die sekundäre Tugend der Pünktlichkeit gelegentlich als repressiv diffamiert wurde, sei hier nicht ausgeführt. Wo man das wirklich glaubt und wo man entsprechend erzieherisch handelt, müssen die Konsequenzen die bereits beschriebenen sein: Selbstausschluß von den differenzierten Kooperationschancen, die uns durch Teilnahme am Leben moderner Gesellschaften eröffnet sind - mit der Folge, daß man Freiheit in ihrer Bedeutung als Zeitumgangssouveränität verliert und sich als Objekt, das heißt als Opfer der Verhältnisse erfährt.

Es gehört übrigens zu den Belustigungen unserer Gegenwart, sich in populären kulturhistorischen Betrachtungen über die Tempo-Angst früherer Zeiten zu mokieren. Insbesondere bei den in unseren Jahren in verschiedenen Nationalstaaten aktuellen Eisenbahn-Jubiläen wird niemals versäumt, Dokumente solcher Tempoangst zu zitieren. Es mag diese Dokumente geben. Die dominante kulturgeschichtliche Wahrheit ist, daß die Dynamik der modernen Zivilisation, und zwar nicht nur in dem vorhin behandelten ideologisch-politischen Kontext, stets überwiegend mit Zustimmung quittiert worden ist. Das hat seine Plausibilität im Blick auf die Evidenz der Lebensvorzüge, wie sie erst die moderne Zivilisation zu verschaffen vermochte. Befreiung des Menschen vom niederdrückenden Zwang schwerster physischer Arbeit, Steigerung der Produktivität der Arbeit, über Steigerung der Produktivität der Arbeit Mehrung der Wohlfahrt, über Mehrung der Wohlfahrt Mehrung der sozialen Sicherheit und über Mehrung der sozialen Sicherheit Mehrung des sozialen Friedens - diese evidenten Vorzüge des Lebens in modernen Gesellschaften haben sich auch heute keineswegs im Nebel verloren. Sie haben unverändert ihren jedermann erkennbaren Ort auf der Gemeinplatzebene. Die immer noch überwiegende Akzeptanz der modernen Gesellschaft erklärt sich aus der Evidenz jener Lebensvorzüge. Wir haben uns an die durch sie legitimierte zivilisatorische Dynamik inzwischen so sehr gewöhnt, daß es, unbeschadet der Folgelasten, die auch aus ihr resultieren und die hernach noch zu behandeln sind, mit Sicherheit erhebliche Folgeprobleme der Gewöhnung an einen weniger dynamischen Zustand der Dinge, vielleicht sogar der Gewöhnung an stagnierende

Verhältnisse geben müßte. Eines dieser Folgeprobleme möchte ich
exemplarisch andeuten: Einkommensdifferenzen sind, sogar als
wachsende Differenzen, relativ leicht sozialpsychologisch und damit
auch politisch zu verarbeiten, wenn auf allen Ebenen, insbesondere
auch auf der jeweils untersten Ebene, Zuwächse zu verzeichnen sind.
Die Befriedigungswirkung erfahrener Zuwächse, so scheint es, ist
stets größer als die Befindlichkeitswirkung des Blicks auf die Niveau-
unterschiede. Eben das ändert sich aber unter Bedingungen der
Stagnation - mit der Wirkung einer Verschärfung der Verteilungs-
kämpfe.

So oder so: Zivilisationskritik als eine durch Erfahrungen der
Belastung durch Änderungsdynamik provozierte Kritik ist kulturgeschichtlich ein relativ spätes Phänomen. In der Frühzeit der Industrialisierung gibt es nicht nur die angedeuteten politischen Aufrufe zur
Bewegung mit der erhofften Wirkung einer politischen Beschleunigung der Geschichte. Es gibt die Feier der Rationalisierungsgewinne,
die sich ja, da sie über Produktionsgeschwindigkeitserhöhung laufen,
als Gewinn nutzbarer Zeit deuten lassen. Es gibt die Lust an der Geschwindigkeit sogar als ästhetisch kultivierte Lust - in der Musikge-
schichte zum Beispiel, die vom Spätbarock über die Wiener Klassik
bis zur Romantik nicht zuletzt durch eine Dramatisierung in der
Kontrastierung der Tempi gekennzeichnet ist. Schnelligkeitsvor-
schriften, die es früher nie gab, treten nun kompositionstechnisch auf
- bis hin zur Selbstaufhebung dieser Steigerung in den Bereich des
Absurden hinein. Robert Schumanns Klaviersonate g-moll, op. 22, ist
dafür das auffälligste Beispiel. "So schnell wie möglich" heißt es
gleich zu Beginn, worauf dann etliche Takte weiter das Kommando
erfolgt: "Noch schneller".

In der Schilderung solcher Inhalte moderner Zeiterfahrung als
Beschleunigungserfahrung ließe sich lange fortfahren. Die Bestände,
eingangs als Bestände der Innovationsverdichtung gekennzeichnet,
auf die sich diese Zeiterfahrung bezieht, haben in ihrer Verlaufs-
gestalt partiell exponentiellen Charakter. Über die publizistische Verbreitung der Ergebnisse der Vermessung solcher zivilisatorischen
Verläufe sind die entsprechenden Kurvenschaubilder inzwischen
nahezu jedem Medienkonsumenten vertraut geworden. Das erklärt,

wieso sich Symbolisierungen dessen heute bis in die Kunstszene hinein antreffen lassen. Auf einer Basler Ausstellung moderner Kunst unter nicht zufälliger Einbeziehung des zivilisationskritischen Themas, für das heute die Farbe "Grün" Symbolfarbe ist, war kürzlich eine sogenannte Exponentialtreppe zu sehen, deren Anstieg gemütlich beginnt, dann aber rasch einen in Steilwände hineinführt, die den Absturz wahrscheinlich machen. Nur in der Mathematik lassen sich ja exponentielle Verläufe bis ins Unendliche hinein extrapolieren. In der Wirklichkeit wäre in der Tat das Ende solchen Fortschritts der in Basel symbolisierte Exponentialtreppenabsturz, sofern in der Reaktion auf die Erfahrung solcher Verläufe nicht zukunftsträchtigere Lösungen gefunden werden. Einige tatsächlich beobachtbare Reaktionsformen auf kulturelle Verläufe möchte ich schildern. Dabei kommt es natürlich lebenserfahrungsmäßig gar nicht in jedem Falle darauf an, ob die fraglichen Verläufe auch vermessen sind. Es genügt, daß sie für die sie wahrnehmenden Zeitgenossen die Anmutungsqualität haben, daß es nicht immer so weitergehen kann. Ich demonstriere das zunächst am Beispiel der Kunst. Auch hier läßt sich zunächst eindrucksvoll das Phänomen der Innovationsverdichtung konstatieren. Einem vom Konstanzer Romanisten Hans Robert Jauss erarbeiteten Kalendarium kunstgeschichtlich üblicher Epochenbegriffe ist die Auskunft zu entnehmen, daß in dem Halbjahrhundert zwischen 1850 bis 1900 konventionellerweise sieben große Stilrichtungen in der bildenden Kunst sich unterscheiden lassen - vom Realismus bis zum beginnenden Sezessionismus. Hingegen wird allein für das eine Jahrzehnt zwischen 1960 und 1970 die doppelte Anzahl gängiger Hauptstilrichtungen unterschieden - nunmehr vom Magischen Realismus bis zum Environment. Das bedeutet eine Steigerung der künstlerischen Innovationsrate um den Faktor zehn in einhundertundzwanzig Jahren.

Nichts hat diese Beschleunigung stärker vorangetrieben als die künstlerische Selbstverpflichtung auf Avantgardismus [15]. Darunter mag hier schlicht das Prinzip verstanden werden, die Neuerung als

---

15) cf. dazu meinen Aufsatz "Historisierung und Ästhetisierung. Über Unverbindlichkeiten im Fortschritt", in: Oikeiosis. Festschrift für Robert Spaemann. Herausgegeben von Reinhard Löw. Weinheim 1987. S. 149-166

Neuerung zu prämieren. Dazu paßt, in den wilden Jahren des Futu-
rismus, der Gestus des Museumssturms, auch die Thematisierung der
Geschwindigkeit im Sujet und die Ästhetisierung der Technik als des
realen Mediums der Steigerung der Geschwindigkeit zivilisatorischer
Verläufe.

Indessen sind die Konsequenzen der Selbstverpflichtung auf
künstlerische Produktion vom Typus permanenter innovatorischer
Selbstüberbietung paradox, genauer: scheinbar paradox. Für das Individuum zunächst ist nämlich die Konsequenz diese: Wer heute bereits
von morgen sein will, bewirkt nur, daß er übermorgen selber von gestern ist. Entsprechend wächst die Menge der Künstler ständig, die in
ihren späteren Lebensphasen nichts anderes mehr sind als die Reprä-
sentanten der großen Neuerung, für die sie vorgestern standen. Auch
hier ist der Preis des Avantgardismus die Erhöhung der Veraltensrate,
und die Menge der Produkte wächst, die bereits bei Ablieferung
Museumsreife erlangt haben.

Ein anderes Moment kommt hinzu: Die Verarbeitungskapazitäten des historischen Sinns werden überfordert. Anschaulich heißt
das: Wer heute die Entwicklung der Gegenwartskunst im knappen
Zeitraum eines halben Jahrhunderts zwischen dem Beginn der
dreißiger Jahre und unseren eigenen Gegenwartsjahren in wirklich
repräsentativen Materialien vorführen will, benötigt dafür Objekte in
einer Menge, die sich in konventionellen Museums- und Ausstel-
lungsräumen gar nicht mehr unterbringen lassen. Entsprechend war
man für die repräsentative Westkunst-Ausstellung 1983 in Köln
darauf angewiesen, für die ausstellungstechnische Vergegenwärtigung der Entwicklung der Kunst in fünfzig Jahren Messehallen in
Anspruch zu nehmen. Es ist evident, daß in der avantgardis-
musbedingt höchst disparaten Objektfülle, im Chaos der Reliktmenge, genetische Ordnung allenfalls noch der Spezialist hineinzubringen vermag. Der nicht spezialistische Zeitgenosse und Kunst-
freund nimmt nun gerade nicht mehr Genesen, vielmehr Chaos wahr,
und die angemessene Reaktionsform auf die Wahrnehmung chao-
tischer Fülle ist der Eklektizismus. So geht er also durch die
Messehallen, partienweise eilig, und verharrt dort, wo ihm, nach
kontingentem Belieben, ein Werk gefällt oder auch in betonter Weise

nicht gefällt. Kurz: Die intellektuelle Form der Bewahrung der
Souveränität gegenüber dem manifesten Chaos nicht bewältigungs-
fähiger Reliktmenge ist der Eklektizismus. Nicht zufällig ist daher der
Eklektizismus Wahrnehmungs- und Verhaltensprinzip ersten Ranges
im sogenannten Post-Modernismus. Vor dem Hintergrund des
Geschilderten ist dieser sogenannte Post-Modernismus eine verständliche und in dieser Verständlichkeit auch rationale Reaktionsform auf
den Umschlag avantgardistischer Produktion ins Wahrnehmungs-
chaos. Der sogenannte Post-Modernismus legitimiert Vorlieben fürs
Gestrige, für beliebiges Alte, dessen spezieller Vorzug ist, in sehr
dynamischen Entwicklungen weniger rasch zu altern als das weniger
Alte und somit Kontinuitätserfahrung zu verstatten. Ein struktureller
Konservativismus bildet sich heraus, den man, auf einen Grundsatz
gebracht, folgendermaßen charakterisieren könnte: Beschränkung
innovatorischer Praxis, statt auf Möglichkeiten, auf erwiesene Nötig-
keiten.

Freie Zeit

   Die Reichweite dieses Grundsatzes erstreckt sich weit über die
Kunstszene hinaus in den allgemeinen moralisch normierten Lebens-
verbringungszusammenhang hinein. Das sei an einem anderen ge-
wichtigen Fall spezifisch moderner Zeiterfahrung gezeigt. Unter Bedingungen der Innovationsverdichtung wird Zeit nicht nur ein
knappes Gut. Zeit, als Lebenszeitanteil, wird über Produktivitäts-
steigerung auch als Freizeit freigesetzt, das heißt die Lebenszeiträume
dehnen sich für die Mehrzahl der modernen Zivilisationsgenossen
immer weiter aus, in denen nichts geschähe, wenn es nicht
selbstbestimmt geschähe. Eben das macht wie nie zuvor die Fähigkeit
zu produktiver Selbstbestimmung, das heißt die Fähigkeit zu
produktiver, lebensglückträchtiger Zeitverbringung nötig, und es ist
daher kein Zufall, daß die Lebensorientierungsgröße "Selbstverwirk-
lichung" im Kontext des Wertewandels dominant wird - bis in die
Lebensberatungsspalten der Familien- und zumal auch der Frauen-
presse hinein.

Generell darf unserer Gegenwartskultur bescheinigt werden, daß sie in Reaktion auf die Erfahrung der Zeit als notwendigkeitsentlasteter, durch Produktivitätsfortschritte befreiter Zeit sich als schöpferisch erwiesen hat. Die Schilderungen dessen könnte man unter die schöne Überschrift "Blüte der Alltagskultur" stellen - von der unverändert blühenden Lesekultur über die Renaissance der Hausmusik, auch der Gartenkultur bis hin zur produktiven Nutzung beruflicher Kompetenzen in den besagten Zeitfreiräumen im Kontext der sogenannten Schattenwirtschaft. Die Kehrseite solcher schönen alltagskulturellen Bestände gibt es natürlich auch -: die psychischen und sozialen Folgen der Selbstbestimmungsunfähigkeit, in der das Individuum, anstatt sich zu entfalten, sich selbst zum größten Problem wird und sich als Opfer der Verhältnisse erfährt. Die entscheidende Frage ist, wovon abhängt, ob man zu solcher Selbstbestimmung fähig sei oder nicht sei. Die Faktoren der Selbstbestimmungsfähigkeit sind mannigfaltiger Art. In jedem Falle gehört zu diesen Faktoren als notwendige, wenn nicht schon als hinreichende Bedingung, gerade eine Erziehung in Orientierung an Tugenden, auch sekundären Tugenden, die über allen kulturellen Wandel hinein sozusagen klassische Geltungskonstanz behauptet haben - einschließlich der sogenannten sekundären Tugenden von der Ordnung über die Disziplin bis hin zur Pünktlichkeit oder auch der keineswegs mehr sekundären, vielmehr durchaus primären Tugenden des Maßes. - In der Zusammenfassung bedeutet das: Die der geschilderten Zeitverknappung komplementäre Freisetzung notwendigkeitsentlasteter Lebenszeit verschafft nicht nur Beliebigkeitsspielräume, in deren Zusammenhang sich die Individuen nach ihren Kulturniveaus differenzieren. Sie macht komplementär dazu zugleich auch die Orientierung an kulturellen Beständen nötig, die über den kulturellen Wandel hin gerade durch Konstanz ihrer Geltung ausgezeichnet sind.

Desorientierungsfolgen des Traditionsveraltens

Auf einen allgemeinen evolutionstheoretischen Satz gebracht, bedeutet das: Die Menge der Elemente, in denen eine Kultur ihre kommunikative Einheit hat, kann sich nicht beliebig rasch ändern.

Hohe kulturelle Entwicklungsdynamik setzt hohe Konstanz in der
Geltung eines Teils der Kulturelemente voraus. Dynamische Kulturen
gefährden sich selbst durch die komplementär zu ihrer Dynamik hohe
Traditionsveraltensgeschwindigkeit, und um mit der Herausforderung
dieser Veraltensgeschwindigkeit von Traditionen fertig zu werden,
werden die anteilmäßig gewiß rückläufigen traditionalen Bestände
umso wichtiger, deren Geltung Konstanzen aufweist.

Anders ausgedrückt: Es scheint Grenzen individueller und auch
institutioneller Innovationsverarbeitungskapazität sowohl in institutioneller wie individueller Hinsicht zu geben. Der intergenerative kulturelle Informationstransfer ist potentiell gefährdet, wenn die kulturellen Orientierungen jener zwei Generationen, die im sozialen Klein-
verband einer modernen Familie zusammenleben, allzuweit auseinander driften. Prozesse des Erwachsenwerdens ebenso wie Prozesse des
Älterwerdens nehmen prekäre Züge an, wenn die Menge der kulturellen Bestände, die über die kurze Frist eines durchschnittlichen
Lebens hin Geltungskonstanz haben, mit Desorientierungsfolgen zu-
sammenschmelzen.

Übrigens hat hohe Änderungsdynamik auch für die kulturelle
Geltung der Wissenschaften Bedeutung. Noch im 19. Jahrhundert gab
es eine gemeinkulturelle Verpflichtung des gebildeten Publikums auf
Kenntnis wissenschaftlicher Weltbilder. Je mehr die Ergebnisse, aus
denen heute wissenschaftliche Weltbilder gefertigt werden müssen,
den Regionen des sehr Großen, sehr Kleinen und sehr Komplizierten
entstammen, je größer zugleich die Dynamik im Anfall solcher for-
schungsabhängigen Kenntnis ist, um so geringer wird zugleich die
temporale Konstanz wissenschaftlicher Weltbilder und damit die
Chance, sie curricular über unsere Bildungseinrichtungen einiger-
maßen, nämlich für die Dauer einer Generation geltungskonstant ins
allgemeine Kulturmilieu zu transferieren. Eben das bedeutet: Wenn
das Bild von der Welt, in der wir leben, sich über eine ungewisse temporale Grenze hinaus wandelt, erlischt, kraft mangelnder Realisier-
barkeit, die Verpflichtung, weltbildorientierungsmäßig up-to-date zu

bleiben, und die Wissenschaft erleidet kulturelle Geltungsverluste.[16]
Ihr Legitimationsprinzip "curiositas" verliert an Geltung und das Prinzip der Relevanz gewinnt komplementär an kulturellem Stellenwert.

Grenzen der Verarbeitbarkeit wissenschaftlichen Fortschritts
mögen in einigen Forschungsbereichen sogar in finanzieller Hinsicht
auftreten. In Teilbereichen der Forschung und Entwicklung, so
scheint es, steigen die Kosten der Forschungspraxis rascher an als der
erhoffte Erkenntnisgewinn. Im Bereich der Kernphysik scheint das,
bei der Kostenentwicklung hinsichtlich der eingeforderten, immer
leistungsfähigeren Teilchenbeschleunigungsanlagen, der Fall zu sein.
Kurz: Der Forschungsprozeß scheint durch einen abnehmenden
Grenznutzen charakterisiert zu sein, was bedeutet, daß jenseits einer
ungewissen Grenze wissenschaftspolitisch die Frage sich zwangsläufig stellt, ob uns der erhoffte Forschungsgewinn auch noch in
demselben Maße teuer sei, wie er uns kommt.

Auch in den Bereichen der Wirtschaft scheint es Grenzen der
Verarbeitbarkeit von Innovation zu geben. Aus der Industriegeschich-
te des 19. Jahrhunderts wissen wir, daß damals in vielen Produktions-
bereichen die Leistungssteigerung der maschinellen Infrastruktur sich
noch in Grenzen bewegte, die es wirtschaftlich möglich machte, mit
der Installation einer neuen Maschinengeneration zu warten, bis die
ältere kraft Verschleißes veraltet war. Inzwischen gibt es viele Pro-
duktionsbereiche, in denen die von den Finanzbehörden einzuräumen-
den Abschreibungsfristen weit unter die gebrauchsabhängige Ver-
schleißdauer der fraglichen Maschinen abgesunken ist und man
erkennt, daß es schließlich auch wirtschaftliche Grenzen der
Verarbeitbarkeit von Innovationen im Bereich von Forschung und
Entwicklung gibt.

Schließlich gibt es Grenzen unserer Kapazitäten zur Verarbeitung von Innovation, die sich als Grenzen der Planbarkeit von
Zukunft charakterisieren lassen. Einerseits nimmt mit der sozialen
und naturalen Reichweite unseres technisch instrumentierten Handelns zugleich auch die Nötigkeit zu, die temporale Reichweite

---

16) cf. dazu meine Abhandlung "Die Wissenschaften und ihre kulturellen Fol-
     gen", Rheinisch-Westfälische Akademie der Wissenschaften G 285.Opladen
     1987

unserer Handlungspläne in immer weitere Zukunftsräume hinaus auszuweiten. Lebensweltlich nehmen wir diesen Bestand alle zur Kenntnis in Gestalt jener Terminkalender, die wir als Taschenkalender mit uns führen, und die expandierende Planungszeiträume - inzwischen bis zu drei Jahren - aufzuweisen pflegen. Anders ausgedrückt: Unter Innovationsverdichtungsdruck expandiert die mit Handlungsplänen besetzte Zukunft. Gewiß läßt sich sagen, daß Rechnen in langen Zukunftsfristen ein altes Element unserer Kultur ist. Waldbauern mußten immer schon mit der Frist mehrerer Generationen zwischen Wiederaufforstung und Waldernte rechnen. Moderne Planungszeiträume haben aber demgegenüber eine gänzlich andere temporale Struktur. Sie erzwingen Planung als Handlungskoordination durch vorweggenommene Handlungssynchronisation, und das zugleich unter innovationsabhängig zunehmender Ungewißheit der Bedingungen, mit denen man künftig zu rechnen haben werde. Da zumindest kognitive Innovationen prinzipiell nicht prognostizierbar sind, nimmt just mit dem eigentlichen Zivilisationsdynamik auslösenden Faktor, nämlich der forschungspraxisabhängigen kognitiven Innovation, mit der Expansion planungstechnisch zu besetzender Zukunftsräume zugleich die Chance der Kalkulation der Bedingungen, mit denen man künftig zu rechnen haben werde, ab. Moderne Zivilisationsdynamik erhöht ineins somit den Ausgriff in die Zukunft und die Schwierigkeit der Findung verläßlicher zukunftsbezogener Wirklichkeitsannahmeprämissen künftigen Handelns.

Ich verzichte auf weitere Exemplifizierungen von Erfahrungen mit Grenzen unserer kulturellen Verarbeitungskapazitäten für Innovationen und liste abschließend einige Reaktionsformen, zum Teil in der Zusammenfassung von bereits Gesagtem, auf.

Fortschrittsreaktionen

Erstens reagieren wir auf den erfahrenen evolutionären Charakter unserer Zivilisation mit der Historisierung dieser Zivilisation. Der Zweck dieser Historisierung ist der besagte: Wir erhalten auf diese Weise unsere eigene uns immer rascher fremd werdende Vergangenheit als eigene Vergangenheit aneignungsfähig, beziehungsweise die

Vergangenheit anderer diesen zuschreibungsfähig, und halten so aus-
sagbar, wer wir sind.

Zweitens reagieren wir auf die innovationsabhängig erhöhte Veraltensrate kultureller Bestände mit strukturellem Konservativismus,
das heißt wir kehren kompensatorisch hervor, was im Wandel der
Dinge den Vorzug größerer zeitüberdauernder Geltungskonstanz hat,
das heißt, wir pflegen Klassik und gehen mit Traditionen, die die Verheißung einiger Geltungskonstanz haben, wie mit knappen Ressourcen, nämlich sparsam um. Dieser Konservativismus hat mit den
traditionellen politisch-ideologischen Konservativismen, die sich im
frühen 19. Jahrhundert herausgebildet haben, nichts mehr gemein. Es
handelt sich nicht um eine Präferenz für Altes aus der Perspektive
identifizierbarer sozialer Gruppen, deren soziale Vorzugsposition an
der Konservierung alter Bestände hing. Es handelt sich vielmehr um
einen, wie ich gesagt habe, strukturellen Konservativismus, der sich
genau in dem Augenblick herausbildet, wo wir die Erfahrung machen,
daß uns weniger die Mißlichkeiten aufgehaltenen Fortschritts als die
prekären Nebenfolgen eines Fortschritts zu schaffen machen, der sich
längst durchgesetzt hat. Ich kann zu Zwecken der Wiederholung auch
noch einmal die Formel anbieten, daß in dynamischen Zivilisationen
sehr Altes in der Definition von Klassischem den ungemein wichtigen
Vorzug gewinnt, weniger rasch als das weniger Alte zu altern.

Drittens reagieren wir, komplementär zur wachsenden Schätzung
klassischer Bestände, auf den eingangs skizzierten sich erhöhenden
Innovationsdruck mit Eklektizismen, mit der Ausbildung von Be-
liebigkeiten, Individualisierungen und Spezifizierungen. Das bedeutet: Komplementär zur wachsenden Wichtigkeit klassischer Bestände
erhöhen wir die Menge des Disponiblen, verringern also relativ die
Menge dessen, was allen Kulturgenossen als verbindlich angesonnen
werden kann. Genau in diesem Sinne läßt sich, zum Beispiel, die
moderne Verfassungsentwicklung beschreiben. Menschen- und
Bürgerrechte, als Grundrechte, lassen sich ja als Rechte beschreiben,
die genau diejenigen Lebensbereiche ausgrenzen, die wir nicht zur
Disposition politischer Entscheidungsgremien gestellt wissen möchten, die wir insbesondere auch nicht zur Disposition von Mehrheiten
gestellt wissen möchten und die man daher in genau diesem Sinne

auch nicht demokratisieren kann. Das heißt umgekehrt ausgedrückt: Wir lassen die Menge derjenigen Lebensorientierungen zunehmen, in denen wir uns wechselseitig beliebiges Anderssein zubilligen.

Viertens werden wir unter dem Druck von Innovationen kostenbewußt - nicht nur mit der eingangs geschilderten Wirkung der Erhöhung der Innovationsrate durch Rationalisierungszwang, vielmehr auch durch Geltendmachen wirtschaftlicher, gegebenenfalls auch bedienungskompetenzmäßiger Grenzen der Ersetzung von Neuem durch Neueres im investiven Bereich.

Fünftens wird die Innovationssteigerung begrenzt durch Erfahrungen der Rationalitätsverluste, die uns über erfahrene Grenzen der Planbarkeit durch abnehmende Prognostizierbarkeit der Realitätsprämissen künftigen Handelns drohen.

Sechstens verändert sich auch der Hauptfaktor kultureller Dynamisierung, die Wissenschaft, in ihrer kulturellen Position. Nicht zuletzt ihrer disproportional anwachsenden Kostenträchtigkeit wegen gewinnt das wissenschaftspolitische und wissenschaftskulturelle Legitimationsprinzip der Relevanz gegenüber dem der curiositas Dominanz, und die Kulturbedeutung wissenschaftlicher Weltbilder nimmt ohnehin wegen der längst überschrittenen kulturellen Kapazitäten ihrer gemeinkulturellen Rezeption ab. Das bedeutet: Mit fortschreitender Verwissenschaftlichung unserer Zivilisation pragmatisiert sich unser kulturelles Verhältnis zur Wissenschaft.

Der Text dieses Vortrags ist die Quintessenz einiger Kapitel aus meinem Buch "Im Zug der Zeit. Verkürzter Aufenthalt in der Gegenwart", Springer-Verlag, Heidelberg, 2. Auflage 1994.

Helga Nowotny

Wer bestimmt die Zeit?

Zeitkonflikte in der technologischen Gesellschaft zwischen industrialisierter und individualisierter Zeit

Zeit als soziales Konstrukt

Von Norbert Elias, dem großen Soziologen, stammt die Aussage, daß jede Befassung mit Zeit, jedes Sprechen über Zeit, nicht nur von Zeit allein handle. Was er damit gemeint hat, möchte ich auch diesem Vortrag als eine Art Leitmotiv zugrunde legen: über Zeit zu sprechen, besonders aus der Sicht der Sozialwissenschaften, bedeutet immer auch über Gesellschaft zu sprechen, über individuelle und soziale Wahrnehmung und Handeln, über die vermeintlichen und realen Zwänge, die von der sozialen Zeit auszugehen scheinen und an deren Entstehung dennoch alle in der Gesellschaft lebenden Menschen aktiv und passiv beteiligt sind. Soziale Zeit, und um diese geht es am heutigen Abend, ist nämlich vorwiegend ein gesellschaftliches Konstrukt. Als solches wird Zeit durch soziale Interaktion konstituiert und fungiert als ein essentielles Medium zur Koordination und Synchronisation gesellschaftlichen Lebens. Gemäß der zunehmenden Kom-

plexität unserer Gesellschaften gibt es auch längst nicht mehr nur
eine, geschweige denn "die" Zeit, sondern eine Vielzahl von Zeiten.[1]

Es ist eine Besonderheit der wissenschaftlichen Befassung mit
Zeit, daß diese in fast allen wissenschaftlichen Disziplinen als Phänomen und Thema präsent ist. Wie Sie vielleicht im Laufe dieser Vortragsreihe gemerkt haben, versteht auch jede Disziplin darunter etwas
anderes. Den Sozialwissenschaften kommt dabei die Aufgabe zu, die
von Menschen erfahrene, erlebte und geschaffene, d.h. immer auch
gesellschaftlich veränderte Zeit, näher zu definieren und verständlich
zu machen und zugleich den Versuch zu wagen, diese soziale Zeit in
Bezug zu setzen zu anderen Zeiten: der physikalischen oder astronomischen Zeit, der biologischen Zeit oder etwa zur Zeiterfahrung
der Meditation. Das verbindende Element dabei ist die menschliche
Zeiterfahrung selbst. Denn Sie alle sind zugleich Experten und
Expertinnen in Sachen Zeit. Sie alle besitzen Alltags- und Lebens-
erfahrung im Umgang mit Zeit, Sie haben gelernt, Zeit zu struk-
turieren in Ihrem Arbeitsleben wie in der sog. Freizeit, und Sie wissen, welche wichtige Rolle Zeit in den Beziehungen zu anderen
Menschen, aber auch zu Institutionen und nicht zuletzt in der
Beziehung zu sich selbst spielt. Insofern sind alle Menschen Praktiker
und Theoretiker der Zeit, denn Zeit "steckt" in uns - durch die biologischen Rhythmen, denen wir unterworfen sind, und weil wir
soziale Wesen sind, die in eine Gesellschaft mit sich ständig ändernden Zeitstrukturen hineingeboren werden und lernen müssen, in ihrer
sozialen Zeit zu leben.

Wir nähern uns also der ersten mir gestellten Frage an: wer bestimmt die Zeit?

Dahinter steckt zunächst einmal die weitverbreitete Annahme,
daß es da jemand geben müsse, von dem der scheinbar so unpersön-
lich, aber zugleich unentrinnbar und oft als unerträglich empfundene
Zwang der Zeit auszugehen scheint. Denn wir alle kennen und leiden
unter dem Druck, der mit Uhrzeit verbunden ist, diesen sozialen Zeit-
gebern, die unser aller Leben regeln. Dazu kommen Terminkalender,
die sich rasch füllen, Fahrpläne und andere Koordinationsmechanis-

---

1) vgl. zum Ganzen Norbert Elias: Über die Zeit. Frankfurt a.M.: Suhrkamp
   Verlag 1984

men, die uns anhalten, unsere zeitlichen Verpflichtungen anderen gegenüber einzuhalten, und uns sagen, wann wir wo zu sein haben. Dazu gehören die Regelungen, die Öffnungszeiten von Büros und Geschäften, von Ämtern und anderen Institutionen, die - als institutionelle Zeitgeber - Vorgaben machen, wann Kinder in die Schule gebracht oder abgeholt werden müssen, wann Geschäfte auf- oder zusperren, aber auch wann Steuererklärungen fällig sind oder Pensionsansprüche zu laufen beginnen. Auch der Bereich der Politik kann sich diesen institutionellen Zeitzwängen nicht entziehen: der die Politik beherrschende Zeitzyklus der Legislaturperioden bestimmt oft in einschneidender Weise, was in der Politik wann Aufmerksamkeit erhält und solcherart überhaupt erst zu einem Politikum wird. Andere Beispiele, die Ihnen ebenso wohl vertraut sind, sind Zeitstrukturie-rungen, die durch Gesetze vorgegeben sind. In ihnen ist geregelt, ab wann und bis zu welchem Zeitpunkt jemand ein Kind, oder jugend-lich etc. ist. Auch hier greifen Institutionen in das soziale Leben ein, geben Kategorien und zeitliche Begrenzungen vor, die von folgen-schwerer Bedeutung sein können. In all diesen und vielen anderen Regelungen, die Ihnen aus Ihrer Alltagserfahrung vertraut sind, begegnen wir der Macht der Zeit, ihrer unpersönlichen, aber umso unentrinnbarer empfundenen Herrschaft. Doch wer steckt hinter dieser Macht? Wer bestimmt die Zeit?

Sehen wir uns noch für einen Augenblick die feineren Strukturen dieser "Macht der Zeit" an, etwa der Zeit, die wir mit Warten ver-bringen. Wartezeit wird meist als unnütz und überflüssig betrachtet, als Indikator für Ineffizienz oder Leerlauf im Getriebe der Industrie-gesellschaften. Doch es ist zugleich eine Form der Zeitstrukturierung, die uns Einblick gibt in die feinen Interaktionsstrukturen zwischen Menschen. Denken Sie einmal daran, wen Sie warten lassen können, wie lange, und wer Sie warten lassen kann. Sie werden aus dieser Asymmetrie sehr schnell merken, daß sich hier ein soziales hierarchi-sches Gefüge ausdrückt. Strategien entstehen durch die Schaffung von strategischen Spielräumen - sowohl in Sachen der Liebe, wie in kriegerischen Auseinandersetzungen. Koordinationsmechanismen werden dabei mitaktiviert, die alle damit zu tun haben, wie in einem

sozialen Gefüge, wo es ja immer auch Macht, Machtunterschiede und
Machtbalancen gibt, mit Zeit umgegangen wird.

Wer bestimmt also die Zeit, und zwar sowohl in ihren Grob- wie
in ihren Feinstrukturen? Je mehr wir uns in der Betrachtung von er-
steren zu letzteren hin bewegen, desto deutlicher wird, daß wir alle
mitbestimmen und mitstrukturieren, wenn auch in sehr unterschied-
lichem Ausmaß. Zeit ist ein soziales, ein von der Gesellschaft ge-
schaffenes Konstrukt, das sich in Regelmechanismen, in Koordina-
tions- und Synchronisationsmustern ausdrückt. Und da wir alle Teil
dieser Gesellschaft sind, können wir diesen von uns selbst mitge-
schaffenen und mitgetragenen Zeitzwängen nur schwer entkommen.
Die "bestimmte", d.h. vorgegebene und Vorgaben machende,
regulierte, aber auch regulierende, koordinierte, aber auch koor-
dinierende Zeit ist nicht auf eine Zentralinstanz zurückführbar. Sie ist
vielmehr gerade in ihrer Unpersönlichkeit und weiten, alle Lebensbereiche durchdringenden Verbreitung ein wesentliches Merkmal der
komplexen hochindustrialisierten Gesellschaften selbst.

Ein Unterschied zwischen vorindustrialisierten Gesellschaften
und industrialisierten liegt darin, daß die Zeitraster, in die eine Indu-
striegesellschaft eingebettet ist, zunehmend enger und miteinander
verknüpft werden. Mehr Lebensbereiche werden geregelt und einer
durchkalkulierten Zeitökonomie, die auf der Gleichsetzung von Zeit
und Geld aufbaut, unterworfen. Sie sind Voraussetzung und Folge für
die Steigerung der Organisationsleistung dieser Gesellschaften, ihrer
Koordinationsfähigkeit und letztlich ihrer Komplexität. Doch sich mit
Zeit zu befassen heißt niemals, nur über Zeit allein zu sprechen. Zeit
hat immer auch mit Macht zu tun, und Zeit in den Industrie-
gesellschaften nahm dann ihre großteils auch heute noch geltende
zeitökonomische Form an, als es erstmals im Produktionsprozeß
darum ging, in der selben Zeit ein Mehr an Gütern zu produzieren.

Daher gibt es auch gravierende Unterschiede in der Bestimmung
der Zeit und in der Verfügbarkeit über sie. Zwei Extreme seien hier
nur kurz erwähnt: der vielbeschäftigte Manager mit seiner 60 Stunden
Woche und eine alleinerziehende Mutter, die wahrscheinlich ebenso
viel und vielbeschäftigte Zeit mit ihrem Kind und der Beschaffung
ihres Lebensunterhaltes verbringt. In den 60er Jahren erschien das

Buch eines Ökonomen, der sich über die vielbeschäftigte Freizeit-
klasse, die "hurried leisure class", lustig machte. Staffan Linder zitiert
darin den Ausspruch eines vielbeschäftigten Managers, der seine Le-
bensphilosophie folgendermaßen zusammenfaßt: "Ich arbeite soviel,
daß ich dabei mich selbst umbringe und meine Familie kaputt mache.
Aber ich verdiene dabei soviel Geld, daß ich es mir leisten kann".
Manager, bei all ihrer Vielbeschäftigtkeit, können es sich darüber
hinaus auch leisten, ihre Zeit selbst einzuteilen. Zumindest ist das
Ausmaß ihrer Zeitsouveränität bedeutend höher, als etwa die ihres
Gegenbeispiels, also der alleinerziehenden Mütter, oder die von Müt-
tern von kleinen Kindern schlechthin, deren zeitliche Disponibilität
stark eingeschränkt ist. Ein wesentlicher Unterschied in der gesell-
schaftlichen Bestimmungsmacht von Zeit liegt daher in der Anzahl
der Freiheitgrade, die jemand hat, um sich die Zeit in sinnvolle
Einheiten einteilen zu können, über die dann mehr oder minder frei
verfügt werden kann. Dies wiederum ist eine Frage der ökonomischen
Wertung von Zeit und von Positionierung in der sozialen Hierarchie.
Denn wenn die Zeit des Chefs als kostbarer gilt als die Zeit der
Sekretärin, dann deshalb, weil hier die ökonomische Wertung zum
Ausdruck kommt. Und wer es sich leisten kann, kauft sich die Zeit
anderer.

Zeitbestimmung und gesellschaftliche Zeitstrukturierung werden
durch soziale, darunter auch institutionelle "Zeitgeber" vermittelt.
Darunter fallen nicht nur die erwähnten Arbeitszeit- oder Öffnungs-
zeitregelungen, sondern auch Institutionen wie das Fernsehen. Es ist
zu einem Zeitgeber geworden, weil sich herausstellt, daß sich viele
Menschen in ihrem zeitlichen Tagesablauf nach dem Fernsehen
richten, daß dieses ihren Lebensalltag mitstrukturiert. Ein anderer
Bereich, in dem soziale Zeitgeber funktionieren, der älteste übrigens,
den alle Kulturen kennen, ist die Unterscheidung zwischen heiligen
und profanen Zeiten. Anthropologen schreiben übrigens der Fest-
setzung dieser Unterscheidung und dem gemeinsamen Einhalten
besonderer Verhaltensvorschriften für die heiligen Zeiten eine
besondere, Gemeinschaft stiftende und stärkende Wirkung zu. In den
säkularisierten Gesellschaften sind allerdings nur mehr Restbestände
davon anzutreffen. Die ökonomische Verwertung der Zeit zielt darauf

ab, alle Zeit zur Produktions- oder Konsumzeit zu machen. Freizeit wird dabei nicht mehr, wie dies noch in den schlimmsten Zeiten der Industrialisierung der Fall war, zur heißumkämpften nötigen Regenerationszeit einer unmenschlich langen Arbeitszeit, sondern zum notwendigen Korrelat des Produktionsprozesses selbst. Denn deren Konsum - in Form der Freizeitindustrie und anderer Formen - bedarf auch der "freien" Zeit, um wiederum Raum zu schaffen für erneute Produktion.

Zum Abschluß dieses ersten Abschnittes, der der Frage "wer bestimmt die Zeit?" gewidmet war, möchte ich nochmals ein Bild bringen. Es stammt von Norbert Elias, der in seinem Essay über die Zeit auf die Masken verwiesen hat, die manche Stammesgesellschaften in ihren Ritualen vorführen. Für die Teilnehmer an der Zeremonie sind die Masken mit sozialer Wirklichkeit ausgestattet, sie sind Götter oder Dämonen, obwohl alle Anwesenden genau wissen, daß dahinter Menschen agieren, die sie bewegen. So ähnlich verführt uns auch die Maske der Uhr und des Terminkalenders zu meinen, sie verkörperten Zeit, die ohne unser Zutun abläuft und sich nicht festhalten läßt. Wir glauben, uns danach richten zu müssen, während sie doch nur die Bewegungsabläufe wiedergeben, die als Symbole so gestaltet sind, daß wir die Koordination unserer eigenen Tätigkeiten daran orientieren können. Denn es sind wir Menschen, die Zeit machen, auch wenn die deutsche Sprache für das Zeitwort "to time" keinen äquivalänten Ausdruck kennt.

Je komplexer die Gesellschaft, desto vielschichtiger werden auch die Zeitabläufe, die sich überlagern, miteinander und nebeneinander in zeitliche Verbindungen treten. Vielleicht ist das Lüften der Maske, der diagnostische Blick auf das Agieren mit ihr, und die Wirkung, die von ihr ausgeht, die wirkungsvollste Aufforderung für eine sozialwissenschaftliche Befassung mit Zeit. Denn erst dann, wenn sich das subjektive Bewußtsein der einzelnen Menschen darüber, was zeitlich in ihnen und mit ihnen geschieht, anderen Menschen mitteilt, können die Sozialwissenschaften, kann die Soziologie einen Beitrag dazu leisten, die feinen Verbindungslinien sichtbar zu machen, die "Gesellschaft" im Erleben des einzelnen ausweist. Denn wie eine Testflüssigkeit, die zum Nachweis bestimmter Stoffe und ihrer Wege durch den

Körper fließt, so rinnt "Gesellschaft" und gesellschaftliche Zeit durch ein noch so individuell ausgeprägtes und eingerichtetes Leben. Denn Zeit, dieses zutiefst kollektiv gestaltete und geprägte symbolische Produkt menschlicher Koordination und Bedeutungszuschreibung, behält ihren Bezug zu anderen Menschen selbst in den Momenten ausgeprägten individuellen Empfindens. Selbst die Zeit der Einsamen ist nur Mangel an gemeinsam verbrachter, an geteilter Zeit. Und der Mangel an Zeit wiederum, über den so viele von uns klagen, bemißt sich an der Fülle gesellschaftlich geprägter Erwartungen und Ansprüche an das eigene Tun.

Von der Zukunft zur erstreckten Gegenwart

Aus der grundlegenden Annahme, daß Zeit ein soziales Konstrukt ist, folgt auch, daß alle gesellschaftlichen Zeitbegriffe wandelbar sind. Bereits Emile Durkheim, ein Klassiker der Soziologie, der 1912 den sozialen Ursprüngen der Kategorien von Zeit, Raum und Kausalität nachging, kam zum Schluß, daß es der Rhythmus des gesellschaftlichen Lebens ist, auf dem die Kategorie von Zeit beruht, und daß es daher die gesellschaftlichen Tätigkeiten sind, durch die Zeit strukturiert wird. Auch andere Soziologen, wie etwa Sorokin und Merton in einem klassischen Aufsatz aus dem Jahr 1937, entschieden sich für die Eigenständigkeit einer Kategorie der sozialen Zeit, die sich von jener der Physik oder der Astronomie durch ihre Heterogenität und ihre Konstituierung durch intersubjektives Handeln unterschied. Im Unterschied zur Philosophie war damit die Tür für Fragen über die Bedingungen geöffnet, unter denen sich gesellschaftliche Zeitbegriffe verändern. Zeit wurde dabei überwiegend als ein symbolisches soziales Konstrukt verstanden, das allerdings, um wirksam zu werden, der ständigen gesellschaftlichen Bestätigung durch Einüben und Interaktion bedurfte. In der konkreten Strukturierung der in einer Gesellschaft vorherrschenden Zeitbegriffe, Einstellungen zur Zeit und Zeitempfinden drücken sich somit bestimmte Merkmale einer Gesellschaft aus. Vom sozialen Konstrukt Zeit zu sprechen heißt allerdings nicht, daß es sich um willkürliche Konstruktionen handelt. Wie bei anderen Konstruktionen von "gesellschaftlicher

Wirklichkeit" gilt es auch hier, bestimmte Randbedingungen zu
beachten und sensibel für die Spielräume in diesen Konstruktionen zu
sein.

Ein Beispiel für eine solche, sich ständig wandelnde und dennoch nicht willkürliche soziale Konstruktion von Zeit ist die Grenzziehung und relative Gewichtung, die eine Gesellschaft in Hinblick
auf die als Vergangenheit, Gegenwart und Zukunft bezeichneten
Zeiträume vornimmt. Natürlich gibt es keine Gesellschaft, in der sich
diese Kategorien nicht finden lassen, doch schon in der Sprache
zeigen sich Unterschiede. Darüber hinaus haben AnthropologInnen
und HistorikerInnen große Mengen an vergleichendem Material aufgearbeitet, aus dem hervorgeht, daß Gesellschaften sehr unterschiedliche Vergangenheits-, Gegenwarts- und Zukunftsvorstellungen haben
können. Die Vergangenheit kann sich gewissermaßen in die Gegenwart und Zukunft hineinschieben, so daß unverhältnismäßig Vieles
von dem, was sich in der Gegenwart abspielt, auf Grund von Vergan-
genheitskonstrukten und -referenzen beurteilt wird. So hat etwa der
englische Anthropologe Jack Goody für einige afrikanische Stämme
gezeigt, wie sie unter der englischen Kolonialherrschaft ständig ihre
Genealogien, die als Grundlage für ihre Rechtsauffassungen und
Rechtsstreitigkeiten in der Gegenwart galten, veränderten, um ihre
Chancen gegenüber der englischen Rechtsauffassung wahren zu
können. Das Heranziehen von konstruierter Vergangenheit und Geschichte zur Stärkung des Nationalbewußtseins bis hin zum Na-
tionalismus ist ein anderes bekanntes Beispiel für die soziale Funktion, die Vergangenheit als Zeitkonstrukt spielen kann. Umgekehrt
gab es, zumindest seit Beginn der Neuzeit, immer wieder Epochen,
die als ausgeprochen zukunftsoffen galten. Es ist noch nicht so lange
her, daß auch in den europäischen Industriegesellschaften der Glaube
an eine offene Zukunft vorherrschte, die eine ständige Verbesserung
unter dem Zeichen des Fortschritts versprach. Diese Öffnung auf die
Zukunft hin geht auf die Zeit der Aufklärung zurück. Mit ihr kam
nämlich auch der Bedarf an Zeit; die Menschen meinten damals, daß
sie die Verspätung der Vernunft aufzuholen hätten. Der Zeitbedarf
konnte nicht allein in der Gegenwart befriedigt werden, denn in dieser
konnte unmöglich alles verwirklicht werden, was der Fortschritts-

optimismus versprach, sondern mußte auf die Zukunft übergreifen. Ein Mitte.., das damals erfunden wurde, um diesen Zeitbedarf zu befriedigen, war übrigens die Beschleunigung.

Zunächst konnte sich der offene Zukunftshorizont als die ständig aufrecht zu erhaltende Differenz zwischen der bereits gemachten Erfahrung und dem sich immer weiter erstreckenden, also unbeschränkten Erwartungshorizont stabilisieren. Sie wurde zu einer der Triebkräfte des Fortschrittglaubens. Letzten Endes hat diese prekäre Aufrechterha.tung einer Differenz jedoch nicht gehalten, weder in der Balance Weltzeit und Lebenszeit, noch als das kollektiv einlösbare Versprechen einer ständigen, glanzvollen Verbesserung der Zukunft. Der weltgeschichtlich offene Horizont hat sich zu wiederholten Malen verdüstert, und schwer hängt zur Zeit die Wolke weiterer, menschengemachter Katastrophen über ihm. Lebenszeitlich gesehen hat der Fortschritt zwar für viele Menschen, zumindest in den Industrieländern, ein Aufholen an sozialem Wohlstand und materiellem Wohlbefinden gebracht. Doch das individuelle Glück bleibt von relativ kurzer Dauer und verringertem Gehalt, überschattet von Ängsten, die sich zu mehren scheinen. Was die Zukunft heute an Erwartungen verspricht, scheint bestenfalls mehr vom selben zu sein, überwiegend deutet sich jedoch eine Verminderung des Bestandes an. Die neue Weltunordnung mit ihren bedrohlich näher gerückten Konfliktpotentialen, Umweltgefährdungen und Sorgen um die Aufrechterhaltung des einmal erreichten Lebensstandards trägt dazu bei, den Zukunftshorizont zu verdüstern. Trotz Vorhersagen und Versprechungen bleibt der Horizont flach, und was sich bewegt, deutet eher auf Nichtlinearität, auf Diskontinuitäten, plötzliches Umkippen und Einbrüche in der bisherigen Trendextrapolation. Eine früher linear vorgezeichnete Zukunft rückt bedrohlich nahe an die Gegenwart heran, angefüllt mit konditionalen Negativa. Wenn Lösungen gefunden werden sollen, die noch dazu rechtzeitig umzusetzen sind, dann sofort. Jetzt, in der Gegenwart.

In dieser Vortragsreihe hat auch Hermann Lübbe gesprochen, der die These von der "Gegenwartsschrumpfung" vertritt. Darunter versteht er, "daß in einer dynamischen Zivilisation in Abhängigkeit von der zunehmenden Menge von Innovationen pro Zeiteinheit die

Zahl der Jahre abnimmt, über die zurückzublicken bedeutet, in eine in
wichtigen Lebenshinsichten veraltete Welt zu blicken, in der wir die
Strukturen unserer uns gegenwärtig vertrauten Lebenswelt nicht mehr
wiederzuerkennen vermögen, die insoweit eine uns bereits fremd, ja
unverständlich gewordene Vergangenheit darstellt".[2] Gegenwartsschrumpfung für Lübbe ist also innovationsabhängig. Die Innovationsdichte führt dazu, daß die Zahl der Jahre, die wir in die Zukunft
vorauszublicken imstande sind, abnimmt, denn "wir müssen mit
Lebensverhältnissen rechnen, die in wesentlichen Hinsichten unseren
gegenwärtigen Lebensverhältnissen nicht mehr gleichen werden"
(ibid.).

Zweifellos hat unsere Zeit, absolut gemessen, einen Rekord an
Innovationshäufigkeit aufzuweisen, obwohl auch hier anzumerken ist,
daß die subjektive Wahrnehmung einer sich (zu) rasch verändernden
Welt, in der in der Zukunft nichts mehr so sein wird, wie es die
Abstützung auf eine vertraute Vergangenheit oder Gegenwart erwarten läßt, historisch nicht auf unsere Zeit beschränkt ist. Der soziale,
kulturelle und politische Schock, den etwa die Menschen während des
Zeitalters der Industrialisierung durchmachen mußten, jenes "tour-
billion social" oder der "great transformation", die von vielen scharf-
sinnigen Geistern von Karl Marx bis Karl Polanyi beschrieben wurde,
steht den heute erlebten Auswirkungen von Umwälzungen aus der
Sicht der Betroffenen in nichts nach. Doch im Unterschied zu jener
Zeit, die nach vielem Leid und Konflikten dennoch in die Aussicht
auf eine Besserung der Verhältnisse und in einen auf den sichtbar
gewordenen Verheißungen des wissenschaftlich-technischen und
sozialen Fortschritts basierenden Zukunftsglauben mündete, bleibt
diese Option unserer Zeit verschlossen. Während es im 19. Jahrhundert noch möglich war, Zukunft zu schaffen, so gehen wir heute der
Zukunft weitgehend verlustig. Nicht die Gegenwart verkürzt sich,
sondern - ganz im Gegenteil - sie muß sich notwendigerweise auf
Kosten der Zukunft erstrecken.

---

2) Hermann Lübbe: "Schrumpft die Zeit? Zivilisationsdynamik und Zeitum-
    gangsmoral: Verkürzter Aufenthalt in der Gegenwart." In diesem Band,
    S. 53–79, S. 53f.

In dem Maße nämlich, in dem die Zukunft überschattet wird von Problemen, die sich in der Gegenwart auftun - und dies ist, so meine Behauptung, heute der Fall - kann die Zukunft nicht mehr jenen Projektionsraum anbieten, in den sich alle Wünsche, Hoffnungen und Befürchtungen ohne viele Hemmungen hinein projizieren ließen, weil sie genügend weit entfernt schien, um alles aufnehmen zu können, was in der Gegenwart keinen Platz hatte oder unerwünscht war. Die Zukunft ist heute realitätsnäher und damit gegenwartsnäher geworden. Mit der Fülle menschlicher Aktivitäten, die gesteigerte Innovationstätigkeit miteingeschlossen, und ihren zeitfristigen und sonstigen Auswirkungen, die zunehmend sichtbarer geworden sind, weil sie Planungs- und Vorlaufzeiten erfordern, aber auch weil wir mehr über ihre negativen Auswirkungen gelernt haben, ist eine Eigendynamik der Gegenwart erzeugt worden, die sich zunehmend auf sich selbst konzentrieren muß. Der Handlungsspielraum wird eingeengt, weil über einen Teil der Zukunft schon in der Gegenwart verfügt wird; die Umweltschleifen menschlichen Handelns werden zu Zeitschleifen, die auf die Gegenwart zurückwirken. Andererseits zwingt aber besonders die Unvorhersehbarkeit der Zukunft, die Tatsache, daß "wir mit Lebensverhältnissen rechnen müssen, die in wesentlichen Hinsichten unseren gegenwärtigen Lebensverhältnissen nicht mehr gleichen werden", wie Lübbe schreibt, dazu, die Gegenwart zu erstrecken. Denn die Beschwörung einer Zukunft, in deren Namen lange Zeit politisches Handeln legitimiert wurde, muß nun abgekürzt und zumindest teilweise in die Gegenwart verlegt werden. Der stark gewachsene Bedarf an Zeit, der erstmals mit Beginn der Neuzeit spürbar geworden war, kann nicht mehr in eine innovationsfreudige Zukunft verlegt werden, sondern muß in einer sowohl innovationsfreudigen wie in deren Folgen zugleich bedrohlichen Gegenwart gefunden werden.

Indem sich die Beziehung zwischen Gegenwart und Zukunft verschiebt, indem hier eine tiefgreifende Veränderung der zeitlichen Grenzziehung vorgenommen wird, erweist sich Zukunft zumindest teilweise als operationalisierbar - in der Gegenwart. Die längerfristigen Interdependenzen beginnen Gestalt anzunehmen und verlangen nach Handeln. Das bescheidene Verständnis in der Problemerken-

nung und die noch bescheideneren Mittel für Problemlösungen, die
uns heute zur Verfügung stehen, verweisen ebenfalls auf den unmittelbar die Menschen umgebenden Zeitabschnitt und nicht in eine
ferne Zukunft. Mit steigendem Druck, daß Problemlösungen für an-
stehende, erkennbare Probleme jetzt gefunden werden müssen, mit
dem Ticken der vielen Uhren, die Warnsignale eingebaut haben,
bleibt nicht genügend Zeit, sie in einem als flüchtig konzipiertem
Augenblick unterzubringen oder der Zukunftsanamnese anheim fallen
zu lassen. Es ist die Zeit der nächsten Generation, über die jetzt
verhandelt wird. Die dramatische Zunahme an Komplexität und
Innovationsdichte läßt nicht nur für den gewissenhaften Manager, der
seine Termine bereits in den Kalender des nächsten Jahres einträgt,
die Zukunft näher an die Gegenwart heranrücken. Das Jahr 2000 oder
2025 rückt in eine beinahe greifbare Nähe, wird Teil der erstreckten
und nicht der geschrumpften Gegenwart. Es wird auf eine Zukunft
Kredit aufgenommen, indem sie in eine erstreckte Gegenwart herein-
geholt wird, in der Hoffnung, daß die Gegenwart ausreichen wird, um
die erforderlichen Zinsen abzuwerfen, die für die Rückzahlung nötig
sind. Es wird über Zukunft verfügt, als ob sie Gegenwart wäre, und
dadurch wird eine erstreckte Gegenwart erzeugt.

Ich meine auch nicht, daß eine Rückkehr zu einem offenen Zukunftshorizont wahrscheinlich ist. Dafür sorgen bereits die aus der
wissenschaftlich-technischen Innovationsdichte stammenden neuen
Informations- und Kommunikationstechnologien und deren komplexe
Rückkoppelungseffekte auf unsere Zeiterfahrung. Der französische
Medientheoretiker Virilio formuliert das, stellvertretend für viele andere, die sich mit dem Phänomen Zeit und Medien befaßt haben, wie
folgt: "Die drei Zeitformen der entscheidenden Aktion - Vergangenheit, Gegenwart und Zukunft - werden heimlich durch zwei Zeitformen ersetzt, die reale Zeit (Echtzeit) und die aufgeschobene Zeit. Die
Zukunft ist teils in den Programmen der Computer, teils in der Fäl-
schung dieser angeblich "realen" Zeit verschwunden, die sowohl
einen Teil der Gegenwart, als auch einen Teil der unmittelbaren
Zukunft enthält. Diese (...) Differenz stellt eine neue Generation des
Realen dar, eine degenerierte Realität, in der die Geschwindigkeit den

Sieg über die Zeit und den Raum davonträgt ...".[3] Die durch die neuen Medien und durch die ihnen eigene Chronologik eingeleitete Technisierung der Zeit eröffnen, wie Mike Sandbothe schreibt, "den Raum einer medialen Dezentrierung der zukunftsorientierten Zeitlichkeit des Subjekts". Die neuen Tele-Zeit-Maschinen haben, so scheint es zumindest, nicht nur zu einer überall spürbaren Modifikation oder Destruktion unserer gewohnten Zeitlichkeit und unseres bisherigen Zeitgefühls geführt, sondern darüber hinaus zu einer "tiefgreifenden Destabilisierung unserer zeitlichen Grundverfassung." [4]

Von der Maschinenzeit zur Laborzeit

Damit sind wir zugleich bei der Bedeutung angelangt, die Wissenschaft und Technik bei der Veränderung der Zeitstrukturen und unseres Zeitempfindens zukommt. Der Konflikt zwischen individualisierter Zeit und industrialisierter Zeit verweist auf die fundamentale Tatsache, daß Zeit vor allem im Konflikt erfahren wird. Es ist ein Konflikt zwischen der im Alltag erlebten, aber auch für dessen Bewältigung erwünschten Zeit, und jener scheinbar extern vorgegebenen, mit der unpersönlichen Macht der Verhältnisse ausgestatteten Zeit der Maschinen. In der bisherigen Geschichte der Menschheit und ihrer Zeiterfahrung hat die Industrialisierung zweifellos den markantesten Einschnitt gesetzt. Die qualitative, die Alltagserfahrung und die unterschiedliche Dauer menschlicher Tätigkeiten miteinschließende Zeiterfahrung vorindustrieller Gesellschaften wurde abgelöst durch eine Zeiterfahrung und Berechnung, die auf der Entdeckung des linearen, abstrakten Zeitkontinuums beruhte, dessen Zeiteinheiten sich in beliebig viele, beliebig kleine, aber gleich lange Intervalle unterteilen lassen. Damit veränderten sich zugleich die Bewegungsabläufe.

Doch der entscheidende Schritt erfolgte durch die Analogie mit der Maschine. Sie wird zum Träger der "natürlichen", der physikalischen Zeit, als die physikalischen Bewegungsabläufe in sie hinein-

3) Paul Virilio, Die Sehmaschine. Berlin, 1989, 151 und 163, zitiert nach Mike Sandbothe, "Zeit und Medien". In: Medien & Zeit, 1993, 2/93:15.

4) Mike Sandbothe, aaO., S. 15, 19.

konstruiert wurden. Dadurch wurde sie zum Regulator für die soziale
Zeitordnung der Menschen, die sich danach zu richten hatten. Durch
die Maschine wird die Zeitstruktur des linearen, homogenisierten, beliebig unterteilbaren Kontinuums aus dem Bereich der Natur - wo sie
die Wissenschaft entdeckt hat - in den der Gesellschaft übertragen.
Sie wird dabei mit einer zeitlichen Ordnungsmacht ausgestattet, die
Vorrang gegenüber allen anderen Zeitvorstellungen bekommen sollte.
In ihrem Namen und jenem des Fortschritts wurde seither die
Unterwerfung unter eine Zeitordnung gefordert, die sich auf die
natürliche Zeit berief und nach der die Maschinen, wie die Menschen,
die sie bedienten, sich zu bewegen hatten. Das Maschinenzeitalter mit
seiner dominanten Zeitaufassung, der linearen, homogenen Zeit,
konnte nicht zuletzt aus dieser erfolgreichen Verbindung zwischen
natürlicher und sozialer Zeit, hergestellt durch die Transformation der
wissenschaftlichen Zeitauffassung, so lange unangefochten bleiben.
Eingebettet war die Entstehung des Maschinenzeitalters allerdings in
die Prinzipien der Ökonomisierung von Zeit. Erstmals wurde Zeit mit
Geld gleichgesetzt, denn durch die Maschine wurde es möglich, die
Arbeitsteilung voranzutreiben und die Produktionsprozesse so zu
beschleunigen, daß in derselben Zeit mehr produziert oder die gleiche
Menge in weniger Zeit hergestellt werden konnte.

Über die gesellschaftlichen Auswirkungen und über die damals
ausgetragenen Konflikte zwischen industrialisierter und individualisierter Zeit gibt es hinlänglich beredte Zeugnisse. Sozialhistoriker haben gezeigt, daß die sogenannten Maschinenstürmer, deren Arbeits-
plätze teilweise durch die neuen Maschinen vernichtet wurden und
die unmenschlich lange Arbeitszeiten in Kauf zu nehmen hatten,
ihren Zorn zunächst nicht gegen die Maschinen richteten, sondern
gegen die Uhren über dem Fabriktor, die als verhaßtes Symbol der
neuen Unterdrückung galten. Doch nicht nur Arbeitszeit und die
zeitliche Anbindung an den Takt einer Maschine nahmen zu. Pünktlichkeit wurde als neue soziale Norm eingeführt, die wir heute so sehr
internalisiert haben, daß es schwer fällt, den ungeheuren Diszipli-
nierungsvorgang nachzuvollziehen, der über Schule und Armee, über
Arbeitszeitregelungen und moralische Traktate in mehr oder weniger
offenerer Art ausgeübt wurde. Vor allem aber begann damals der

Prozeß der Beschleunigung aller maschinellen und menschlichen Abläufe, der bis heute mit unverminderter Heftigkeit anhält und völlig neue, qualitativ andere Dimensionen mit den elektronischen Medien erreicht hat.

Wenn wir heute, auch in bezug auf die gesellschaftlichen Zeitstrukturen, am Übergang vom Maschinenzeitalter und der in ihr vorherrschenden linearen Maschinenzeit zum Laborzeitalter mit den entsprechend veränderten Zeitstrukturen der Laborzeit stehen, so hängt vieles davon mit dem Aufstieg und der Leistungsfähigkeit der modernen Naturwissenschaften und Technik zusammen. Durch sie wurde es möglich, Natur in das Labor hereinzuholen. Und zunehmend mehr von der wissenschaftlichen Erkenntnisarbeit, die im Labor stattfindet, fließt in die technischen Objekte und Verfahren, in Instrumente, Artefakte aller Art und in die entsprechende Infrastruktur ein, die dann entweder auf den Markt kommen und in den industriellen Produktionsbereich wie in die Alltagswelt eintreten oder zu deren Aufrechterhaltung und Effizienzsteigerung nötig sind. Immer mehr technischen Artefakten haftet etwas von der Laborzeit an. Was sie kennzeichnet, ist die kontinuierliche Präsenz der Objekte und ihre ständige zeitliche Verfügbarkeit. Sie sind rund um die Uhr vorhanden und lassen sich in ihren Zeitabläufen kontrollieren, programmieren, artikulieren. Unter Laborbedingungen kann beschleunigt und verlangsamt werden; sowohl einmalige zeitliche Ereignisse wie variierte Wiederholungen sind möglich. Lineare Sequenzen sind abgelöst durch die weitaus komplexeren Zeitmuster der nicht-linearen Dynamik. Graduell fließt Laborzeit in die Normalwelt ein. Technische Artefakte bieten Verfügbarkeit an, verlangen aber auch Verfügbarkeit von den Menschen, die sie bedienen oder denen sie zu Diensten sein sollen. Der Prozeß der Interdependenz zwischen Menschen und Maschinen, eingefangen in den Zeitmustern, die sie nunmehr aneinander binden, beginnt sich mit dem Transfer der Informations- und Kommunikationstechnologien und mit den elektronischen Medien aus dem Labor in die Gesellschaft erneut aufzuschaukeln.

Damit beginnt sich die dominante gesellschaftliche Zeitstruktur erneut zu verändern. Die Technisierung der Zeit, die mit der Maschinenzeit der Industrialisierung begann, setzt sich, vorangetrieben durch

die wissenschaftlich-technische Innovationsdynamik, in Form der Laborzeit fort. Damit treten andere zeitliche Muster auf, und Zeit selbst
pluralisiert sich. Wie mit anderen Bezügen durch Technik verändern
sich dabei die zeitlichen Grundmuster auch in den Beziehungen der
Menschen zueinander, zu sich selbst und zu den Dingen ihrer Umwelt. Ein Ferngespräch, wie Gernot Böhme es exemplarisch aus-
drückte, ist etwas anderes als ein Gespräch über Distanz, mit dem
Auto zu fahren etwas anderes als eine schnelle Art des Wanderns und
Photographie etwas anderes als eine präzise Art des Malens. Ebenso
ist es mit Veränderungen im zeitlichen Gefüge bestellt. Arbeitszeit
wird flexibilisiert und die sogenannte Normalarbeitszeit hat längst
aufgehört, die Norm zu sein. In der Güterproduktion kommt es längst
nicht mehr darauf an, alle nötigen Bestandteile örtlich lagernd,
sondern sie "just-in-time", im richtigen Augenblick, verfügbar zu
haben. Speicherungstechniken, nicht nur von verderblichen Lebens-
mitteln, sondern von Bild- und Tonaufnahmen, von Ideen und selbst
dem biologischen Erbgut im Sinn von sequenzierter DNA, ermöglichen es, den Konsum oder die Verwendung unabhängig von der
Erzeugung festzusetzen. Schließlich haben die neuen Informations-
und Kommunikationstechnologien noch entscheidend zum Entstehen
einer weltweiten Annäherung an die Gleichzeitigkeit beigetragen. Die
internationale Verflechtung von Finanz-, Transport- und Wirtschafts-
beziehungen hat bisher unerreichte Ausmaße angenommen. Die
zeitlichen Abhängigkeiten wachsen dabei ebenso wie die ökonomischen. Doch beinah instantane Erreichbarkeit auf der ganzen Welt
heißt nicht, daß sich hier automatisch Angleichung, ganz geschweige
Gleichheit einstellt. Im Gegenteil. Die Zeitkomprimiertheit der neuen
weltzeitlichen Gleichzeitigkeit bringt auch eine Kompression der
Kulturen, Ethnien und sozialen Identitäten mit sich - mit all den ihnen
inhärenten Konfliktpotentialen.

Denn die Konflikte zwischen dem, was jeweils als individuali-
sierte Zeit empfunden oder ersehnt wird, und dem, was als industriali-
sierte, laborgeprägte oder weltgleichzeitig erstreckte Zeit unser aller
Handeln, Empfinden und Überlebenschancen bestimmt, gehen weiter.
Sie verändern sich nur. Die eigene Arbeits- oder Lebensbiographie il-
lustriert das. War diese früher weitgehend vorherbestimmt, durch

Schichtzugehörigkeit und Sozialisierung, so erwartet heute viele Menschen eine unvorhersehbare, neue Prekarität ihrer Lebenschancen. Junge Menschen müssen, so die Experten, damit rechnen, viele Male in ihrem Leben den Arbeitsplatz und sogar den Beruf zu wechseln. Zeiten der Arbeit werden sich abwechseln mit Zeiten der Arbeitslosigkeit oder zeitlich prekärer Präsenz am Arbeitsmarkt. Die eigene Biographie, ja die Definition und der Sinn für die eigene soziale Identität werden durch solche und ähnliche Prozesse zutiefst mit betroffen. Das Selbst und sein zeitlicher Werdegang, die eigene Biographie, erweisen sich ebenso als ein prekäres, soziales Konstrukt.

Tony Giddens, der englische Soziologe, spricht in diesem Zusammenhang von einem Herauslösen, von "disembedding" aus vorher fest (zu fest?) zusammengehaltenen Sozialgefügen. Als Begleitmerkmal für die Modernisierung der Gesellschaften werden immer mehr Sozialbezüge aus ihrem lokalen Kontext herausgehoben und finden neue Verwendungen auf unsicheren Positionen im Zuge der Restrukturierung eines größeren Raum-Zeit-Zusammenhangs. Wie werden sich die Menschen räumlich und zeitlich darin zurechtfinden?

In meinem Buch "Eigenzeit" [5] habe ich, in Ergänzung von Utopien, von drei U-Chronien gesprochen, die Auswege anzubieten haben. Sie alle erwachsen auf dem Boden der zeitlichen Unzufriedenheit, des massiv zunehmenden Zeitdrucks und dem, was ich die Sehnsucht nach dem Augenblick genannt habe. Die erste U-Chronie führt geradewegs in das Schlaraffenland der Vollzeit. Dort gibt es alles, was des Konsumenten Zeit-Herz begehrt: mehr Freizeit und weniger Arbeit; mehr Konsum, mehr Vergnügen und mehr oder anderes Leben, ohne dafür den Preis an Zeit, an Anstrengung, an Rückschlägen zahlen zu müssen. Diese U-Chronie wird von der Werbeindustrie bestens genützt und bietet für alle Zielgruppen "ihren" Flecken am zeitlichen Paradies an. Der zweite Weg nach U-Chronia ist weitaus anspruchsvoller und traditionsreicher. Er verspricht Befreiung vom Leiden an der Zeit, vor allem an der Arbeitszeit, durch eine neue "Ökologie" der Zeit, durch Selbstbestimmung, Zeitsouveränität und freie Disponibilität. Durch neue Arbeitszeitregelungen

5) Helga Nowotny: Eigenzeit. Entstehung und Strukturierung eines Zeitgefühls. Frankfurt a.M.: Suhrkamp Verlag, 1989.

und Verteilungsformen von Arbeits- und Lebenszeit sollen sich auch
verkrustete gesellschaftliche Strukturen wieder ändern und sich den
Bedürfnissen der Menschen anpassen. Doch die gesellschaftlichen
Strukturen sind unter dem Einfluß der Zeitökonomie längst beweglich, ja zu beweglich geworden. Flexibilisierung, wie inzwischen
viele erkennen mußten, bringt nicht nur Vorteile für die Arbeit-
nehmer, sondern auch eine Zunahme an Arbeitsintensität, Selbstaus-
beutung, längere Anfahrtswege und ein Mehr an ständigen zeitlichen
Anforderungen, an Hektik und allgemeiner Zeitnot. Die dritte U-
Chronie schließlich setzt auf das Erlernen von zeitlichen Rhythmen.
Linearität soll nicht gänzlich abgeschafft, noch die "Verflüssigung"
der Zeit voll übernommen werden, sondern "Lebenszeit" soll gefunden werden, die eine Öffnung für Unvorhergesehenes, für Überra-
schungen, aber auch für die Wechselfälle des Lebens miteinschließt.

Wie alle Utopien haben auch U-Chronien eine zentrale soziale
Funktion zu erfüllen. Sie enthalten, wenn auch überzeichnet, Lö-
sungsvorschläge für ansonsten ungelöste Probleme einer Gesellschaft.
Die individuell erlebten und oft auch erlittenen Zeitkonflikte suchen
nach Auswegen, die freilich immer auch die Zeitkonflikte anderer
mitberücksichtigen müssen. Manche versuchen es mit dem neuen
Kult der Langsamkeit - doch gehört nicht seit jeher eine gut funk-
tionierende Bremsvorrichtung zu einer anständig konstruierten
Maschine nach dem Motto, je schneller das Auto, desto besser müssen die Bremsen sein? Die gesellschaftliche Entwicklung verläuft
zwar nicht maschinenkonform, doch die Interdependenzen sind irre-
versibel auf Beschleunigung eingestellt. Aus dem steinzeitlichen Re-
flex der Schnelligkeit bei Flucht und im Kampf ist durch die soziale
Evolution hindurch eine sich weiterhin beschleunigende wissenschaftlich-technische Zivilisation geworden. Das ist der Hintergrund,
den zu erkennen für jeden Versuch, zeitliche, der Gegenwart angemessene Bewältigungsstrategien zu finden, von zentraler Bedeutung
ist.

Vor allem werden wir uns daran gewöhnen müssen, in vielen
Zeiten zu leben. Dies hängt auch damit zusammen, daß an die Stelle
einer Zentralperspektive das Erlernen von Multiperspektivität tritt:
man muß wechseln können, multiperspektivistisch sehen, denken,

erfahren können. Zusammensetzen und wieder trennen, die alltägliche Erzeugung von Flickwerk, ist an die Stelle des biographischen Lebensentwurfs getreten. Lebensstile anzunehmen, auszutauschen, neu zusammenzustellen, setzt eine enorme Integrationsleistung voraus, die unter dem ständigen Innovationsdruck hervorgebracht werden muß. Sie kann nur in einer Pluralität von Zeiten geleistet werden.

Damit gewinnen die Übergänge, deren Kontrolle, aber auch deren Berherrschung, an Bedeutung. Die Konzentration auf sie erlaubt einen anderen Umgang mit Zeit, denn vielleicht eröffnet gerade die Zeiterfahrung der Übergänge die Möglichkeit, die gesellschaftlich geforderte Multiperspektivität einzuüben, ohne von ihr ständig überfordert zu werden.

HANS MAIER

Eine Zeit in der Zeit?

Die christliche Zeitrechnung

Die christliche Zeitrechnung stellt eine Zeit in die Zeit hinein.
Sie zählt nicht von einem Anfang, sondern von einer Mitte her: Ein
Leben, das Leben Christi, teilt die Weltgeschichte in ein Vorher und
Nachher, und dementsprechend zählen wir die Jahre und Jahrhunderte
vor und *nach* Christus. Mit dieser Übung begannen im 5. und 6.
Jahrhundert die Mönche Victorius von Aquitanien und Dionysius
Exiguus in Rom, wobei der erste die Passion, der zweite die Geburt
Christi zugrundelegte; in den folgenden Jahrhunderten trat die Zäh-
lung der Jahre nach Christus allmählich in den Vordergrund und
setzte sich zu Beginn der Neuzeit endgültig gegen die alte
Zeitrechnung "seit Erschaffung der Welt" durch. Langsamer als die
Berechnung der Jahre *nach Christus* (die sogenannte prospektive
Zeitrechnung) entwickelte sich die retrospektive Zeitrechnung, also
die Zählung der Jahre *vor* Christus: obwohl sie bereits im frühen
Mittelalter auftaucht, wird sie doch erst seit der Aufklärung üblich.
Voll ausgebildet tritt uns also die christliche Zeitrechnung in ihren
beiden Zählformen erst seit dem 18. Jahrhundert entgegen; seit dieser
Zeit freilich verbreitet sie sich unaufhaltsam und wird im 19. und 20.
Jahrhundert zur allgemein üblichen Zeitberechnung in der Welt - als
Grundlage für Geschichtsschreibung, Verkehr und Handel selbst dort

gebräuchlich, wo - wie in China, im Judentum oder im Islam - andere Zählsysteme gelten. Im folgenden will ich zuerst die Entstehung der christlichen Zeitrechnung schildern, wie sie sich in allmählicher Ablösung von jüdischen und römischen Zählungen seit dem 5. Jahrhundert entwickelt hat. Ein Blick auf die Anfänge des christlichen Kalenders schließt sich an. Endlich will ich auf die Gegenzeitrechnungen und Gegenkalender eingehen, wie sie seit der Französischen Revolution in steigendem Maß, jedoch bis heute ohne durchschlagenden Erfolg entwickelt worden sind. Sie zeigen, daß die christliche Zeitrechnung immer wieder angefochten wurde, daß die "Herrschaft über die Zeit" nie unbestritten war.

Die Entstehung der christlichen Zeitrechnung

Es fällt auf, daß eine Zählung, eine Rechnung der Zeit "nach Christus" sich erst verhältnismäßig spät entwickelt hat. Die Urkirche und die frühe Christenheit dachten noch nicht daran, die tägliche Zeit am Jahr der Geburt oder des Todes Christi zu messen. Ein Gefühl dafür, daß Jesu Werk ein Maßstab sei auch für das allgemeine Geschehen in der Welt, war erst in Ansätzen vorhanden. Daher bestand auch kein Bedürfnis, eine gänzlich neue, eine christliche Zeitrechnung einzuführen. Und so benutzten die Christen neben der biblizistischen Weltära des Judentums (seit Erschaffung der Welt) ganz unbefangen auch die damals üblichen anderen Zeitrechnungen: die römische Ära *ab urbe condita*, die Datierung nach Konsulatsjahren und kaiserlichen Regierungsjahren, ja sogar die diokletianische Ära, obwohl sie an einen der heftigsten Christenverfolger erinnerte. [1]

Erst allmählich begann sich ein christliches Zeitbewußtsein zu entwickeln - ein Bewußtsein der Besonderheit, der singulären Bedeutung des Christusgeschehens. Der wichtigste Anknüpfungspunkt war der Gedanke der Herrschaft Christi über Raum und Zeit. Die

---

[1] Handliche Übersicht bei H. Kaletsch, Art. Zeitrechnung, in: Lexikon der Alten Welt, 1965 (Neudruck 1990), 3307 ff. Zum folgenden: Hans Maier, Die christliche Zeitrechnung, Freiburg ²1992.

Erhöhung Christi "über alle", seine Herrschaft über Himmel und Erde (Phil 2, 9-11), die Gestalt des Kyrios Christus, "durch den alles ist und wir durch ihn" (1 Kor 8,6), das Bild des Sohnes Gottes als "Erben des Alls" (Hebr 1, 2-5) - dies alles wies schon über die (jüdisch-christliche), in den biblischen Texten vorgegebene Zeitlinie hinaus. Von hier eröffnete sich die Möglichkeit, die gesamte Weltgeschichte in eine christozentrische Ordnung zu bringen - angefangen von der Schöpfung der Welt und der Erwählung des Volkes Israel, der Inkarnation und der Passion Christi über die Zeit der Kirche bis hin zur neuen Schöpfung am Ende aller Tage. [2] Die Rede von der Königsherrschaft Christi war geeignet, den Absolutheitsanspruch irdischer Reiche zu relativieren. Sie befreite die Christen vom Druck tagespolitischer Abhängigkeiten. So konnte Christus als ewiger König den vergänglichen irdischen Herrschern gegenübergestellt werden. Das mußte auf längere Frist zu Konsequenzen auch im Zeitverständnis der Christen führen.

Der wachsende Einfluß christozentrischer Betrachtungsweisen läßt sich vor allem an den Datierungen der Märtyrerakten seit der Mitte des 2. Jahrhunderts verfolgen. Hier treten neben die alteingeführten Zählungen nach Herrscherjahren immer häufiger Zeitangaben, die sich unmittelbar auf Christus beziehen. So heißt es im Märtyrium des hl. Polykarp: "Der selige Polykarp erlitt den Martertod am zweiten des Monats Xanthikus, am 23. Februar, an einem großen Sabbat, um die achte Stunde. Er wurde ergriffen von Herodes unter dem Oberpriester Philippus von Tralles, unter dem Prokonsulat des Statius Quadratus, unter der ewig währenden Herrschaft unseres Herrn Jesus Christus. Ihm sei Ruhm, Ehre, Herrlichkeit und ewiger Thron von Geschlecht zu Geschlecht. Amen." [3] Der Bericht über das Märtyrium des hl. Apollonius endet mit folgender Datierung: "Es litt aber der dreimal selige Apollonius der Asket nach römischer

---

2) Oscar Cullmann, Christus und die Zeit. Die urchristliche Zeit- und Geschichtsauffassung, 1946, 31962, 75 ff., 105 f.

3) Märtyrium Polykarps, in: R. Knopf/G. Krüger, Ausgewählte Märtyrerakten, 31929, 7. Übersetzung nach Gerhard Rauschen, Echte alte Märtyrerakten (Bibliothek der Kirchenväter Bd. 14), 1913, 307 f. (für dieses und die folgenden Zitate sei ganz allgemein auf den Quellenteil verwiesen).

Berechnung am 11. vor den Kalenden des Mai, nach asiatischer aber
im achten Monat, nach unserer Zeitrechnung unter der Herrschaft
Jesu Christi, dem Ehre sei in alle Ewigkeit." [4] Ähnliche Datierungen
finden sich auch in den Akten des hl. Pionius und seiner Genossen [5]
und in den prokonsularischen Akten des hl. Cyprian [6]: in beiden
steht am Ende der üblichen Zählungen nach Regierungsjahren die nun
schon allgemein gebrauchte Formel "unter der Herrschaft unseres
Herrn Jesus Christus" [7]. Gewiß ist diese Bezugnahme auf die Herrschaft Christi noch keine christliche Jahres- und Zeitrechnung im
förmlichen (technischen) Sinne; aber sie ist doch mehr als nur eine
theologische Besiegelung "profaner" Datierungen. Der temporale
Bezug ist deutlich; die Königsherrschaft Christi überwölbt die Datierungen nach weltlichen Herrscherjahren. Insofern kann man durchaus
von einem "neuen Anfang" in der Zeitrechnung [8] sprechen. Der
Gedanke der Königsherrschaft Christi beginnt "historische" Konsequenzen zu zeitigen.

Dabei ist noch folgendes zu bedenken: Die Berichte über das
Leiden und den Tod der Glaubenszeugen wurden in den christlichen
Gemeinden jeweils an den Jahrestagen des Märtyriums verlesen. Das
Gedenken an die Märtyrer bildete die älteste Schicht kirchlicher
Heiligenfeste. Aus den Gedenktagen entstand später der Heiligen-
kalender.[9] Die Texte der Märtyriologien - z. T. auf Gerichtsproto-

---

4) Akten des Apollonius, in: Knopf/Krüger (Anm. 3), 35. Übersetzung nach
   Rauschen (Anm. 3), 328.
5) Märtyrium des Pionius, in: Knopf/Krüger (Anm. 3), 57.
6) Akten Cyprians, in: Knopf/Krüger (Anm. 3), 64.
7) Anhand der neueren Editionen ist der Hinweis von Ehrhardt (Arnold A.T.
   Ehrhardt, Politische Metaphysik von Solon bis Augustin, Bd. II, 1959, 71) auf
   eine Formel "war [...] Kaiser, wie wir bekennen, unser Herr Jesus Christus ..."
   in den Akten der Scilitanischen Märtyrer leider nicht zu verifizieren.
8) So Ehrhardt (Anm. 7), 71. Von einer "weitreichenden weltchronologischen
   Umdisponierung" in den ausgehenden Jahrzehnten des 2. Jahrhunderts spricht
   August Strobel, Ursprung und Geschichte des frühchristlichen Osterkalenders,
   1977, 400.
9) Hermann Reifenberg, Fundamentalliturgie, Bd. II, 1978, 270 f.; John Hennig,
   Kalender und Martyrologium als Literaturformen, in: Archiv für Liturgiewis-
   senschaft VII, 1 (1961), 1 ff.; jetzt in: John Hennig, Literatur und Existenz.
   Ausgewählte Aufsätze, 1980, 37 ff. (10 f., 25 ff.).

kollen fußend - gingen so im Lauf der Zeit ins Gedächtnis der Kirche ein. Sie wurden zum Allgemeinwissen in der Christenheit. [10] Damit gehörte auch der Verweis auf die Herrschaft Christi zum allerorts bekannten Traditionsgut; wir dürfen damit rechnen, daß er überall dort gegenwärtig war, wo in Gottesdiensten der Märtyrer der Kirche gedacht wurde.

Trifft das zu, so wäre das Argument, mit dem im Jahr 525 der skythische Abt Dionysius Exiguus die Abkehr von der Zählung nach der diokletianischen Kaiserära proklamierte, in der Tradition gut begründet. Dionysius, der im Auftrag von Papst Johannes I. die Osterzyklen neu berechnete, führte gegen die dokletianische Ära ins Feld, daß sie die Erinnerung an einen gottlosen Christenverfolger wachhalte - ausgerechnet bei der Suche nach dem richtigen Ostertermin müsse man der Zeitrechnung eines Tyrannen folgen! Da sei es vorzuziehen, meinte er, daß man das Zeitmaß der Jahre (annorum tempora) von der Menschwerdung Jesu Christi nehme, "damit der Ausgangspunkt unserer Hoffnung umso klarer hervortrete und die Ursache der Wiederherstellung des Menschengeschlechtes, das Leiden unseres Erlösers, umso sichtbarer erstrahle" [11]. Der Gedanke war nicht neu: bereits 75 Jahre früher hatte der Mathematiker Victorius von Aquitanien eine Ostertafel entwickelt, die neben einer Zählung nach Konsuln eine Zeitrechnung nach Christi Passion enthielt. [12] Offensichtlich war die Zeit - 300 Jahre nach dem ersten Auftauchen von Datierungen nach Christus und fast 150 Jahre nach der konstantinischen Wende - reif für eine grundsätzliche Neubestimmung der Zeit.

Das frühe Christentum, der Herkunft aus dem Judentum noch nahe, hatte sein Zeitverständnis zuerst im Horizont biblischer

---

10) So berichtet Augustin, Sermo 280-282, daß der Bericht über den Märtyrertod der Heiligen Perpetua und Felicitas und ihrer Gefährten am Gedächtnistag der Märtyrer in den Kirchen von Hippo vorgelesen wurde.
11) Bruno Krusch, Studien zur christlich-mittelalterlichen Chronologie. Die Entstehung unserer heutigen Zeitrechnung (= Abhandlungen der Preußischen Akademie der Wissenschaften, Jg. 1937, phil.-hist. Kl.), Berlin 1938, S. 59ff. (64).
12) Krusch (Anm. 11), 4 ff.

Überlieferungen gefunden. Später kamen hellenistische, römische und regionale Zeitorientierungen hinzu. Dann trat die alles beherrschende Beziehung auf Christus immer stärker in den Vordergrund - zunächst *theologisch*, als Relativierung römisch-kaiserlicher Selbstbezogenheit, als Hinweis auf den einzigen Herrscher, der diesen Namen verdiente, Christus; dann auch *historisch*, als Ansage einer neuen, nach ihm benannten Zeit.

In der Entstehung der christlichen Zeitrechnung spiegelt sich eine veränderte Haltung der Christen zur "Welt". War diese ihnen anfangs fern, fremd und gleichgültig, so beginnt sie mit der dogmatischen Festigung des Christentums seit dem 4. Jahrhundert und mit der Entstehung einer christlichen Gesellschaft in Ost- und Westrom immer wichtiger zu werden. Das Christentum wird, bildlich gesprochen, schwerer, es sinkt tiefer in die Verhältnisse ein. Wie auf die *Welt*, so läßt es sich auch stärker auf die *Zeit* ein. Und so bewegt es sich bald nicht mehr ausschließlich in der überlieferten "Zeit der anderen" - es schafft sich seine eigene Zeit. Genauer: das in ihm von Anfang an vorhandene Zeitbewußtsein [13] löst sich von den herkömmlichen Mustern und entwickelt seine eigene Prägung: in einer neuen Zeitrechnung ebenso wie in der Neugestaltung des Jahres; in der

13)   In seiner quellennahen Rekonstruktion liegt nach wie vor das Verdienst Cullmanns. Viele seiner systematisch erschlossenen Befunde werden übrigens durch die historischen Analysen Strobels (Anm. 8) bestätigt. Demnach fiel die Wendung von einem hocheschatologischen zu einem stärker soteriologischen Selbstverständnis der christlichen Gemeinden ins Ende des 2. Jahrhunderts. "Der einstige Primat des Hoffens auf den bereits zum Gericht inthronisierten Menschensohn und Herrn wurde nun unwiderruflich abgelöst vom Primat des Glaubens an den in Verkündigung und Sakrament in der Gemeinde gegenwärtigen Kyrios. Daß es mit der vorgenommenen welt-chronologischen Neuorientierung auch zugleich zur Erstellung neuer größerer Kalenderzyklen kam (84j., 112j., 95j. und 100j.), veranschaulicht das enge unauflösliche Wechselverhältnis von christlicher Weltchronologie und kirchlicher Kalenderkomputation" (Strobel 402). Nun rückt auch der "anfängliche Christus" gegenüber dem endzeitlichen in den Vordergrund, gegenüber Tod und Wiederkehr wird die Inkarnation stärker betont, und damit kann das Datum der Geburt Christi zur Mitte der Geschichte werden - ein Prozeß, der sich freilich sehr allmählich und in Stufen vollzieht.

Vergegenwärtigung der Heilsereignisse ebenso wie in den Festen der Märtyrer und Heiligen.

Anfänge des christlichen Kalenders

Als das Christentum sich in der jüdischen, römischen und außerrömischen Welt ausbreitete, stieß es auf andere Zeit- und Zählsysteme. Sie waren, wie alle kalendarischen Ordnungen, aus natürlichen und historischen Elementen zusammengesetzt. Die zyklischen Zeitordnungen lehnten sich an die Bewegungen von Sonne und Mond an (Tag, Monat, Jahr) oder entstanden durch religiöse und soziale Vereinbarung (Woche). Daneben entwickelten sich *lineare* Zeitordnungen, die längere Abläufe (Ären, Perioden) umfaßten und aus denen im Lauf der Zeit die Vorstellung einer unumkehrbaren Geschehensfolge (Geschichte) erwuchs. Das Christentum drang in beide Zeitsysteme - die in den alten Kalendern eng verwoben waren - ein und veränderte sie; es nahm jedoch auch wichtige Elemente aus ihnen in die eigene Geschichte mit. So sind bis heute im christlichen Kalender natürliche und geschichtliche Ordnung ineinander verschränkt - und das Kirchenjahr bringt religiöse Gedenktage und Naturzeiten miteinander in Verbindung. [14)]

Der junge Trieb christlicher Zeitauffassung entfaltete sich zunächst am Spalier der jüdischen Jahresordnung. Christen wie Juden gliederten die Monate nach dem auch in älteren vorderorientalischen Kulturen bezeugten Siebentageszyklus. *Ein* Tag in der Woche galt als Fest- und Ruhetag. Die jüdische Woche war nicht nur in judenchristlichen Gemeinden in Übung, sie fand auch Eingang in den heidenchristlichen Gemeinden Griechenlands und Kleinasiens. Von hier drang sie im Lauf der Zeit nach ganz Europa vor. [15)]   Es ist erstaunlich, daß gerade eine nicht-naturhafte, auf Konvention be-

---

14)   Zur Organisation der Zeit in der Liturgie: Hansjörg Auf der Maur, Feiern im
        Rhythmus der Zeit I. Herrenfeste in Woche und Jahr (= Gottesdienst der
        Kirche. Handbuch der Liturgiewissenschaft, Teil 5), 1983, 18 ff.; ferner
        Hennig (Anm. 9), 45 ff.; Reifenberg (Anm. 9), 236 ff.
15)   Heinz Zemanek, Kalender und Chronologie, ⁴1987, 18 ff.; Auf der Maur 26
        ff.; Reifenberg 243 ff.

ruhende Zeitspanne, die Woche [16] , ein so beständiges Element des
abendländischen Kalenders darstellt - sie ist bis in die Neuzeit hinein
nicht grundsätzlich angefochten worden. Erst die Französische und
später die Russische Revolution experimentierten mit Dekadenglie-
derungen des Monats - freilich ohne dauerhaften Erfolg, da die "Ruhe
am siebten Tag" inzwischen zum Standard des Arbeitslebens in der
zivilisierten Welt gehörte.

In der christlichen Woche jüdischer Herkunft lebte freilich auch
heidnisches Traditionsgut weiter. Denn diese Woche war im 2. und 3.
Jahrhundert durch die griechisch-römische Planetenwoche hindurchgegangen und hatte deren Tagesbezeichnungen übernommen. [17] Die
Römer hatten die Tage der Woche nach den fünf mit freiem Auge
sichtbaren Planeten (Saturn, Jupiter, Mars, Venus, Merkur) sowie
nach Sonne und Mond benannt. Den sieben Tagen entsprachen sieben
Gottheiten. (Später wurden in der germanischen Welt römische Götter
zum Teil durch germanische ersetzt: Donar und Freya gaben dem
Donnerstag und Freitag die Namen.) Auch die Monatsnamen des
europäischen Kalenders sind von den Römern geprägt worden: römische Bezeichnungen verdrängten die älteren babylonischen und
hebräischen Monatsnamen. In der Zeit der ersten Cäsaren wurden der
römischen Monatsreihe die letzten bis heute gültigen Namen einge-
setzt, Juli und August - an Caesar und an Octavian Augustus
erinnernd. [18] Und endlich gab es seit der auf Julius Cäsar zurück-
gehenden Kalenderreform (45 vor Christus) ein *Julianisches Jahr*, das
die Grundlage aller modernen Chronologien bildete, ein Sonnenjahr
mit 365 1/4 Tagen (alle vier Jahre ein Schalttag), in 12 Monate ge-
gliedert, mit einer siebentägigen Woche und dem Jahresbeginn am 1.
Januar.

Innerhalb der von der jüdischen Woche und vom römischen Monat und Jahr geprägten Zeitverläufe wurde der *Sonntag* zum neuen

---

16)   Woche und Monat lehnen sich zwar an Mondviertel und Mondperiode an,
       haben aber in unserem Kalender keinen direkten Bezug auf den Mond; vgl.
       Zemanek 18.

17)   Auf der Maur (Anm. 14), 27; Zemanek 82.

18)   Hierzu Arno Borst, Computus. Zeit und Zahl in der Geschichte Europas,
       1990, 18 ff.

Zentrum des christlichen Kalenders: der erste Tag nach dem Sabbat, anfangs (vor allem in Jerusalem) noch mit diesem verbunden, später verselbständigt und immer mehr in Konkurrenz zur jüdischen Festordnung tretend. [19] Über seine Ursprünge und sein Alter gibt es verschiedene Theorien [20]; so viel scheint aber festzustehen, daß die Sonntagsfeier im Ostergeschehen verankert war; jedenfalls nahmen die Gemeinden auf die Erscheinungen Jesu am ersten Tag nach dem Sabbat Bezug. [21] Die frühen Christen nannten diese Versammlung mit Verkündigung und Eucharistie *Herrentag* - ein Begriff, in dem das Gedenken an Tod, Auferstehung und Wiederkunft Christi enthalten war. [22] Entscheidend war die regelmäßige Wiederholung dieses Gedenktags - heutige Liturgiker sprechen vom "Wochenpascha" [23] -, seine Einbeziehung in den Jahresrhythmus, in die stetig wiederkehrenden Versammlungen der jungen Christengemeinden. Der Tag der Verherrlichung Jesu sollte regelmäßig begangen und immer wieder vergegenwärtigt werden. Vergegenwärtigung war das Grundprinzip der älteren Liturgie - die Kirche feierte ja nicht ein

---

19) Auf der Maur 26 ff., 36 ff.; Reifenberg 243 ff.

20) Zum Forschungsstand: Willy Rordorf, Ursprung und Bedeutung der Sonntagsfeier im frühen Christentum, in: Liturgisches Jahrbuch 31 (1981), 145 ff.; Auf der Maur 35 (dort weitere Literatur).

21) "Die Sonntagsfeier ist insofern im Ostergeschehen verankert, als sie später, und zwar in je verschiedenen Gemeinden zu je verschiedenen Zeiten durch die Auferstehung bzw. die Erscheinungen des Auferstandenen am Ersten Tag nach dem Sabbat motiviert wurde. Eine liturgische Kontinuität mit dem Geschehen selbst oder auch nur mit der Urgemeinde ist aber nicht nachzuweisen" (Auf der Maur 39).

22) Rordorf (Anm. 20), 156 ff.

23) So Reifenberg 244. Vgl. auch Jean Corbon, Liturgie aus dem Urquell, 1981: "Feiern wir Christus, unser Pascha, dann dringt dieser Tag in unsere Zeit ein sie wird davon verklärt, wird sakramental ... Nun erreicht uns dieser strahlende Tag der Auferstehung nicht wie eine Erinnerung oder wie ein abstraktes Ideal, sonst hätte der Tod noch immer Gewalt über ihn; er ist immerwährende Energie des Heiligen Geistes in unsere sterbliche Zeit hinein" (145 f.)... "Der erste Wochentag, der Sonntag, wird den Lebensglanz der Auferstehung über alle andern Tage gießen. Der hl. Gregor von Nyssa sagt uns: 'Der Christ lebt die ganze Woche seines Lebens das einzige Ostern und läßt diese Zeit licht werden.' Und Origenes: 'An keinem einzigen Tag feiert der Christ nicht Ostern.'" (147 f.)

historisches Ereignis, sondern der Auferstandene war in ihr ganz
unhistorisch gegenwärtig, wenn sie sich in seinem Namen versam-
melte. Wie es der altchristliche, vom Zweiten Vaticanum erneuerte
Gebetsruf ausdrückt: "Deinen Tod, o Herr, verkünden wir, und Deine
Auferstehung preisen wir, bis Du kommst in Herrlichkeit."

Mit der konstantinischen Befreiung der Kirche veränderten sich
die Akzente. Auf der einen Seite wurde der Sonntag nun als Fest- und
Ruhetag offiziell im Kalender verankert (321) und verdrängte den römischen Saturntag und den jüdischen Sabbat vom Wochenanfang; [24]
unter Christen entwickelte sich, von Provinzialsynoden ausgehend,
allmählich eine Sonntagsmeßpflicht. Auf der anderen Seite rückte
jetzt das *jährliche* Osterfest - in Ost und West unterschiedlich ausge-
staltet und nicht selten zu verschiedenen Zeiten gefeiert - in den Vordergrund: es erhielt seine zentrale Stellung im Kirchenjahr und
zugleich eine Zuordnung zum Naturkalender. Das Konzil von Nikaia
(325) traf bezüglich des Osterfestes zwei wichtige Entscheidungen:
einmal bestätigte es den römischen Brauch, Ostern an einem Sonntag
zu feiern; sodann legte es den Termin auf den ersten Sonntag nach
dem Frühlingsvollmond fest. [25]

Damit waren die Eckpunkte des kirchlichen Kalenders gegeben:
die jüdische Woche - freilich mit dem Sonntag, nicht mehr dem
Sabbat im Mittelpunkt; das auf dem Sonnenkalender beruhende römische Jahr - freilich noch jahrhundertelang mit verschiedenen Jahres-
anfängen; endlich - auf dem Umweg über das jüdische Pessach - der
mondabhängige Ostertermin, von dem her dann andere bewegliche
Feste des Kirchenjahres (Aschermittwoch, Palmsonntag, Christi Himmelfahrt, Pfingstsonntag) bestimmt wurden; hinzukamen die "erin-
nernden" Heiligenfeste mit festen Terminen, die im Lauf der Zeit alle
Regionen der Christenheit einbezogen und den ganzen Jahreskreis
ausfüllten.

Gewiß war die Entstehung einer kalendarischen Ordnung der Feste und Festzeiten auch ein Stück Historisierung: das Pathos des
"Großen Festes" verzeitigte sich; eine Fülle von Festen entstand, die

---

24) Borst (Anm. 18), 20.
25) Reifenberg (Anm. 9), 245; Zemanek (Anm. 15), 44 ff.

den natürlichen Ablauf der Zeit gliederten; neben die Herrenfeste traten die Feste der Heiligen als Gedenken an die *mirabilia domini in servis,* die Wundertaten des Herrn an seinen Knechten. Aber dies alles war zugleich ein Stück Entfaltung der Kirche in der Zeit. Vor allem im Westen trat jetzt der Gedanke der Inkarnation in den Vordergrund: Wie Gott in der Menschwerdung in die Genossenschaft des Fleisches mit den Menschen gekommen war, so kam er auch in ihre *Zeit*-Genossenschaft; wie jede Eucharistiefeier die Erinnerung an Karfreitag, Ostern, Himmelfahrt wachhielt [26], so zeichneten die Herren- und Heiligenfeste im Kirchenjahr das heilige Geschehen in der Geschichte nach. Auch hier "sank die Kirche in die Zeit ein". Immer größere Zeiträume wurden der Reflexion zugänglich. Die Welt hörte auf, für den Christen nur ein zufällig-kontingentes Milieu der Tugendübung zu sein wie im älteren, endzeitlich geprägten Christentum: sie wurde in die Heilsgeschichte einbezogen. Das Christentum begann Welt und Gesellschaft zu umfassen. Die "innerweltlich-heilsgeschichtliche Orientierung der abendländischen Kirche" [27] kündigte sich an.

So war es mehr als ein historischer Zufall, daß im 6. Jahrhundert im Westen an die Stelle der alten Passions- und Auferstehungsära - die noch die Ostertafeln des Victorius prägte - die *Inkarnationsära* trat. Künftig nahm die Berechnung des Osterzyklus ihren Ausgang vom Geburtsdatum Christi. Und so verfuhr auch die neue *christliche Zeitrechnung.* Hand in Hand damit ging eine Ausweitung der historisch überblickbaren Zeiten, die sich seit langem vorbereitet hatte. Man kann sie deutlich an der Arbeit der Komputisten erkennen: umfaßten die Berechnungen des Osterzyklus im dritten Jahrhundert zunächst Perioden von 84, 95 und 112 Jahren, so wuchsen sie im vierten Jahrhundert auf 200, im fünften Jahrhundert auf 500 Jahre an [28],

---

26) Dazu John Hennig, Der Geschichtsbegriff der Liturgie, in: Schweizer Rundschau 49 (1949), 50ff.

27) August Strobel, Texte zur Geschichte des frühchristlichen Osterkalenders, 1984, 153.

28) Von einer "sehr bedeutsamen weltchronologischen Umstellung" spricht August Strobel, Ursprung und Geschichte des frühchristlichen Osterkalenders, 1977, 452, im Hinblick auf das ausgehende 2. Jahrhundert. Er weist auf den Zusammenhang zwischen der alexandrinischer Komputation und der von Hippolyt von Rom und Julius Africanus propagierten Weltchronologie hin,

bis endlich der früh- und hochmittelalterliche Computus, die mathe-
matisch-astronomische Oster- und Kirchenrechnung [29], noch größere
Zeiträume zu überblicken begann.

Indem die Kirche die Zuständigkeit für die "natürliche Zeit" und
den Kalender übernahm, trat sie in die Kompetenzen des sinkenden
Römischen Reiches ein. Auch für Kalenderreformen, wie sie im Lauf
der Jahrzehnte und Jahrhunderte notwendig wurden, hatte sie nun ein-
zustehen. Das brachte viele Probleme mit sich. Einmal reichten die
damaligen astronomischen und mathematischen Kenntnisse nicht aus,
um die ohnehin spärlichen biblischen Zeitangaben über Geburt und
Leben Jesu hinreichend zu konkretisieren [30]; zum anderen zeigten
sich bald die Schwierigkeiten der Koordination der verschiedenen
durch die Gestirne gegebenen Zeitordnungen. [31]   Nicht nur der

---

die Jesu Geburt auf das 5500. Jahr einer Ära Mundi setzte. "Die
byzantinische Chronistik, aber auch das mittelalterliche Geschichtsdenken,
sind ohne sie undenkbar. Letzten Endes ist das abendländische Bewußtsein
bis in die Moderne hinein davon geprägt worden. Die Weltbedeutung des
Christusgeschehens fand damit ihren wohl eindrucksvollsten zahlenmäßigen
Niederschlag" (453).

29)   Dazu jetzt Arno Borst (Anm. 18), passim, und Zemanek 35 ff.

30)   Zum Problem des Geburts- und Todesjahres Jesu Strobel (Anm. 28), 139 ff.,
      und Zemanek 84 ff.

31)   Weder das aus dem Umlauf der Erde um die Sonne sich ergebende *Jahr*
      noch der aus dem Umlauf des Mondes um die Erde sich ergebende *Monat*
      läßt sich durch den *Tag* (Umdrehung der Erde um ihre Achse) exakt teilen.
      Auf die Konsequenzen für den Festkalender weist Peter Rück, Die Dynamik
      mittelalterlicher Zeitmaße und die mechanische Uhr, in: Hanno Möbius/Jörg
      Jochen Berns (Hg.), Die Mechanik in den Künsten. Studien zur ästhetischen
      Bedeutung von Naturwissenschaft und Technologie, 1990, 17 ff., hin: "Weil
      die 365 Tage des Jahres nicht durch 7 teilbar sind, also keine ganze Zahl von
      Wochen ausmachen, sind alle tagesdatierten Feste um 7 Wochentage
      verschiebbar. Wo aber ein bestimmter Wochentag, meist ein Sonntag, für
      die Feier gefordert ist, muß das Datum um 7 Einheiten schwanken, und wo
      zusätzlich zum Wochentag noch eine bestimmte Mondphase gefordert ist,
      muß das Datum um die Differenz zwischen Mondphasendatum und
      Sonnenjahrsdatum schwanken. Es gibt deshalb zwei Gruppen von be-
      weglichen Festen:

julianische Schalttag alle vier Jahre war um etwa 11 Minuten pro Jahr überzogen, was in 128 Jahren einen Tag ausmachte - auch beim 19jährigen Mondzyklus erbrachte die Schaltung in 310 Jahren einen Tag zuviel. So wurde Ostern in späteren Zeiten oft am falschen Sonntag gefeiert, abweichend von dem durch das Konzil von Nikaia bestimmten Naturtermin - ein Übelstand, der seit dem ausgehenden 13. Jahrhundert mit bloßem Auge festzustellen war [32] und der mannigfache Reformvorschläge auslöste [33]. Die Gregorianische Reform (1582) vollzog nach langem Anlauf eine bessere Anpassung an das tropische Jahr, indem sie die bereits auf den 11. März vorgerückte Frühlings-Tag-und-Nacht-Gleiche auf den 21. März festsetzte:

1) Wo nur ein bestimmter Wochentag in Bezug auf ein fixes Datum gefordert ist, umfaßt der Spielraum 7 Tage. So bei den vier Adventssonntagen, deren erster zwischen dem 27. November und dem 3. Dezember liegen kann, je nachdem, ob der 25. Dezember auf einen Sonntag oder einen anderen Wochentag fällt. Der sog. Weihnachtsfestkreis - inkl. die dreizehn Tage bis Epiphanie - ist jünger und weniger ausgreifend als der Osterfestkreis, der erheblich stärkere Turbulenzen mit sich bringt.

2) Da Ostern auf den Sonntag nach dem ersten Frühlingsvollmond fällt, schwankt sein Datum nicht bloß um 7 Wochentage, sondern zusätzlich um die Differenz zwischen Mond- und Sonnenmonatsdatum. Bei einem fixen Frühjahrsbeginn am 21. März kann der erste Frühjahrsvollmond zwischen dem 21. März und dem 18. April stattfinden, Ostern aber - der Sonntag danach - auf 35 verschiedene Daten zwischen dem 22. März und dem 25. April fallen. Um diese 35 Tage verschieben sich alle an Ostern geknüpften Termine, die Sonntage der vorösterlichen, 40tägigen Fastenzeit und die Feste der 50tägigen, nachösterlichen Zeit bis Pfingsten, die Sonntage und die Feste wie Himmelfahrt, Trinitatis und Fronleichnam. Die kalendarischen Turbulenzen des Osterfestkreises betreffen die Monate Februar bis Juni; als letztes daran geknüpftes Fest fällt Fronleichnam - erst im 13. Jahrhundert eingeführt - spätestens auf den 24. Juni (das letzte Mal 1943, das nächste Mal 2038), den St. Johannstag. Die zweite Jahreshälfte ist wesentlich ruhiger ...

So dreht sich das christliche Jahr nicht monoton im Kreis wie eine Uhr, sondern vielmehr wie ein funkelndes und tingelndes Karussell über einem Exzenter" (26 f.).

32) Rück (Anm. 31) 20.
33) Zemanek (Anm. 15) 29 ff.

10 Tage fielen aus; auf Donnerstag, den 4. Oktober 1582 folgte Freitag, der 15. Oktober 1582. Zugleich wurde die Schaltregel dadurch
verbessert, daß in 400 Jahren 97 Schalttage vorgesehen wurden; in
den durch 100 teilbaren Jahren wurden die Schalttage weggelassen -
falls nicht die Hunderterzahl durch vier teilbar war. Auch die
Methode zur Bestimmung des Ostersonntags wurde verbessert. [34)]

Gegen die "päpstliche" Kalenderreform gab es Widerstände -
Europa war inzwischen konfessionell gespalten. Obwohl die Maß-
nahmen durch eine internationale Kommission vorbereitet worden
waren und obwohl sie manchem Fachmann nicht weit genug gingen
[35)], setzte sich der reformierte Kalender nur langsam durch. Zuerst
übernahmen ihn die katholischen Staaten, dann ab 1700 die
protestantischen; erst 1918 die Sowjetunion, 1923 die Gebiete der
griechischen Orthodoxie (diese jedoch ohne die neue Osterregel),
1927 die Türkei. Damit kehrte der christliche Kalender - nunmehr
verändert und verbessert, aber immer noch auf der Grundlage des
julianischen Jahres aufbauend - in die Gebiete seines altchristlichen
Ursprungs zurück.

Doch der christliche Kalender prägte nicht nur die langen Zeit-
räume, die Jahre, Jahrzehnte und Jahrhunderte. Er wirkte vor allem
nach innen auf das Zeitgefühl und Zeitbewußtsein der Menschen ein.
Die in die Naturzeit hineingestellten, regelmäßig wiederkehrenden
Sonn- und Feiertage, die auf große Feste hingespannte Zeit, der
Rhythmus des Kirchenjahres - das alles sollte die Menschen schon im
Alltag auf die Ewigkeit hinlenken. Tag, Woche und Jahr wurden zu
Abkürzungen des Erlösungsweges der Menschheit - "repetitive Exer-
zitien zur Einführung in das Heilsgeschehen" (Peter Rück) [36)]. Die
Zeitmaße füllten sich mit spiritueller Bedeutung, ob es sich nun um
die Wochentage handelte [37)], um die Festkreise des Kirchenjahres

---

34)   Zemanek 11, 28 ff.
35)   So z. B. dem Calvinisten und Schöpfer der modernen Chronologie Joseph
      Justus Scaliger (1540-1609); vgl. Borst 88.
36)   Rück 21.
37)   Rück 25 f. verweist auf die Votivmessen der Wochentage: "So haben sich
      die Engelmesse am Dienstag, die Kreuzmesse am Freitag und die
      Marienmesse am Samstag bis heute behauptet, während andere Zu-

oder um den Heiligenkalender. Und aus dem Kalender gingen - wie John Hennig, Arno Borst und Ludwig Rohner dargetan haben - erzählerische und poetische Traditionen hervor: angefangen von lateinischen Kalenderversen und altirischer Poesie [38] über die "Contes" des Mittelalters [39] bis zu den volkstümlichen Kalendern der Neuzeit und den Kalendergeschichten Grimmelshausens, Hebels, Brechts [40].

In den folgenden Jahrhunderten drängte die christliche Zeitrechnung allmählich die anderen Zeitrechnungen zurück. [41] Der Prozeß vollzog sich langsam. Vielfach zählte man noch nach Regierungsjahren: so die Langobarden und Franken nach den Jahren ihrer Könige, die Päpste (seit 781) nach den Pontifikatsjahren; auch die zyklischen Indiktionen (15jährige Steuerzyklen) behaupteten sich lange. Für die Tageszählung galt noch immer der römische Kalender. "Die eigentliche Durchsetzungsphase der christianisierten Zeit ist erst das Hochmittelalter von 1000 bis 1300 ... Die allgemeine Verbreitung ist nicht vor dem 12. Jahrhundert erreicht." [42] Von da an freilich wagte man die von Dionysius Exiguus vorgenommene Datierung nach Christi Geburt - trotz nie ganz verstummender rechnerischer Bedenken -

---

ordnungen sich oft verschoben haben. Der Sonntag gehörte der Trinität (heute der Montag)... Das Spätmittelalter weihte den Dienstag Christi Großmutter Anna, den Mittwoch dem hl. Joseph, den Donnerstag der Eucharistie..."

38) Hennig (Anm. 9), 19 ff.
39) Fest und Kalender in französischen Erzählwerken des 12. und 13. Jahrhunderts behandelt eine Thèse de Doctorat d'Etat von Philippe Walter, die für 1991 angekündigt ist (im Mittelpunkt steht Chrétien de Troyes). Auf die Verwandtschaft von lat. *computare* mit den volkssprachlichen Vokabeln *conter, contar, raccontare, erzählen, to tell* weist Borst hin: ... "die Nichtgelehrten Europas verklammerten das Erzählen von Geschichten und die Zählung von Zeit" (aaO 41).
40) Ludwig Rohner, Kalendergeschichte und Kalender, 1978, 119 ff., 159 ff., 373 ff.
41) Zum folgenden Rück (Anm. 31), 22 ff., und Borst 44 ff. (der auch auf Rückschläge im Gebrauch computistischer Methoden im 11. Jahrhundert hinweist).
42) Rück 23.

nicht mehr ernstlich in Frage zu stellen: ein Beweis dafür, daß das
Prinzip der Inkarnationsära sich endgültig durchgesetzt hatte.

Das ganze Mittelalter hindurch und bis weit in die Neuzeit
hinein blieb freilich der größere Horizont einer biblischen, Altes und
Neues Testament umfassenden Zeit- und Geschichtsbetrachtung
bestehen. Hier hatte man den Weltlauf in seiner ganzen Ausdehnung
von der Schöpfung bis zum Gericht im Auge; hier waren jüdische und
christliche Vorstellungen über den Anfang der Zeit noch lange eins;
hier war der Ort für die alttestamentarischen Weltalterlehren und
ebenso für christliche Spekulationen über die Herrschaft des
Antichrist, das Millennium, das bevorstehende Weltende. Hier versuchte man auch Klarheit zu gewinnen über den realen Beginn der
Welt, über das kalendarische Datum der Schöpfung. Aber diese Welt-
erschaffungs- und Weltalterlehren entfalteten sich ohne die rechne-
rische Präzision, welche die Suche nach dem richtigen Ostertermin im
Bereich der christlichen Zeitrechnung ausgelöst hatte; die Künste der
Computisten kamen ihnen nicht oder nur in eingeschränktem Maß
zugute. So wurden sie zum Tummelplatz kühner und unkontrollierter
Spekulationen - mit dem Ergebnis, daß die Datierungen der biblischen Weltära immer mehr auseinandergingen: bald differierten die
Jahre der Erschaffung der Welt nicht nur zwischen Juden und
Christen, sondern auch zwischen den Christen selbst. [43] Während
der *Beginn* der Welt in immer größeres Dunkel rückte und sich
allmählich allen genaueren Bestimmungen entzog, wurde das *Ende*
der Welt zum bevorzugten Thema von Schwärmern und Millennari-
sten. [44] Gegenüber dieser doppelten Unsicherheit war die *Geburt
Christi* ein verläßliches und berechenbares Datum; in ihr, so schien
es, konnte der Zeitlauf seine natürliche Mitte, seinen Anker finden.

So entwickelte sich bereits im Mittelalter vom Fixpunkt der Geburt Christi aus eine Zählung *nach rückwärts* - die sogenannte *retrospektive Inkarnationsära*. Ihre wechselvolle Geschichte ist durch die

---

43)   Anna-Dorothee von den Brincken, Beobachtungen zum Aufkommen der
      retrospektiven Inkarnationsära, in: Archiv für Diplomatik 25 (1979), 5 f.
44)   Jürgen Miethke, Das Reich Gottes als politische Idee im späteren Mit-
      telalter, in: Jacob Taubes (Hg.) Religionstheorie und Politische Theologie
      (Bd. 3: Theokratie), 1987, 267 ff.

Forschungen von Anna-Dorothee von den Brincken in wesentlichen Punkten erhellt worden. [45] Wiederum war Beda Venerabilis der erste, der in seiner *Kirchengeschichte* ein Ereignis auf diese neue Weise datierte: Cäsar, so schreibt er, kam nach England im Jahre 60 vor Christus, *ante vero Incarnationis Dominicae tempus anno sexagesimo* [46] - es ist die erste Rückwärtsdatierung der Weltgeschichte. [47] Beda verwendete diese Zählung fast spielerisch (er behielt daneben das alteingeführte *ab urbe condita* bei); er hat sie auch nicht weiter systematisiert, zumal da er in seinem Spätwerk keine vorchristlichen Zeiträume zu behandeln hatte. Seine komputistischen Bedenken gegenüber der biblizistischen, aber auch der inkarnatorischen Zeitrechnung sind bekannt. [48] Immerhin gab er der Inkarnationsära in seiner *Kirchengeschichte* den Vorzug vor der biblizistischen Ära, die er noch in seinen *Chroniken* verwendet hatte - und aus der Rückwärtszählung, obwohl sie nur einem einzigen Ereignis gilt, wird man mit aller Vorsicht schließen können, daß ihm der Vorteil der Rechnung von einer "Mitte" her durchaus bewußt war.

---

45) von den Brincken, Beobachtungen (Anm. 43); dies., Anniversaristische und chronikalische Geschichtsschreibung in den 'Flores Temporum' (um 1292), in: Geschichtsschreibung und Geschichtsbewußtsein im späten Mittelalter, hg. von Hans Patze (= Vorträge und Forschungen XXXI), 1987, 195 ff.

46) Beda Venerabilis, Historia ecclesiastica Gentis Anglorum, c.II (PL 95; 27); dazu von den Brincken, Beobachtungen, 6; Borst 36.

47) von den Brincken, Beobachtungen, weist darauf hin, daß retrospektive Zählungen in anderen Zeitrechnungen als der christlichen nicht bekannt sind. "Das streng lineare Zeitdenken ist ein Charakteristikum der sogenannten Buchreligionen, der auf dem Alten Testament basierenden Weltreligionen. Für das Judentum ist das zentrale Heilsereignis, das Erscheinen des Messias, noch nicht Geschichte geworden; mithin ist hier nur die Weltära verbindlich geblieben. Im Islam wäre theoretisch eine retrospektive Hidschra-Rechnung denkbar...", aber die Universalhistoriker des Islam "bedienen sich im Mittelalter vielmehr für die ältere Zeit der hebräischen Weltära oder der Seleukidenära, wie etwa Rasid ad-Din in der "Geschichte der Kinder Israels" Beginn des 14. Jahrhunderts im mongolischen Ilkhanreich von Persien, als im Abendland bereits retrospektiv gerechnet wird. Ein Vorbild ist hier nicht auszumachen" (aaO 2 f.).

48) Vgl. Borst 33 ff.

Bedas Vorgehen wurde in diesem Punkt nicht unmittelbar aufgenommen. Zwar tauchten bei Marianus Scottus an acht Stellen Jahre *ante incarnationem iuxta Dionysium* auf [49]; aber sowohl er wie die folgenden Historiker gaben sich im allgemeinen mit kleineren Zeiträumen zufrieden: Annalen und Viten traten an die Stelle umfassender Chroniken [50]; die "lange Zeit" der Computisten blieb für Jahrhunderte die Ausnahme [51].

Die retrospektive Inkarnationsära wurde erst mit der Zeit des Buchdrucks populär. Stilbildend wirkte der Kölner Kartäuser Werner Rolevinck mit seinem *Fasciculus Temporum* (1474). Sein "Zeitbündel" reichte von der Erschaffung der Welt bis zur Gegenwart. Neben der Schöpfungschronologie verwendete Rolevinck auch die Zählung *ante vel post Christi Nativitatem*. Die Begründung, die er gab, enthielt ein theologisches und ein praktisches Argument: die Inkarnationsära war ehrwürdiger, und sie konnte rascher aufgefunden werden. [52] So standen in seiner Schrift *aetas Mundi* und *aetas Christi* nebeneinander; doch die Waage begann sich nun deutlich zugunsten der "Zeit Christi" zu neigen. [53]

Die retrospektive wie die prospektive Inkarnationsära setzten sich seit dem 17. Jahrhundert überall in Europa endgültig durch. Dabei mag der Umstand mitgespielt haben, daß diese Zählweise auch der protestantischen Geschichtsschreibung akzeptabler erscheinen mußte als ein Zeitgerüst aus Regierungszeiten der Päpste; und ähnlich konnten Völker, die nicht zum Heiligen Römischen Reich gehörten, ihre Könige und Fürsten leichter in einer Zeit *nach Christus* unterbringen als in einer Folge kaiserlicher Regierungsjahre.

---

49)   von den Brincken, Marianus Scottus. Unter besonderer Berücksichtigung der nicht veröffentlichten Teile seiner Chronik, in: Deutsches Archiv für Erforschung des Mittelalters 17 (1961), 191 ff.

50)   Man denke an Einhards *Vita Caroli Magni* oder an die *Gesta Frederici* Ottos von Freising.

51)   Borst 56 ff.

52)   Zit. bei von den Brincken, Beobachtungen, 19 mit dort. Anm. 59 ("quia hec era magis solemnis est apud nos et citius solet requiri").

53)   So auch Adalbert Klempt, Die Säkularisierung der universalhistorischen Auffassung. Zum Wandel des Geschichtsdenkens im 16. und 17. Jahrhundert, 1960, 81 ff. (zu Rolevinck 87 und Anm. 260).

Jedenfalls: die katholischen wie die protestantischen Länder Europas wandten sich nun allmählich von der biblizistischen Weltära ab. Seit der Mitte des 16. Jahrhunderts häufen sich die Belege. So zählte der Melanchthon-Schüler Johann Aurifaber 1550 in seiner *Chronica ... deudsch* neben dem "jar der welt" auch das "jar vor Christi geburt" (während Luther noch durchgehend *a condito mundo* gerechnet und die Inkarnationsära nur für die Zeit *nach Christus* verwendet hatte); ähnlich die Chronologen Abraham Bucholzer und Georg Nicolai [54]. Zu Beginn des 17. Jahrhunderts traten Sethus Calvisius, Johannes Kepler und die Jesuiten Dionysius Petavius und Giovanni Battista Riccioli für die neue Datierungsweise ein. [55] Die alte Zählung war einfach zu unübersichtlich geworden: um drei Jahrtausende gingen die einzelnen Rechnungen auseinander, bemerkte Riccioli; und ein halbes Jahrhundert später führte A. de Vignolles in seiner *Chronologie de l'Histoire Sainte* gar zweihundert verschiedene Datierungsweisen der Schöpfungsära an ! [56] So kam auch ein so strenger Hüter der Tradition wie Bossuet nicht umhin, neben den biblizistischen Datierungen zusätzlich die Zählung *vor Christus* für seine Universalgeschichte zu verwenden. [57] In der zweiten Hälfte des 18. Jahrhunderts vollends wurden um die alte Schöpfungsära nur noch Nachhutgefechte geführt. [58]

Es gehört zur Ironie der Geschichte, daß sich jene Zeitrechnung, die Christus in die Mitte der Zeit rückte, just in der Zeit der Aufklärung endgültig durchsetzte - in einer Zeit also, die sich in vielen Bereichen von christlichen Überlieferungen loszulösen begann. Doch den praktischen Vorteil der chronologischen Rechnung von einem Fixpunkt aus konnten auch Kritiker des Christentums und der gregorianischen Ära nicht leugnen. Und der neue Pluralismus der Kulturen setzte den christlichen Zeitrahmen keineswegs außer Kurs,

---

54) Klempt 87 f.
55) Sethus Calvisius, Opus chronologicum universale, 1605; Johannes Kepler, De stella nova, 1606; Dionysius Petavius, Rationarium Temporum, 1633; Giovani Battista Riccioli, Chronologia reformata, 1669.
56) Klempt 85.
57) Karl Löwith, Weltgeschichte und Heilsgeschehen, ²1953, 100 f., 129 ff.
58) Klempt 88 f.

er bestätigte ihn eher: auf welche andere Achse der Geschichte hätte man sich denn ohne Schwierigkeiten einigen können? So kam in den Jahren vor der Französischen Revolution ein über 1200jähriger Prozeß zum vorläufigen Abschluß, der 525 mit dem Osterzyklus des Dionysius Exiguus und der ersten Zählung nach Christi Geburt begonnen hatte.

Gegenzeitrechnungen und Gegenkalender

So definitiv der Sieg der christlichen Zeitrechnung zu sein schien, so wenig blieb er ohne Widerspruch. Das galt schon für das späte 18. Jahrhundert. Während sich die Zählung vor und nach Christus in Europa und im Westen durchsetzte und in den folgenden Jahrhunderten sogar die außerchristlichen Kulturen eroberte [59], kam es in der Französischen Revolution zum ersten geschlossenen Gegenentwurf: dem *republikanischen Kalender*. Mit geringerer Wirkung experimentierten im 19. Jahrhundert Philanthropen, Positivisten, Anhänger Comtes und Nietzsche's mit neuen Kalendern und neuen Zeitrechnungen [60] - das blieb im allgemeinen auf kleine Sektiererkreise beschränkt und interessierte nur wenige. Erst das 20. Jahrhundert wartete dann wieder mit größeren Experimenten, mit Gegenzeitrechnungen und Gegenkalendern auf - im bolschewistischen Rußland, im faschistischen Italien und im nationalsozialistischen Deutschland.

Die Auflehnung gegen den inzwischen 200 Jahre alten Gregorianischen Kalender kam aus verschiedenen Quellen. Da war einmal die nie ganz verstummte Kritik von Astronomen und Mathematikern, denen die Reformen des Papstes entweder zu weit oder nicht weit genug gegangen waren - brachte doch jede Kalenderreform die Schwierig-

---

59) Dies freilich oft in der neutralen Form "nach der Zeitrechnung", ohne ausdrückliche Beziehung auf Christus; in dieser Form ist das christliche Jahr - zumindest als Geschäftsjahr - sogar in der heutigen jüdischen und islamischen Welt als Ergänzungschronologie zu der nach wie vor bestehenden jüdischen und mohammedanischen Ära präsent.

60) Albert Mathiez, La Théophilantropie et le Culte décadaire (1796-1801), 1904; vgl. unten Anm. 76 und 77.

keit mit sich, daß man erhöhte Präzision durch vergrößerte Unordnung erkaufte. [61] Hinzu kam die aufklärerische Lust am glatt und
gleichmäßig Teilbaren, an der Ästhetik des Dezimalsystems - sie rich-
tete sich gegen die "irregulären", weil verschieden langen *Monate*,
vor allem aber gegen die *Woche,* der man vorwarf, daß sie weder den
Monat noch das Jahr genau teilte. Endlich störten das von Jahr zu Jahr
neu zu datierende Osterfest und die von ihm abhängigen beweglichen
Feste der Kirche - war es nicht möglich, dafür ein für allemal fixe
Termine zu bestimmen?

Freilich, solche Erwägungen hätten kaum hingereicht, um die
Abkehr von der christlichen Zeitrechnung und die Einführung einer
ganz neuen Zeitzählung zu rechtfertigen. Also mußte anderes
hinzukommen: der im Lauf der Revolution sich vertiefende Bruch mit
der Vergangenheit, mit Königtum, Kirche, christlicher Überlieferung;
das Bewußtsein eines epochalen Einschnitts, einer Zeitgrenze, über
die keine Brücke, kein chronologischer Notsteg hinüberführte; und
endlich, aus beidem erwachsend, die Flucht nach vorn - in eine neue,
selbstgeschaffene Zeitrechnung, die "Jahre der französischen
Republik". So wurde der Revolutionskalender zur grundsätzlichen
Auseinandersetzung mit der christlichen Vergangenheit auf vielen
Ebenen: von der Bestimmung des Jahres bis zur Einteilung des Tages,
von der Gliederung der Arbeitszeit bis zum Rhythmus der Feste und
Feiern - ein Unternehmen, das mit unerbittlicher Logik Zug um Zug
voranschritt. [62]

Anfangs dominierten in der Diskussion die Forderungen techni-
scher Rationalität: wie im Bereich der Längenmaße und Gewichte, so
sollte auch im Bereich der Zeitrechnung und -messung das Dezimalsystem eingeführt werden; auf diese Weise sollte zur "Herrschaft über
den Raum" die "Herrschaft über die Zeit" hinzukommen. [63] Doch

---

61) So Zemanek 30 ff. mit Einzelnachweisen. Im übrigen war es aufklärerische
Tradition, mit den Ägyptern gegen die Gregorianische Ära zu argumentieren, wie schon der Artikel *ère* der Encyclopédie erkennen läßt.

62) Zum folgenden Hans Maier, Revolution und Kirche, 51988, 269 ff.
(revolutionäre Feste und Zeitrechnungen).

63) Mona Ozouf, La fête révolutionnaire 1789-1799, 1976, 188 f. Zugleich mit
den Bemühungen um neue Zeitrechnung und neuen Kalender war eine

bald zeigte sich, daß mit Rationalisierungen und Vereinfachungen
solcher Art noch keine "neue Zeit" zu gewinnen war, zumal da das
bisherige System so tiefgreifenden Veränderungen Widerstand entge-
gensetzte: das Jahr hatte nun einmal zwölf, nicht zehn Monate, und
die Uhr mit zehn Stunden setzte sich in der Praxis nicht durch. [64] So
ging man entschlossen an die Destruktion der alten Zeitrechnung und
nahm zugleich das liturgische Jahr, die Heiligenfeste, die Siebentage-
woche mit dem Sonntag ins Visier: die alte Zeit sollte verschwinden,
eine neue aus dem Überschwang des revolutionären Festes geboren
werden [65]; die überlieferten Monatsnamen sollten abgeschafft und
durch neue ersetzt werden; an die Stelle des Sonntags sollte der
Decadi treten.

Beim neuen Zeitbeginn und seiner Bezeichnung schwankte man
einige Jahre hin und her. Mit dem Jahresbeginn 1792 wich die Legis-
lative erstmals von der christlichen Zeitrechnung ab und datierte mit
dem "dritten Jahr der Freiheit". Im August desselben Jahres ging man
zum "vierten Jahr der Freiheit und ersten Jahr der Gleichheit" über,
und nach der Abschaffung der Monarchie datierte man - erstmals am

---

Kommission der Pariser Akademie mit der Festlegung eines neu definierten
Längenmaßes und ein Ausschuß des Konvents mit der Festlegung eines
neuen Maß- und Gewichtssystems beschäftigt. Michel Vovelle vermutet,
daß der Erfolg der Restrukturierung des Raumes in der Revolution mit der
relativen Neutralität dieses Unternehmens zusammenhing, während die
Restrukturierung der Zeit an religiösen Widerständen scheiterte (Diskus-
sionsbeitrag in: Rolf Reichardt/Eberhard Schmitt, Die Französische
Revolution als Bruch des gesellschaftlichen Bewußtseins, München 1988,
66 f.).

64)   Einzelheiten bei Bronislaw Baczko, Le Calendrier Républicain, in: Les
      Lieux de Mémoire (sous la direction de Pierre Nora), 1984, 37 ff. Uhren mit
      doppeltem - herkömmlichem und dezimalem - Ziffernblatt wurden in
      Frankreich nach Einführung der neuen Zeitrechnung entwickelt; das Dekret
      des Konvents vom 24. September 1793 räumte ein Jahr für den Umbau der
      Uhren ein. Unter den Uhrmachern wurde ein Wettbewerb gestartet; Ent-
      würfe wurden mit hohen Summen in der Bevölkerung propagiert.

65)   Über den Zusammenhang zwischen dem revolutionären Fest und der neuen
      Zeitrechnung: Maier (Anm. 62), 278 ff.

22. September 1792 - nach "Jahren der französischen Republik". [66)]
Die neue Zeitrechnung wurde durch Dekret des Konvents vom 5.
Oktober 1793 (ergänzt am 24. Oktober desselben Jahres) in Kraft
gesetzt. Vom 22. September 1792 an galt das *Jahr Eins der Republik.*

Es ist bemerkenswert und verdient hervorgehoben zu werden,
daß man selbst im Pathos des neuen Anfangs nicht versäumte, das historische Ereignis der Gründung der Republik an der Naturzeit zu
legitimieren. Hier bot die Nähe des Gründungsdatums zur herbst-
lichen Tages- und Nacht-Gleiche des Jahres 1792 der glaubens-
freudigen Zeit das willkommene Stichwort an. "So hat die Sonne
gleichzeitig die beiden Pole und nach und nach die ganze Erde am
selben Tag erleuchtet, an dem zum ersten Mal über dem französischen Volk die Fackel der Freiheit erglänzte - jene Fackel, die eines
Tages das ganze menschliche Geschlecht erleuchten wird." [67)]

So führte der revolutionäre Gegenentwurf gegen die christliche
Zeitrechnung und den christlichen Kalender im Ergebnis zwei gegen-
sätzliche Tendenzen zusammen. Auf der einen Seite, aus aufkläreri-
scher Wurzel, die Rationalisierung und Mathematisierung aller Lebensverhältnisse, wie sie in der durchgehenden Dezimalisierung der
Zeitmaße, in der Egalisierung der Monate [68)] und im Wegfall von
Woche und Sonntag zum Ausdruck kam - eine Tendenz, die sich,
wenn auch abgeschwächt, bis heute gehalten hat und die noch den
(spärlicher gewordenen) heutigen Vorschlägen zur Reform des
Gregorianischen Kalenders, aber auch vielen Überlegungen zur

---

66) H. Grotefend/Th. Ulrich, Taschenbuch der Zeitrechnung des deutschen Mit-
     telalters und der Neuzeit, 101960, 29; P. Aufgebauer, Die astronomischen
     Grundlagen des französischen Revolutionskalenders, in: Die Sterne 51
     (1975), 40 f.

67) Procès-verbaux du Comité d'Instruction publique de la Convention Na-
     tionale publiés et annotés par M.J. Guillaume, 6 Bände, Paris 1891-1907;
     ein Registerband (1957) mit einer Einleitung von G. Bourgin enthält Kor-
     rekturen und Nachträge, Band II, 442.

68) Hier ging die Rechnung freilich nicht auf, wie die Verlegenheitslösung der
     am Ende des Jahres außerhalb der Monatsgliederung nachgeschobenen Tage
     ("Sansculottides") und die nach wie vor nötigen Schalttage zeigten; vgl.
     Aufgebauer 46; Zemanek 100 f.

gleitenden Arbeitswoche zugrundeliegt. [69] Auf der anderen Seite, aus romantischem Zeitgefühl, das Bedürfnis nach "naturnahen" Tages- und Monatsnamen, die das rationalistische Gerüst der "neuen Zeit" gemütvoll umkleiden sollten: so wurde das Jahr zu einem poetischen Reigen der Natur (Vendémiaire, Brumaire, Frimaire etc.); die eben noch in dürrer Manier nur abgezählten Tage (Primedi, Duodi, Tridi usw.) erhielten Namen von Pflanzen, Tieren, Mineralien; den Decadis wurden ländliche Ackergeräte zugeordnet, und vollends sollte an den am Ende des Jahres übriggebliebenen Tagen, den "Sansculottiden", die Tugend, der Geist, die Arbeit, die Meinung und die Anerkennung gefeiert werden: Was sich nicht in die rationale Einteilung des Jahres fügte, wurde zum Fest. [70]

Gemeinsam war beiden Tendenzen, daß sie gegen die Sieben-tagewoche und den christlichen Sonntag standen: Romme hat dies seinem Konventskollegen Grégoire gegenüber auch ganz unge-schminkt als Ziel der Reform herausgestellt. [71] Freilich gelang es auf die Dauer nicht, den Sonntag durch den Decadi zu ersetzen. Selbst auf dem Höhepunkt der Dechristianisierungswelle galt der republika-nische Kalender in Frankreich nicht unumstritten - schon gar nicht in ländlichen Regionen. [72]   Entscheidend waren wohl neben der Anhänglichkeit an die Tradition auch soziale Gründe: mit den alten Festen und dem Sonntag zog der Staat ein nicht unerhebliches Stück Freizeit ein; er kündigte den jahrhundertealten Konsens über die Ruhe am siebten Tag auf und erweiterte die Arbeitszeit abrupt von sechs

---

69)   Vgl. Jürgen Wilke (Hg.), Mehr als ein Weekend? Der Sonntag in der Diskussion, 1989, mit Beiträgen von Urs Altermatt, Peter Häberle, Cornelius G. Fetsch, Jürgen Wilke und Hanspeter Heinz.

70)   Freilich wurden die "Sansculottiden" durch einen Konventsbeschluß vom 26. August 1794 wieder aufgehoben; nur der letzte wurde als Feiertag beibe-halten.

71)   Guillaume II, LXXVII.

72)   Die stärkere Verwurzelung des Revolutionskalenders in einer Großstadt zeigt die methodisch sorgfältige Studie von Michael Meinzer, Der französi-sche Revolutionskalender und die 'Neue Zeit', in: Reichardt/Schmitt (Anm. 63), 23 ff.

Tagen auf neun. [73] Es bedarf noch genauerer Untersuchung, welche Motive schließlich zum Zusammenbruch der revolutionären Zeitrechnung geführt haben. [74] Aber sicher war es nicht nur nachrevolutionäre Erschöpfung, auch nicht allein der Wille Napoleons zum Friedensschluß mit der Kirche, die hier den Ausschlag gaben. Gab es doch neben der religiösen auch immer astronomische und mathematische Kritik am republikanischen Kalender - und selbst ehemalige Anhänger (wenigstens zeit- und teilweise) wie Lalande und Laplace gaben schon 1801/02 die Sache verloren [75], ehe Frankreich 1805 den revolutionären Kalender abschaffte und zur christlichen Zeitrechnung zurückkehrte.

Gemessen an der dogmato-logischen Geschlossenheit der revolutionären Zeitrechnung und des republikanischen Kalenders wirken die Nachspiele im 19. und im 20. Jahrhundert wie ein Abgesang. Comtes *Calendrier positiviste* lehnte sich an die revolutionäre Festgestaltung an, indem er Monate und Tage nach großen Männern (auch einzelnen großen Frauen) benannte; doch sparte er die Heiligen nicht völlig aus. Sein Jahr bestand aus 13 Monaten zu 28 Tagen; auf die endgültige Festlegung einer neuen Ära verzichtete er ganz. [76] Nietzsches *Ecce homo* erhob den Anspruch, mit dem 30. September 1888 der "falschen Zeitrechnung" den "ersten Tag des Jahres Eins"

---

73) Selbst wenn man einräumt, daß der alte Sonntag nicht ohne weiteres schon ein Tag der Ruhe war (das wird er erst im 19. Jahrhundert, im Zug der Arbeitsschutzgesetzgebung!), sondern auch Behördengängen, Besorgungen, Begegnungen diente; siehe Meinzer 60, 69 ff.

74) Meinzer ist zuzustimmen, wenn er fordert, das eklektische Sammeln von Belegstellen müsse "durch eine konsequente Lokalstudie ersetzt werden" (aaO 28 f.). Freilich läßt eine Großstadtstudie wiederum keine Rückschlüsse auf ganz Frankreich zu - hier könnte nur eine Reihe konsequenter Stadt-Umland-Studien weiterhelfen. Wieviele Fragen bezüglich der Wirkung des revolutionären Kalenders noch offen sind, zeigt die Diskussion des Referats von Meinzer (Etienne Franccis, Hans-Jürgen Lüsebrink, Michel Vovelle, Paolo Viola, Reinhart Koselleck, Michael Meinzer); aaO 65 ff.

75) Aufgebauer 47 f.

76) Auguste Comte, Catéchisme positiviste, Edition commémorative, 1957, 12e Entretien, 383 ff., 490 f. Als Beginn einer provisorischen Ära hatte Comte zuerst den 1. August 1789 vorgeschlagen; später kam der Jahresanfang 1855 in Gebrauch.

neu zu beginnen [77]; und Kreise seiner Jünger entwickelten später eine paradoxe Übung, die Jahre nach dem Tod Gottes zu zählen. Doch das waren Experimente ohne größere soziale Wirkung; die breite Öffentlichkeit erreichten sie kaum.

Selbst die totalitären Regime des 20. Jahrhunderts haben die herkömmliche Zeitrechnung und Kalenderordnung nicht mehr dauerhaft in Frage stellen können. Lenins Versuch, die Arbeitstage auf Kosten der Feste auszudehnen, stieß schon in der Revolution auf Widerstand: die Petersburger Arbeiter sahen hier einen sozialpolitischen Besitzstand gefährdet. [78] Spätere Experimente der Sowjetunion mit einer gleitenden 5-Tage-Arbeitswoche ohne Samstag und Sonntag waren nicht von Dauer. Im Zweiten Weltkrieg kehrte Stalin zur traditionellen Woche und zum Sonntag zurück. [79] Mussolinis *faschistische Ära,* vom 28. Oktober 1922 an gerechnet, dem Tag des Marsches auf Rom, war von Anfang an eine Zweizählung, die *neben* das normale Datum trat; sie wurde im übrigen nicht sonderlich ernst genommen. [80] Was das millenarische "Dritte Reich" anging, so beschränkte es sich darauf, die Spuren der christlichen Zeitrechnung zu verwischen ("nach der Zeitwende"), Kalenderzensur zu üben und in Entwürfen für die Zukunft von einem "germanischen Kalender" und einer neuen Zeitrechnung zu träumen [81]; geblieben ist davon so gut wie nichts.

Und so leben wir noch heute in der Ära, die Dionysius Exiguus im Jahr 525 begründet hat, und wir rechnen unsere Erdentage post Christum natum, nach der christlichen Zeitrechnung - nach einer Zeit in der Zeit, wie ich Ihnen darzustellen versuchte.

---

77)   Friedrich Nietzsche, Werke und Briefe I (1934), XLIX; dazu Karl Löwith, Von Hegel zu Nietzsche, ³1953, 411.

78)   Peter Scheibert, Lenin an der Macht, 1984, 335.

79)   Zemanek 102.

80)   Grotefend/Ulrich (Anm. 66), 29

81)   Klaus Vondung, Magie und Manipulation. Ideologischer Kult und politische Religion des Nationalsozialismus, 1971; Raimund Baumgärtner, Weltanschauungskampf im Dritten Reich. Die Auseinandersetzung der Kirchen mit Alfred Rosenberg, 1977, bes. 92 ff.; Ludwig Rohner (Anm. 40), 476 f.; Josef Ackermann, Himmler als Ideologe, 1980, bes. 84 ff.

ERNST PÖPPEL

Wie kam die Zeit ins Hirn?

Neurophysiologische und psychophysische Untersuchungen und einige Spekulationen zum Zeiterleben

Einleitung

Raum und Zeit sind in unserem Erleben etwas Selbstverständliches. Wie aber werden uns Zeit und Raum verfügbar? Woher wissen wir etwas über Zeit und Raum? Wie ist es möglich, daß wir einen Begriff von Zeit und Raum haben? Wie nehmen wir die Zeit, wie den Raum wahr? Oder stimmt es vielleicht gar nicht, daß wir Zeit und Raum wahrnehmen können? Normalerweise ist uns automatisch klar, wo wir gerade sind, wo sich etwas befindet, in welcher Reihenfolge etwas erlebt wurde oder wie spät es ist. Wie ist es möglich, daß wir uns, ohne darüber nachdenken zu müssen, in Raum und Zeit orientieren können?

Dies sind Fragen, denen man sich im Hinblick auf menschliches Erleben stellen muß. Sie mögen im ersten Hinblick als einfache Fragen erscheinen, als Fragen, wie sie manchmal Kinder stellen. Doch zeigt es sich, daß die Antwort auf eine Frage wie: "Welche Reihenfolge haben zwei Ereignisse?" oder "Wie lange hat etwas gedauert?" oder "Warum kann man sich langweilen?" gar nicht einfach ist.

Beginnen wir mit einem Wort von Immanuel Kant, der bekanntlich über diese Grundfragen Wesentliches gedacht hat. Für Kant sind Zeit und Raum Anschauungsformen, die uns von vornherein mitgegeben sind; Zeit und Raum sind nach seiner Meinung also nicht aus unseren sinnlichen Erfahrungen abgeleitet. Kant schreibt hierzu in der "Kritik der reinen Vernunft": "Zeit und Raum sind zwei Erkenntnisquellen, aus denen a priori verschiedene synthetische Erkenntnisse geschöpft werden können". Zeit und Raum sind somit *die* Grundkategorien menschlicher Wirklichkeitserfahrung.

Wenn Raum und Zeit von vornherein gegeben sind, wie erlangen wir ein explizites Wissen von diesen Grundkategorien, denn was uns a priori gegeben ist, könnte auch implizit bleiben? Die Problematik solcher Grundfragen mag der berühmte Ausspruch des Augustinus verdeutlichen, der im 11. Buch seiner "Bekenntnisse" (Confessiones) geschrieben hat: "Was also ist Zeit? Wenn mich niemand danach fragt, weiß ich es; will ich einem Fragenden es erklären, weiß ich es nicht". Trotz der genannten Schwierigkeit, ein grundlegendes Problem explizit zu machen, soll hier dennoch der Versuch gewagt werden zu fragen; allerdings nicht zu fragen, was Zeit ist, sondern zu fragen, wie wir ein explizites Wissen von Zeit erwerben, wie uns Zeit in unserem Bewußtsein verfügbar wird. Der Ansatz ist hierbei der eines pragmatischen Monismus, das heißt, wenn ich frage, wie Zeit und Bewußtsein verfügbar wird, so könnte ich genauso sagen: "Wie kommt die Zeit ins Gehirn?" Jedes Erlebnis, so auch jede Zeiterfahrung, ist abhängig von der Funktionsfähigkeit bestimmter Hirnstrukturen. Fallen diese Strukturen aus, so geht auch die Erlebnismöglichkeit verloren. Insofern ist der hier vertretene Monismus "pragmatisch", weil sich zeigen läßt, daß das gesamte Repertoire des Erlebens getragen wird von definierten Mechanismen des Gehirns. Dieses soll nicht heißen, daß diese Mechanismen bereits alle bekannt sind, doch die Evidenz des bisher Bekannten ist so überzeugend, daß sich für den Sachwissenschaftler die Hypothese des Monismus aufzwingt. Sofern man jedoch im Hinblick auf das "Leib-Seele-Problem" eine dualistische Position bevorzugt, wird man immer

Argumente gegen eine monistische Position finden, doch verläßt man dann die Diskursebene des naturwissenschaftlich Nachprüfbaren.

Ereignisse als Bausteine des Bewußtseins

Ziel soll sein, zunächst einmal jene unmittelbaren Erlebnisse zu beschreiben, die unsere Zeiterfahrung kennzeichnen. Das Ergebnis dieser Beschreibung sei vorweggenommen: Menschliches Zeiterleben läßt sich mit Hilfe einer hierarchischen Klassifikation von verschiedenen, elementaren Phänomenen ordnen. Es handelt sich um die subjektiven Phänomene der Gleichzeitigkeit, der Ungleichzeitigkeit, der Aufeinanderfolge, der Gegenwart und der Dauer. Diese Aufzählung soll nicht nahelegen, daß es nicht möglicherweise noch andere Grundphänomene gibt. Was auf der Erlebnisebene mit diesen Zeitphänomenen gemeint ist, und wie sie hierarchisch aufeinander bezogen sind, läßt sich durch einige experimentelle Beobachtungen verdeutlichen.

Zunächst seien Befunde über das Phänomen der Gleichzeitigkeit und Ungleichzeitigkeit dargestellt. Wenn man beispielsweise über einen Kopfhörer in beide Ohren kurze Tonreize gibt, z.B. von 1 Millisekunde (ms, Tausendstel Sekunde) Dauer, und wenn die beiden Reize objektiv gleichzeitig gegeben werden, dann hört die Versuchsperson einen einzigen Ton, und zwar etwa in der Mitte des Kopfes. Es kommt also zu einer Verschmelzung (einer "Fusion") der beiden Signale im Gehirn. Wird eine zeitliche Verzögerung zwischen die beiden Reize eingeführt, so daß der eine Reiz etwas früher als der andere auftritt, z.B. von 1 ms, dann hört die Versuchsperson zwar auch nur einen Ton, das heißt die zwei Reize werden im Gehirn auch miteinander verschmolzen, obwohl objektiv betrachtet die beiden Reize ungleichzeitig sind, doch wird dieser Ton an einer anderen Stelle des Kopfes gehört.

Aus dieser einfachen Beobachtung läßt sich bereits eine allgemeine Schlußfolgerung ziehen: Objektive Ungleichzeitigkeit von Signalen ist nicht hinreichend, um subjektive Ungleichzeitigkeit der Signale zu erzielen. Erst dann, wenn die zeitliche Differenz zwischen den beiden akustischen Reizen etwa 3 ms beträgt (bei manchen

Versuchspersonen muß man auf 4 oder 5 ms gehen), ist die Schwelle zur Ungleichzeitigkeit erreicht, d.h. die Versuchsperson hört nun getrennt in jedem Ohr einen Tonreiz.

Führt man einen analogen Versuch über die zeitliche Verschmelzung von aufeinanderfolgenden Reizen im Seh-System durch, dann stellt man fest, daß die Verschmelzungsgrenze im visuellen System etwa bei 20 bis 30 ms liegt. Wenn man also Hören und Sehen miteinander vergleicht, ist auffallend, daß der Übergang von Gleichzeitigkeit zu Ungleichzeitigkeit in den beiden Sinnesbereichen verschieden ist, wobei das Hören durch die bei weitem günstigste zeitliche Auflösung gekennzeichnet ist, und das Sehsystem sich eher träge verhält. Das Tastsystem scheint hinsichtlich des Übergangs von Gleichzeitigkeit zu Ungleichzeitigkeit zwischen dem Hörsystem und dem Sehsystem zu liegen.

Aus diesen Beobachtungen über Gleichzeitigkeit verglichen mit Ungleichzeitigkeit können wir festhalten, daß physikalische Gleichzeitigkeit von Reizen offensichtlich nicht dasselbe ist wie subjektive Gleichzeitigkeit. Wenn man das Wort gleichzeitig verwendet, muß man sich - um Mißverständnisse zu vermeiden - stets verdeutlichen, in welchem Zusammenhang man den Begriff gebraucht, ob also beispielsweise in einem physikalischen oder psychologischen Zusammenhang. Gerade bei Diskussionen zwischen den Disziplinen, also etwa zwischen Biologen, Psychologen, Physikern oder Philosophen, kommt es oft zu den erstaunlichsten Kontroversen, weil die Begriffe in einem unterschiedlichen Sinnzusammenhang auf verschiedenen Diskursebenen verwendet werden. Insbesondere der später zu erörternde Begriff der "Gegenwart" gibt immer wieder Anlaß zu Äquivokationen.

Ein weiteres Ergebnis der beschriebenen Experimente sollte ebenfalls hervorgehoben werden. Gleichzeitigkeit im Erleben ist nichts Absolutes. Je nach unserem Ausblick in die Welt, also wenn wir hören oder wenn wir sehen, ist das Gleichzeitigkeitsfenster verschieden, wobei wir beim Hören gleichsam das engste Fenster haben.

Bei den Experimenten über die Bestimmung der Grenze zwischen Gleichzeitigkeit und Ungleichzeitigkeit fragen wir, ob jeweils ein oder zwei Reize wahrgenommen werden. Wenn man nun eine geringfügige Veränderung im Experiment einführt, stellt man fest, daß allein die Änderung der Frage ein anderes Ergebnis zur Folge haben kann. Wir fragen im nächsten Experiment nicht mehr, ob *ein* oder *zwei* Reize wahrgenommen werden, sondern welches der *erste* und welches der *zweite* Reiz war. Die Frage zielt also auf die wahrgenommene Folge der Reize, ihre zeitliche Ordnung. Die Aufmerksamkeit wird durch die neue Frage zu einem anderen Aspekt des Reizgeschehens gelenkt. Es zeigt sich hierbei, daß die Veränderung der Frage zu einem anderen Ergebnis führt. Während die Schwelle zur Ungleichzeitigkeit beim Hören bei wenigen Millisekunden liegt, beobachtet man für das Erkennen der zeitlichen Ordnung bei identischen Reizbedingungen, daß dieser Wert im Durchschnitt bei etwa 30 bis 40 ms liegt. Offensichtlich wird durch die neue Fragestellung ein anderer Mechanismus des Gehirns angesprochen und abgefragt.

Dieser Sachverhalt macht in sehr einfacher Weise deutlich, wie wichtig die Reizkontrolle *und* die Aufmerksamkeitskontrolle in solchen psychophysischen Experimenten ist. Anders als bei physikalischen Experimenten erfordern psychophysische Experimente - dies gilt im Grunde für alle biologischen Experimente, in denen Beobachtungen am lebenden Organismus durchgeführt werden - im Hinblick auf die Stationaritätsbedingungen des Experimentierens eine Kontrolle des Beobachters, d.h. seiner Ausgangsbedingungen. Wenn insbesondere nach der subjektiven Abbildung von Reizkonstellationen gefragt wird, dann wird diese Aufgabe natürlich dadurch erschwert, daß man nicht in den Beobachter "hineinsehen" kann. Es ist zu hoffen, daß das Problem der Abbildung in Zukunft allerdings entschärft wird, da die modernen bildgebenden Verfahren neuronale Prozesse bei definierten Aufgaben in einer umfassenden Weise kennzeichnen lassen.

Wenn die zeitliche Ordnung von zwei Reizen angegeben werden muß - um wieder zum Experimentellen zurückzukehren -, muß man zunächst ein Ereignis als solches identifiziert haben. Erst dann, wenn etwas als eigenständiges Ereignis erkannt wird, kann es zeitlich auch auf andere Ereignisse bezogen werden, also Element in einer Folge von Ereignissen sein. Die Identifikation muß notwendigerweise der

Möglichkeit einer Einordnung eines Ereignisses in einer Folge vorausgehen.

Es ist nun auffällig, daß die zeitliche Ordnungsschwelle in den verschiedenen Sinnesbereichen, also beim Hören, Tasten und Sehen, gleich zu sein scheint, während der Übergang von der Gleichzeitigkeit zur Ungleichzeitigkeit in den einzelnen Sinnesbereichen verschieden ist. Diese Beobachtung legt nahe, daß für die Erkennung einer zeitlichen Ordnung ein einheitlicher Mechanismus des Gehirns in Anspruch genommen wird, der den drei Sinnessystemen in gleicher Weise zur Verfügung steht, während für das Erkennen von Ungleichzeitigkeit andere Mechanismen verantwortlich sind. Es kann vermutet werden, daß der subjektive Übergang von Gleichzeitigkeit zu Ungleichzeitigkeit in den verschiedenen Sinnessystemen bedingt ist durch unterschiedliche Mechanismen der Sinnesorgane selbst, wie sie also physikalische Änderungen der Welt umsetzen, um sie dann dem Gehirn zu vermitteln. Dieser Umwandlungsprozeß dauert im Auge relativ lang und ist von prinzipiell anderer Natur als jener im Ohr, der erheblich kürzer ist. Man kann daher annehmen, daß die unterschiedliche Dauer der prinzipiell verschiedenen Transduktionsprozesse für die verschiedenen Verschmelzungsschwellen verantwortlich ist.

Die Tatsache, daß zwei Reize als zeitlich getrennt wahrgenommen werden können, heißt also noch nicht, daß sie eine zeitliche Richtung definieren. Unterhalb von etwa 30 ms bestimmt ihre getrennte Wahrnehmung noch nicht eine zeitliche Reihenfolge. Die subjektive Ungleichzeitigkeit von gehörten, gesehenen oder auch gefühlten Reizen ist eine notwendige, aber keine hinreichende Bedingung dafür, daß die zeitliche Folge von Reizen angegeben werden kann. Unser Wissen, das etwas zeitlich verschieden ist, reicht nicht aus, um sagen zu können, in welcher Richtung es läuft. Diese Beobachtung widerspricht unserer alltäglichen Erwartung; wir gehen normalerweise davon aus, daß etwas auch als aufeinanderfolgend bestimmt ist, wenn es als ungleichzeitig erlebt wird.

Der Begriff der Gleichzeitigkeit ist damit recht kompliziert. Unterhalb einer bestimmten Schwelle, die für die einzelnen Sinnessysteme verschieden ist, kann man von "vollkommener" subjektiver

Gleichzeitigkeit sprechen. Oberhalb dieser Schwelle, aber unterhalb der zeitlichen Ordnungsschwelle bei etwa 30 ms liegt ein Intervall, dessen Ausdehnung für jedes Sinnessystem verschieden ist und in dem es so etwas wie 'unvollkommene" Gleichzeitigkeit gibt. Auch wenn wir wissen, daß zwei Reize nicht gleichzeitig sind, können wir die Frage, welches der erste oder welches der zweite war, nicht beantworten. Erst jenseits dieser zeitlichen Grenze von etwa 30 ms werden Reize zu Ereignissen mit zeitlicher Eigenständigkeit; sie erhalten eine eigene Identität und können dadurch als elementare Bausteine für unsere Bewußtseinstätigkeit genutzt werden.

Zur Verdeutlichung der praktischen Bedeutung dieser These soll ein Beispiel aus der Sprachwahrnehmung und Störungen der Sprachwahrnehmung nach Hirnschädigung gegeben werden. Diese Untersuchungen stammen von Nicole von Steinbüchel vom Institut für medizinische Psychologie der Universität München. Ein Schlaganfall in der linken Gehirnhälfte hat häufig eine Sprachstörung, eine sogenannte Aphasie, zur Folge. Patienten mit Verletzungen in diesen Bereichen des Gehirns, die für Sprachverstehen verantwortlich sind, zeigen erheblich verlängerte Ordnungsschwellen; statt 30 ms werden häufig 100 ms oder noch mehr benötigt, um die Reihenfolge akustischer Reize angeben zu können. Diese Verlängerung der Ordnungsschwelle bei solchen Patienten kennzeichnet einen allgemeinen neurobiologischen Sachverhalt; Störungen des Gehirns führen üblicherweise zu einer Verlangsamung neuronaler Prozesse. Außer bei Patienten mit einem Schlaganfall beobachtet man dieses bei vielen anderen Patientengruppen, etwa Patienten mit Epilepsie, Depressionen oder auch AIDS.

Die Beobachtung einer Verlangsamung hat eine wichtige Bedeutung für die Verarbeitung von Sprache. Das bedeutet nämlich, daß aufeinanderfolgende Sprachlaute zu rasch aufeinanderfolgen, um in ihrer Abfolge verstanden werden zu können. Die akustische Information, die einen Konsonanten, also beispielsweise "d" oder "t", charakterisiert, liegt bei etwa 20 bis 30 ms. Wenn bei einem hirngeschädigten Patienten die zeitliche Ordnungsschwelle für Töne bei etwa 100 ms liegt, dann können aufeinanderfolgende Konsonanten, wie sie in vielen Wörtern vorkommen, nicht mehr analysiert werden.

Auf der Grundlage dieser Beobachtung wurden Experimente durchgeführt zu prüfen, ob die zeitliche Ordnungsschwelle bei solchen Patienten durch Training verbessert werden kann, und falls dieses der Fall ist, ob es bei solchen Patienten dann indirekt zu einer Verbesserung ihrer Sprachfähigkeiten kommt. Bei einer Gruppe von Patienten wurde im ersten Schritt die zeitliche Ordnungsschwelle bestimmt, und es wurden in Mittel Werte von über 100 ms beobachtet. Es erfolgte dann eine Dreiteilung der Patientengruppen in eine Experimental- und zwei Kontrollgruppen. Die Experimentalgruppe wurde einem systematischen zeitlichen Training unterzogen; mit dem Erfolg, daß nach 8 Wochen die zeitliche Ordnungsschwelle dieser Patienten von über 100 ms auf Werte im Normalbereich gesenkt werden konnte, nämlich auf 30 bis 40 ms. Die beiden Kontrollgruppen mußten andere experimentelle Aufgaben erledigen, die zeitlich denen der eigentlichen Therapiegruppe entsprachen. Bei diesen Gruppen wurde keine Verbesserung der zeitlichen Ordnungsschwelle festgestellt. Hieraus folgt, daß es möglich ist, durch systematisches Training eine Verbesserung zeitlicher Verarbeitungsmechanismen bei Patienten nach Hirnschädigung zu erhalten.

Im nächsten Schritt wurde geprüft, ob sich für diese Patienten eine Übertragung ihrer Leistung in den Sprachbereich nachweisen läßt. Als Testkriterium wurde die Unterscheidung von stimmhaften zu stimmlosen Konsonanten (z.B. "da" gegenüber "ta") geprüft. Nur jene Patienten, bei denen eine Verbesserung der zeitlichen Ordnungsschwelle zu beobachten war, zeigten auch eine Verbesserung in der Unterscheidung dieser sprachlichen Laute. Diese Übertragung aus dem Zeitbereich in den Sprachbereich belegt, wie bedeutsam zeitliche Verarbeitungsmechanismen für die Sprachwahrnehmung sind. Und ganz wesentlich ist hier offenbar jener elementare Zeitbereich von etwa 30 ms, der sich durch die Messung der Ordnungsschwelle einfangen läßt.

Daß unser Gehirn etwa 30 ms benötigt, um elementare Ereignisse als Bausteine des Erlebens zu definieren, und daß erst auf dieser Grundlage eine zeitliche Ordnung von Ereignissen angegeben werden kann - also erst Identifikation und dann zeitliche Diskrimination -, läßt sich durch eine Vielzahl von Experimenten belegen. Wenn man sich beispielsweise möglichst schnell zwischen zwei Alternativen entscheiden muß, dann erfolgt der zugrunde liegende Entscheidungsprozeß ebenfalls in Schritten von etwa 30 ms; das Gehirn arbeitet also nicht kontinuierlich, sondern offenbar mit einem zeitlichen Takt, wobei der Abstand aufeinanderfolgender Taktsignale bei etwa 30 ms liegt.

Diese Beobachtung stammt aus Experimenten, in denen die Reaktionszeit von Versuchspersonen bestimmt wurde. Eine ähnliche Quantisierung der Zeit im Gehirn beobachtet man auch bei den Bewegungen unserer Augen. Wenn sich plötzlich ein Gegenstand zu bewegen beginnt und wir ihm mit unseren Augen folgen, beginnen die Augenbewegungen nicht zu einem beliebigen Zeitpunkt, sondern mit bevorzugten Latenzen, die etwa 30 ms auseinanderliegen. Diese und zahlreiche andere Versuche legen nahe, daß das Gehirn nicht zu beliebigen Zeitpunkten Bewegungen initiieren kann; es müssen jeweils bestimmte Intervalle vorübergehen, nämlich etwa 30 ms, bis etwas Neues begonnen werden kann.

Solche Systemzustände mit etwa 30 ms Dauer spielen allerdings nicht nur bei sensorischen oder motorischen Prozessen eine wichtige Rolle, sondern auch auf der kognitiven Ebene, insbesondere dem Kurzzeitgedächtnis. Wenn man etwas aufgenommen hat und das soeben Gespeicherte nach einer Detailinformation absucht, dann ist dieser Suchprozeß sequentiell, wobei die einzelnen Schritte etwa 30 bis 40 ms dauern.

Um diese zeitlich diskrete Informationsverarbeitung zu verstehen, kann man theoretisch davon ausgehen, daß durch jeden Reizauftritt ein periodischer oder oszillatorischer Prozeß in der elektrischen Aktivität der Neurone im Gehirn in Gang gesetzt wird. Ein optischer oder akustischer Reiz führt zu oszillatorischen Entladungen in den gereizten Nervenzellen. Mit einem solchen oszillatorischen Nervenprozeß besitzen wir gleichsam eine Uhr im Gehirn, die die Takte liefert, damit Ereignisse identifiziert und zeitliche Ordnung hergestellt werden können.

Der hier angesprochene oszillatorische Prozeß läßt sich durch Ableitung elektrischer Potentiale vom Gehirn sichtbar machen. Bietet man einer Versuchsperson eine Serie von akustischen Reizen an und zeichnet die dadurch ausgelöste elektrische Aktivität des Gehirns auf, beobachtet man Wellen mit einer Periode von etwa 30 ms. Solche evozierten Potentiale beobachtet man aber auch in den anderen Sinnessystemen.

Es gibt nun einen direkten Test, der darauf hinweist, daß diese Oszillationen ein Ausdruck jenes Taktgebers und ereignisschaffenden Mechanismus sind, der vorher angesprochen wurde. In Studien über die Wirkung allgemein wirkender Anästhetika wurde beobachtet, daß diese Oszillationen dann verschwinden, wenn sich ein Patient im Zustand der Vollnarkose befindet. Typischerweise fragt ein Patient nach einer Anästhesie "Wann beginnt denn die Operation?", womit zum Ausdruck gebracht wird, daß für die Dauer der Operation keinerlei Information verarbeitet wurde. Man kann davon ausgehen, daß durch die Aufhebung der Oszillationen mit Hilfe von Anästhetika jene Mechanismen des Gehirns ausgeschaltet werden, die notwendig sind, um Elementarereignisse zu identifizieren. Wenn der Taktgeber fehlt, der durch die oszillatorischen Entladungen von Nervenzellen bereitgestellt wird, können Ereignisse nicht mehr identifiziert und zeitliche Ordnungen nicht mehr angegeben werden.

Der Zustand der Vollnarkose ist prinzipiell anders als der des Schlafes. Die meisten Menschen können relativ genau angeben, wie spät es ist, wenn sie erwachen; zumindest haben sie nicht den Eindruck von Zeitlosigkeit, wenn sie aufwachen, wie dies für die Narkose typisch ist. Dies weist darauf hin, daß während des Schlafes durchaus Information verarbeitet wird, wenn es auch vielleicht in ungeordneter Weise geschieht, wie wir es vom Träumen kennen.

Der beschriebene Taktmechanismus des Gehirns, der Systemzustände um etwa 30 ms bereitstellt, wird wahrscheinlich auch dafür genutzt, daß wir etwas in einem regelmäßigen Tempo ablaufen lassen können, also mit gleichbleibenden Tempo sprechen, gehen oder auch musizieren können, und daß wir längere Sequenzen, wie Telefonnummern, speichern und gebrauchen können.

Für diese Leistungen müssen jedoch noch weitere neuronale Prozesse angenommen werden. Systemzustände, die zeitlich diskret definiert sind und die vermutlich durch neuronale Oszillationen bereitgestellt werden, sind eine notwendige, aber keine hinreichende

Bedingung für das Sequenzieren. In den Experimenten zur Ordnungsschwelle wird stets nur die zeitliche Beziehung von zwei aufeinanderfolgenden Reizen betrachtet, in einer Sequenz müssen aber mehrere Glieder in eine Ordnung gebracht werden. Beobachtungen an hirngeschädigten Patienten, insbesondere an solchen mit Läsionen im linken Frontalhirn, legen nahe, daß dort ein selektiver Mechanismus repräsentiert sein könnte, der das Sequenzieren von Ereignissen ermöglicht.

Zum Sequenzieren gehört, daß Ereignissen aufeinanderfolgende Zeitmarken angeheftet werden, die unabhängig von den Ereignissen, aber bezogen auf diese, gespeichert werden. Daß das Zeitintervall für das Verteilen solcher Zeitmarken nicht beliebig lang sein kann, wird durch die tägliche Erfahrung nahegelegt. Häufig erinnern wir uns an Geschehnisse, aber nicht mehr genau an ihre Reihenfolge. Im Krankheitsbild der Korsakow-Psychose, aber auch bei zu hohem Alkoholkonsum, können die Zeitmarken selektiv verlorengehen, so daß das mentale Geschehen zerfällt.

Das Plazieren von Zeitmarken an Ereignisse kann auch auf verschiedenen Abstraktionsebenen vorgenommen werden. Es kann präsemantisch erfolgen, indem automatisch aufeinanderfolgenden Systemzuständen mit einem eigenständigen neuronalen Mechanismus eine Zeitmarke angeheftet wird, oder es kann auf semantischen Ebenen erfolgen, wenn Ereignisse bzw. Geschehnisse in einen sequentiellen Sinnzusammenhang gestellt werden. In jedem Fall werden zeitliche Integrationsmechanismen benötigt, die einen Überblick über Aufeinanderfolgendes erlauben. Zu einem sehr grundlegenden Integrationsmechanismus möchte ich jetzt kommen.

Zeitliche Integration als formale Grundlage des Bewußtseins

Wir können nun zur hierarchischen Klassifikation des subjektiven Zeiterlebens zurückkehren und prüfen, wo wir in dieser Klassifikation angelangt sind. Wir sind über die Phänomene der Gleichzeitigkeit, Ungleichzeitigkeit und zeitlichen Ordnung zu einer Ebene gelangt, bei der wir uns fragen müssen, ob diese drei Phänomene schon hinreichend sind für das, was wir allgemein unter Zeiterleben verstehen.

Eine kurze Überlegung zeigt, daß ein weiterer Mechanismus für das menschliche Zeiterleben angenommen werden muß. Jedem ist aus seinem eigenen Erleben deutlich, daß Ereignisse nicht für sich alleinstehend wahrgenommen werden, sondern daß einzelne Ereignisse aufeinander bezogen werden und aufeinanderfolgende Ereignisse jeweils eine Wahrnehmungsgestalt bilden. Dies ist nur dadurch möglich, daß das Gehirn einen zeitlichen Integrationsmechanismus bereitstellt, der dafür sorgt, daß Wahrnehmungsgestalten gebildet werden können. Dieser Integrationsmechanismus läßt sich durch verschiedene Beispiele veranschaulichen. Er ist auch die Grundlage für jenes Phänomen, das wir als Gegenwart bezeichnen.

Zum Begriff der "Gegenwart" gibt es erhebliche Verwirrungen zwischen Wissenschaftlern unterschiedlicher Fachrichtungen. Mit dem Begriff kann man einerseits die ausdehnungslose Grenze zwischen Vergangenheit und Zukunft meinen. Eine solche Interpretation entspricht aber nicht der phänomenalen Wirklichkeit; deshalb wird der Begriff Gegenwart hier anders gedeutet, nämlich als eine Zeitstruktur, die aus vielen Experimenten nahegelegt auf einem automatischen Integrationsprozeß beruht.

Ein einfacher Versuch mag das Phänomen der hier angesprochenen Integration verdeutlichen. Wenn man ein Metronom nimmt und es beispielsweise jede Sekunde schlagen läßt, dann ist es für jeden leicht möglich, eine subjektive Akzentuierung durchzuführen; wir können jedem zweiten Metronomschlag einen subjektiven Akzent geben, so daß wir das Gefühl haben, er sei etwa lauter als der subjektiv nicht-akzentuierte Schlag.

Es ist uns wahrscheinlich auch möglich, bei diesem Metronomtempo drei aufeinanderfolgende Schläge zu einer Gestalt zusammenzuschließen, indem wir jedem dritten Schlag ein stärkeres subjektives Gewicht geben, obwohl dies für manche vielleicht schon schwierig ist. Versuchen wir nun, vier oder gar fünf aufeinanderfolgende Schläge subjektiv zu einer Gestalt zusammenzufassen, so wird dies für fast niemanden mehr möglich sein.

Dieser einfache Versuch zeigt, daß die Integration aufeinanderfolgender Ereignisse zu Wahrnehmungsgestalten eine zeitliche Grenze hat, die bei nur wenigen Sekunden liegt. Zahlreiche Versuche machen deutlich, daß etwa 3 s die Grenze zu sein scheint, über die hinaus wir Information nicht mehr zu Wahrnehmungsgestalten zusammenfassen können.

Der zeitliche Integrationsmechanismus mit einer Dauer von bis zu etwa 3 s zeigt sich sehr deutlich auch beim Sehen doppeldeutiger Figuren oder dem Hören doppeldeutiger Phonemfolgen. Ein bekanntes Beispiel für eine doppeldeutige Figur ist der Necker'sche Würfel (s. Abb.). Man kann diesen Würfel in zwei verschiedenen Perspek-

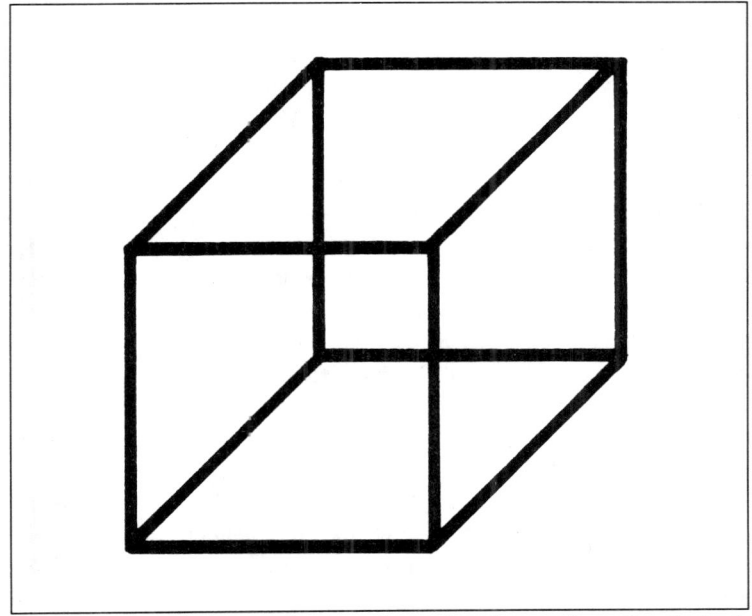

tiven sehen, wobei jeweils das eine oder das andere Quadrat als anschaulich "vorne" gesehen wird. Die meisten sind in der Lage, sich diese beiden Perspektiven willentlich anschaulich zu machen, so daß der Würfel seine Perspektive wunschgemäß wechselt. (Daß dieses möglich ist, belegt im übrigen, daß die Inhalte unserer Wahrnehmung nicht eindeutig von Reizkonstellationen bestimmt werden.)

Wenn man beide Perspektiven des Würfels "sehen" kann, dann ist es nicht mehr möglich, nur noch eine Perspektive zu sehen. Automatisch nach etwa 3 s kippt die Perspektive um, so als würde das Gehirn nach etwa 3 s fragen, was es sonst in der Welt noch zu sehen gibt. Wenn es sich um eine doppeldeutige Figur handelt, wechselt die Wahrnehmung automatisch zwischen den beiden möglichen Angeboten hin und her, wobei im Durchschnitt jeweils für 3 s eine Sichtweise bestimmend ist.

Offenbar ist ein automatischer Integrationsmechanismus des Gehirns nach etwa 3 s erschöpft, und es wird nach diesem Intervall ein neuer Integrationszyklus von selbst, d.h. ohne äußeren Reiz, initiiert. Entsprechende Beobachtungen wurden auch mit akustischem Reizmaterial gemacht. Wenn etwa die Reihenfolge KU und BA gegeben wird, hört man entweder KUBA oder BAKU, wobei der Umschlag zwischen den beiden Hörweisen wiederum alle 3 s erfolgt.

Aus einem ganz anderen Experiment läßt sich ebenfalls ableiten, daß es einen automatischen zeitlichen Verknüpfungsprozeß gibt, der nur auf wenige Sekunden begrenzt ist. Es handelt sich hierbei um den Versuch der Reproduktion von vorgegebenen Zeitstrecken. Ein typischer Befund solcher Versuche ist, daß eine Versuchsperson die Dauer eines vorgegebenen Reizes recht genau nur bis zu etwa 3 s reproduzieren kann, und daß längere Zeitstrecken zu sehr ungenauen Wiederholungen führen. Dieser Befund kann so gedeutet werden, daß ein Reiz nur innerhalb einer bestimmten Zeitstrecke als Ganzes überblickt werden kann.

Analoge Experimente gibt es aus dem Bereich der Psychophysik, wenn Reize hinsichtlich ihrer Intensität miteinander verglichen werden sollen; man interessiert sich beispielsweise dafür, ob zwei Töne gleich laut, oder zwei Lichter gleich hell sind. Man beobachtet in allen diesen Experimenten, daß nur dann, wenn die beiden Reize innerhalb eines zeitlichen Fensters von etwa 3 s gegeben werden, ein sachgerechter Vergleich möglich ist. Ist der Zeitabstand zwischen den beiden Reizen größer, so kommt es zum Verblassen des ersten Reizes und damit zu einer Überschätzung des zweiten Reizes.

Eine wichtige Frage ist, ob der auf etwa 3 s begrenzte zeitliche Integrationsmechanismus nur für die Wahrnehmung gilt, oder ob er auch für andere Bereiche unseres Erlebens und Verhaltens zutrifft. Untersuchungen über die Dauer von intentionalen Bewegungen haben ergeben, daß auch hier eine deutliche zeitliche Strukturierung vorliegt, und auch hier findet sich eine hervorgehobene Zeitstrecke, die bis zu 3s dauert, und innerhalb derer Bewegungsabläufe vorprogrammiert werden. Interessanterweise hat ein Vergleich von sich entsprechenden Bewegungsweisen bei verschiedenen Kulturen ergeben, daß die Dauer dieser Bewegungen überall gleich zu sein scheint, was für einen grundlegenden Mechanismus des Gehirns bei der Planung und Ausführungen von Bewegungen spricht.

Einen direkten Einblick in die Steuerung von Bewegungen, wie sie in Zeitfenster von etwa 3 s eingebettet sind, erlangt man durch Experimente, in denen die Synchronisation von Sinnesreizen mit Bewegungen überprüft wird. Ein solches Experiment sieht etwa folgendermaßen aus: Eine Versuchsperson erhält den Auftrag, eine Serie von akustischen Reizen mit Fingerklopfen zu synchronisieren. Hierbei zeigt sich, daß bei Reizintervallen von beispielsweise einer Sekunde die Reize durch die Bewegung antizipiert werden, d.h. bevor der Reiz erscheint, erfolgt bereits eine Erwartungsreaktion.

Offenbar kann das Nervensystem einen Reizauftritt vorwegnehmen, sonst würde der experimentelle Befund nicht erklärbar sein, daß man schon reagiert, bevor der Ton gehört wurde. Verlängert man nun den Reizabstand, dann stellt man fest, daß jenseits einer Grenze von etwa 3 s eine Versuchsperson nicht mehr in der Lage ist, einen Reiz durch die Bewegung korrekt zu antizipieren.

Eine Synchronisation erfolgt bei dem langen Reizabstand üblicherweise durch eine Reaktion auf den Reiz. Wenn man dennoch versucht, den Reiz zeitlich durch seine Bewegung vorwegzunehmen, macht man normalerweise große Fehler. Dieses Ergebnis belegt, daß eine Antizipation von Reizen, eine Vorausplanung willentlich kontrollierter Handlungsabläufe, nur für wenige Sekunden möglich ist; vieles weist somit darauf hin, daß ein zeitlicher Integrationsmechanismus im menschlichen Gehirn auf etwa 3 s beschränkt ist.

Doch nicht nur auf der Ebene sensorischer und motorischer Prozesse beobachtet man dieses "Zeitfenster". Untersuchungen über das Kurzzeitgedächtnis haben ergeben, daß wir jeweils nur bis zu etwa 3 s Information festhalten können. Nehmen wir etwas auf und werden unmittelbar danach gestört, ist das Aufgenommene gleich wieder verloren. Nur durch innere Wiederholung gelingt es uns, Information zu speichern, um sie dann gegebenenfalls längerfristig in das Gedächtnis aufzunehmen.

Die Tatsache, daß sich in vielen verschiedenen Bereichen unseres Erlebens immer wieder ein gleiches Zeitintervall von etwa 3 s aufspüren läßt, spricht dafür, daß das menschliche Gehirn mit einem elementaren zeitlichen Mechanismus ausgestattet ist, der überall gestaltend eingreift.

Man kann versuchen, das Phänomen der Integration bis 3 s zur Definition des Bewußtseins heranzuziehen. Was uns in unserem Erleben jeweils verfügbar wird, worauf sich unsere Aufmerksamkeit richtet, kann dies nur für etwa 3 s. Die Verfügbarkeit eines Bewußtseinsinhalts für nur wenige Sekunden ist bedingt durch die zeitliche Begrenztheit eines zentralen Integrationsmechanismus. Dieser Mechanismus bewirkt, ein Zeitintervall als gegenwärtig zu erleben, und dieses Zeitintervall kennzeichnet den jeweils singulären Zustand "bewußt". Aufeinanderfolgende Zustände "bewußt" sind dann konstitutiv für das, was wir "Bewußtsein" nennen. Zur Definition von "bewußt" bzw. "Bewußtsein" werden also nicht inhaltliche Kriterien, sondern formelle Aspekte der neuronalen Tätigkeit unseres Gehirns herangezogen.

Als ein weiterer Beleg für die Begrenzung der zeitlichen Integration lassen sich Untersuchungsergebnisse aus dem Bereich der Sprache heranziehen - mit einer interessanten Beziehung zur Dichtkunst. In Untersuchungen über Gedichte verschiedener Sprachen wurde herausgefunden, daß gesprochene Verszeilen bis zu 3 s betragen. Ganz unabhängig von der gesprochenen Sprache beobachtet man, daß hier ein universelles Zeitphänomen vorzuliegen scheint, an das sich implizit Dichter aller Sprachen gehalten haben.

Auf der Grundlage grammatikalischer Möglichkeiten ist nicht erkennbar, warum eine solche 3-Sekunden-Segmentierung vorliegt. Es wäre leicht möglich, Gedichtzeilen von längerer Dauer zu schreiben. Und wenn dies tatsächlich geschieht, wie beim Hexameter oder Alexandriner, dann legt der Sprecher in der Zeile eine Pause ein, eine sogenannte Zäsur. Der Grund für die zeitliche Begrenzung scheint zu sein, daß die 3-Sekunden-Segmentierung ein derart bedeutsames Phänomen in der Organisation von Gehirnprozessen ist, daß sich auch die Dichter automatisch an diese zeitliche Strukturierung halten.

Ein weiterer Bereich, in dem die zeitliche Segmentierung deutlich wird, ist die Musik. Es zeigt sich, daß viele musikalische Motive auch eine zeitliche Grenze von etwa 3 s haben. Als Beispiele können stellvertretend für viele hier das bekannte Motiv aus der 5. Sinfonie von Beethoven oder das Holländer-Motiv aus dem "Fliegenden Holländer" von Richard Wagner genannt werden.

Auch hier scheint, zumindest in der Tradition der abendländischen Musik, ein universelles Phänomen wirksam zu werden, über das sich der Komponist und der ausführende Musiker nicht hinwegsetzen können. Hört man sich Musik an, in der die zeitliche Strukturierung aufgegeben ist, dann ist auch die ästhetische Wirkung solcher Musik verändert. Offenbar werden durch den Integrationsmechanismus des menschlichen Gehirns Randbedingungen definiert, die auch für den ästhetischen Bereich wichtig sind. Wird dieser biologisch gegebene zeitliche Rahmen durchbrochen oder nicht berücksichtigt, ändert sich auch der ästhetische Wert eines Musikstückes. Dieser Befund legt nahe, daß die ästhetischen Prinzipien, die wir üblicherweise anlegen, nicht frei von biologischen Randbedingungen sind.

Das Erleben der Dauer

Mit diesen Überlegungen sind wir in der hierarchischen Klassifikation der subjektiven Zeit auf der nächsten Stufe angelangt. Es wurde Stellung bezogen zu den elementaren Zeiterlebnissen Gleichzeitigkeit, Ungleichzeitigkeit, Aufeinanderfolge und Gegenwart. Wenn man von subjektiver Zeit spricht, hat man aber auch ein anderes Phänomen im Blick, nämlich das der Dauer. Welche Mechanismen werden wirksam, damit wir bestimmte Zeitintervalle als unterschiedlich lang empfinden? Interessanterweise gibt es hierzu in der Dichtkunst die besten Hypothesen. So haben Laurence Sterne im "Tristram Shandy" oder Thomas Mann im Zauberberg schon jene Thesen vertreten, die heute "wissenschaftlich" erhärtet werden. Offenbar ist es so, daß der "geistige Inhalt", wieviel wir erleben, die Dauer vorbeigegangener Zeit bestimmt. Wird geistig viel verarbeitet, dann wird im Rückblick die Zeit als lang beurteilt. Ist hingegen in einem gegebenen Zeitintervall wenig verarbeitet worden, geht also wenig durch das Bewußtsein, dann erscheint die vorbeigegangene Zeit im Rückblick als kurz.

Hier wird ein Integrationsmechanismus ganz anderer Art als der 3-Sekunden-Mechanismus angesprochen, nämlich ein Gedächtnis, in dem Information additiv gespeichert wird, wobei dann später die gespeicherte Information im Hinblick auf Zeitdauer abgefragt werden kann. Gedächtnis ist eine notwendige Voraussetzung dafür, daß wir subjektive Dauer - und unterschiedliche Dauern - erleben können.

In diesem Zusammenhang muß auf das sogenannte zeitliche Paradox eingegangen werden. Es wurde gesagt, daß dann, wenn viel Information verarbeitet wird, im Rückblick ein Zeitintervall als lang erscheint, während ein nur geringer geistiger Inhalt die Zeit rückblickend schrumpfen läßt. Befinden wir uns in einer Situation, in der viel Information verarbeitet wird, scheint die Zeit jedoch wie im Fluge vorüber zu gehen, d.h. wir spüren überhaupt nicht, daß die Zeit vergeht. Dieses ist das angesprochene Paradox, daß, obwohl die Zeit zu fliegen scheint, sie rückblickend als lang erlebt wird. Im Gegensatz dazu ist ein durch wenig Information gekennzeichnetes Geschehen langweilig. Die Zeit scheint während der Langeweile dahinzukriechen. Im Rückblick erscheint die Zeit jedoch geschrumpft zu sein; dies ist der zweite Teil des Paradoxes, daß während des Erlebens die Zeit langsam vergeht, im Rückblick aber als kurz erscheint. Dieses Erlebnis erklärt sich aus der Tatsache, daß retrospektiv das Erleben der Zeit über den mentalen Inhalt beurteilt wird, daß aber im Erleben selbst die Aufmerksamkeit einerseits auf das Geschehen (Kurzweil), andererseits auf den Ablauf der Zeit (Langeweile) gerichtet wird.

Das Erleben der Langeweile bzw. ganz allgemein der Dauer ist auch möglich, wenn wir keine Erfahrung mit Uhren haben. Der zuvor

angesprochene Mechanismus der Ereignisidentifikation und der automatischen zeitlichen Integration bis etwa 3 s sind zwei voneinander
unabhängige Gehirnmechanismen, die benutzt werden können, um
Information aufzunehmen, zu speichern und bezüglich Dauer zu
bewerten. Werden beispielsweise wenige Ereignisse innerhalb von 3 s
identifiziert, und damit im Gedächtnis abgespeichert, wird die Zeit im
Rückblick als kurz beurteilt werden. Das Gehirn hat also selber
Mechanismen zur Verfügung, mit deren Hilfe der subjektive Fortgang
der Zeit bezüglich Schnelligkeit oder Langsamkeit beurteilt werden
kann.

Fragen wir uns nun, wie es trotz der zeitlichen Segmentierung
möglich ist, daß wir so etwas wie eine Kontinuität des Erlebens empfinden. Wie kommt es trotz einer zeitlichen "Zerstückelung" zur Kontinuität im Erleben?

Hier wird ein weiterer Mechanismus unseres Gehirns wirksam.
Was uns jeweils ins Bewußtsein kommt, ist nicht unabhängig von den
vorhergegangenen Bewußtseinsinhalten. Aufeinanderfolgende Be-
wußtseinssegmente enthalten voneinander abhängige Inhalte des
Bewußtseins. Über eine Vernetzung aufeinanderfolgender Bewußtseinsinhalte ergibt sich sekundär der subjektive Eindruck einer zeitlichen Kontinuität. Daß hier in der Tat eine aktive Leistung des
Gehirns vorliegt, ergibt sich beispielsweise aus der Situation von
Patienten mit Denkstörungen, wie sie bei schizophrenen Erkrankungen vorkommen. Ein schizophrener Patient ist im Extremfall nicht
mehr in der Lage, aufeinanderfolgende Bewußtseinsinhalte so aufeinander zu beziehen, daß die Bedeutung der einzelnen Bewußtseinsinhalte eine sinnvolle Gedankenkette ergibt. Die Denkstörung
kann ihre Ursache darin haben, daß Gedächtnisfunktionen nicht mehr
sachgerecht arbeiten, die die zeitliche Verkettung aufeinanderfolgender Bewußtseinsinhalte ermöglichen, so daß die Kontinuität der
Bedeutung im Erleben nicht mehr gegeben ist. Für einen solchen
Patienten ist dann die Kontinuität seines Erlebens und der subjektive
Eindruck eines zeitlichen Stromes verlorengegangen.

Mit den elementaren Zeiterlebnissen Gleichzeitigkeit, Ungleichzeitigkeit, zeitliche Folge, subjektive Gegenwart und zeitliche Dauer
sind jene Phänomene identifiziert, die uns in unserem Erleben Zeit

verfügbar machen. Es soll nun geprüft werden, ob ausgehend von dieser primären Ebene des Zeiterlebens ein besseres Verständnis gewonnen werden kann dafür, wie wir zu allgemeinen Zeitbegriffen kommen.

Grundannahme ist bei dieser Überlegung, daß von der *primären* Ebene der Erlebnisse auszugehen ist und daß die Ebene der Zeitbegriffe *sekundär* ist. Dieses Vorgehen scheint deshalb gerechtfertigt zu sein, weil die Verfügbarkeit der elementaren Zeiterlebnisse von der Funktionsfähigkeit des Gehirns abhängig ist. Kommt es zu bestimmten Ausfällen des Gehirns, dann gibt es typische Störungen, beispielsweise beim Erleben der zeitlichen Folge oder der subjektiven Gegenwart. Damit ist die direkte Abhängigkeit des Erlebens von Gehirnvorgängen gezeigt. Sind diese Gehirnvorgänge nicht intakt, dann kann Zeit im Erleben auch nicht verfügbar werden, und wir haben dann den Zugang zum Phänomen "Zeit" ganz allgemein verloren.

Auf der sekundären Ebene der Betrachtung können wir uns fragen, wie es überhaupt möglich ist, daß sich die primären Zeiterlebnisse gebildet haben. Wir fragen also nach der Bedingung der Möglichkeit unserer subjektiven Zeiterfahrung. Suchen wir die Ursache für die elementaren Zeiterlebnisse außerhalb unserer selbst, dann blicken wir auf den physikalischen Zeitbegriff. Damit elementare Zeiterlebnisse möglich sind, muß es eine absolute Zeit geben, wie sie etwa von Isaac Newton angenommen wurde, an die wir auf Grund evolutionärer Ereignisse angepaßt sind. Newton definiert die Zeit in der folgenden Weise: "Die absolute, wahre und mathematische Zeit fließt aufgrund ihrer eigenen Natur aus sich selbst heraus, ohne Beziehung zu etwas äußerem gleichmäßig dahin."

Die Entwicklung einer subjektiven Zeiterfahrung ist nur möglich, weil es die absolute Zeit gibt. Diese absolute Zeit ist für uns aber nur erschließbar über unsere ursprüngliche Zeiterfahrung. Weil unser Denk- und Erfahrungsapparat an die objektive Welt auf Grund von Selektionsprozessen angepaßt ist, haben wir Einblicke in die grundlegenden Mechanismen nur über einen entwickelten Apparat. Aber dies ist der einzige Einblick, der uns offensteht. In diesem Sinne ist der Zeitbegriff in der klassischen Physik, wie er von Newton formuliert wurde und der grundlegend war für die Physik und es für die Technik wohl noch ist, eine sekundäre Konstruktion.

Anpassung an äußere Zeiten

Einen anderen Einblick in den Ablauf der Zeit und der Orientierung des Verhaltens und Erlebens in der Zeit gewinnen wir aus periodischen Veränderungen, die uns von der Umwelt aufdiktiert werden. Der regelmäßige Tag/Nacht-Wechsel ist jenes Grundphänomen, das alles organismische Verhalten in nachhaltigster Weise beeinflußt. Insgesamt unterscheidet man vier verschiedene geophysikalische Ereignisse, an die sich Organismen im Laufe der Evolution angepaßt haben, indem sie diese Veränderungen durch physiologische Prozesse gleichsam vorwegnehmen. Es handelt sich hierbei um die tagesperiodischen und jahresperiodischen Veränderungen, die Gezeitenrhythmik und die Mondperiodik. Verschiedene Organismen zeigen charakteristische Veränderungen in ihrem Verhalten, bzw. in ihrer Lebensorganisation, jeweils angepaßt an eine oder mehrere dieser geophysikalischen Zyklen. Für den Menschen gilt dies wohl nur für die Tages- und Jahresperiodik.

Zahlreiche Experimente haben ergeben, daß praktisch alle meßbaren physiologischen und psychologischen Funktionen einem tagesperiodischen Wechsel unterliegen. Am bekanntesten ist wohl der Verlauf der Körpertemperatur, die beim jungen Erwachsenen ein Minimum von etwa zwischen 3 bis 5 Uhr in der Nacht und ihr Maximum am späten Nachmittag etwa gegen 18 Uhr erreicht. Die Amplitude der Körpertemperatur liegt etwa bei 1° C. Weitere Beispiele für tagesperiodische Veränderungen bei physiologischen Funktionen sind die Ausscheidung von Kalium, Natrium oder Calcium durch die Niere oder auch der Blutdruck.

In der psychologischen Forschung konnte gezeigt werden, daß beispielsweise die Reaktionsschnelligkeit eine Funktion der Tageszeit ist, mit besten Werten am späten Vormittag und deutlich schlechteren Werten am frühen Morgen oder am späten Nachmittag. Eine weitere praktisch interessierende Funktion ist die Merkfähigkeit. Während man Information morgens wohl am besten in das Gedächtnis

einspeichern kann, ist die Wirkung des Lernens, d.h. die Einspeicherung in das Langzeitgedächtnis, dann am günstigsten, wenn am
Nachmittag gelernt wird.

Interessanterweise ist das Schätzen von Zeitstrecken selbst auch
eine Funktion der Tageszeit. Hat ein Proband die Aufgabe, etwa ein
10 s dauerndes Intervall herzustellen, wird dieses Intervall am späten
Vormittag deutlich kürzer sein als morgens oder am Nachmittag,
wobei der Unterschied bis zu 2 s betragen kann.

Die naheliegende Vermutung, daß die tagesperiodischen
Veränderungen eine Konsequenz des Schlafens und des Wachens
seien, ist unzutreffend. Läßt man Probanden kontinuierlich wachen,
wird man dennoch den typischen tagesperiodischen Verlauf der
gemessenen Funktionen beobachten, allerdings häufig mit einer
geringeren Amplitude, wie etwa bei der Körpertemperatur. Auch der
Anstieg der Körpertemperatur in der Nacht, bevor man aufsteht und
aktiv wird, weist darauf hin, daß die tagesperiodische Regulation der
Körpertemperatur nicht eine passive Konsequenz der motorischen
Aktivität ist, sondern abhängig von einem endogenen Mechanismus
sein muß, der vermutlich vom Gehirn aus gesteuert wird.

Die Bedeutung von Hirnstrukturen für tagesperiodische Regulationen ist durch Studien deutlich gemacht worden, in denen ein Kerngebiet des Hypothalamus genauer untersucht wurde; es handelt sich
hierbei um den Nucleus suprachiasmaticus. Störungen in diesem
hypothalamischen Kern bewirken aperiodische Verhaltensabläufe
beim Versuchstier und weisen darauf hin, daß diese Struktur entscheidend zu sein scheint für den Ausdruck der beobachteten rhythmischen Verhaltensorganisation.

Die Bedeutung von Strukturen des Gehirns, die zum limbischen
System wie der Hypothalamus gehören und an der tagesperiodischen
Organisation unseres Verhaltens beteiligt sind, wird indirekt durch
Beobachtungen bei Depressiven gestützt. Ein bekanntes psychiatrisches Phänomen ist, daß der schwer Depressive einen veränderten
Ablauf seiner tagesperiodischen Zeitstruktur erlebt. Typischerweise
wacht ein solcher Patient etwa um 3 Uhr nachts auf, wobei er sich
seiner Gedankenschwere nicht erwehren kann und verfolgt wird von
ihn niederdrückenden Gedanken. Es ist diesem Patienten praktisch

nicht mehr möglich einzuschlafen, es sei denn erst Stunden später. Schlagartig erfolgt dann um die Mittags- oder Nachmittagszeit ein Umschlag in der Stimmung und im Antrieb, so daß ein solcher Patient plötzlich anderen und auch sich selbst in einer neuen Identität erscheint. Es gibt manche Patienten, bei denen sich die tagesperiodische Modulation des Verhaltens darin äußert, daß sie z.B. jeden zweiten Tag in eine depressive Phase fallen.

Man kann sich nun fragen, ob die beobachteten tagesperiodischen Veränderungen abhängig sind vom Tag/Nacht-Wechsel und dem auf ihn bezogenen Schlaf/Wach-Wechsel, oder ob der Körper die tagesperiodischen Veränderungen durch ein endogenes Programm steuert.

Um diese Frage zu prüfen, hat man Versuchspersonen in Isolationskammern gebracht, sie dort mehrere Wochen bis Monate eingeschlossen und beobachtet, in welcher Weise sich die tagesperiodischen Funktionen verändern. In diesen Versuchskammern muß sichergestellt sein, daß keinerlei Kenntnisse über die objektive Tageszeit verfügbar ist, d.h. eine solche Kammer muß licht-, schall- und informationsisoliert sein; Radio oder Fernsehen sind also nicht erlaubt. Aus den zahlreichen Experimenten, die weltweit durchgeführt wurden, hat sich ergeben, daß die tagesperiodischen Veränderungen endogenen Ursprungs sind.

Es sind drei voneinander unabhängige Sachverhalte, die für diese These sprechen. Man beobachtet erstens, daß bei Ausschluß aller äußeren Zeitgeber die physiologischen und psychologischen Funktionen weiter einen tagesperiodischen Wechsel zeigen. Damit ist sichergestellt, daß nicht das Vorhandensein eines äußeren geophysikalisch bestimmten Tag/Nacht-Wechsels für die Veränderungen verantwortlich sind. Man hat zweitens festgestellt, daß die Periode der tagesperiodischen Funktionen nicht mehr genau 24 Stunden ist, sondern im Durchschnitt etwas davon abweicht; der Mittelwert der Perioden liegt etwa bei 25 Stunden. Würde die Periode noch exakt 24 Stunden sein, könnte man annehmen, daß ein nicht erkannter Zeitgeber weiterhin für die tagesperiodischen Veränderungen verantwortlich ist. Die Tatsache, daß der Mensch "nachgeht", seine Tagesperiode also länger als 24 Stunden ist, kann somit als ein

wesentlicher Hinweis für eine endogene innere Uhr angesehen
werden. Es ist drittens aber auch wichtig, daß nicht alle Versuchspersonen exakt einen Wert von z.B. 25 Stunden haben, sondern daß
es eine interindividuelle Varianz gibt; jeder hat also seine bevorzugte
Periode, die sich nur im Mittel über alle Versuchspersonen auf etwa
25 Stunden beläuft. Würden alle Versuchspersonen in einer solchen
Isolationssituation den gleichen Wert haben, könnte man vermuten,
daß ein nicht erkannter, z.B. nicht-terrestrischer Zeitgeber für die
Steuerung der Funktionen verantwortlich wäre. Aufgrund der drei
erfüllten Kriterien kann man aber davon ausgehen, daß tagesperiodische Veränderungen endogen gesteuert werden.

Die Tatsache, daß der Mensch unter Isolationsbedingungen
einen Tag von etwa 25 Stunden hat, drückt sich darin aus, daß unser
Verhalten an den geophysikalisch definierten Tag so angepaßt ist, daß
wir üblicherweise nach Sonnenaufgang aufstehen und erst nach
Sonnenuntergang zu Bett gehen. Schwingungstheoretisch läßt sich so
argumentieren, daß der Tag/Nacht-Wechsel ein Zeitgeber ist, der ein
biologisches Phänomen synchronisiert. Der Zeitgeber hat eine kürzere
Periode als das biologische System, was zu einer Phasenbeziehung
zwischen den beiden Systemen im Synchronisationszustand führt, bei
dem das mitgenommene System dem mitnehmendem nachhinkt.
Hätte der Mensch im Durchschnitt eine innere Uhr von etwa 23
Stunden, würden wir demgemäß in unserer Sozialstruktur dem
Tageslauf, der uns von Licht und Dunkel aufgezwungen wird, nicht
nachhinken, sondern wir würden möglicherweise mit Vergnügen
jeden morgen um 3 Uhr aufstehen und schon um 5 Uhr am
Nachmittag ins Bett gehen. Die typische zeitliche Orientierung aller
menschlichen Sozialsysteme wird also von den Eigenheiten der
cirkadianen Uhr des Menschen bestimmt.

Wir müssen davon ausgehen, daß ein endogener Oszillator auch
für jene Funktionen gilt, die den anderen drei geophysikalischen Mechanismen entsprechen. Aus experimentellen Gründen ist es in direk-
ter Weise beim Menschen nicht möglich, die endogene Natur der
Jahresperiodik nachzuweisen, denn es ist natürlich nicht möglich,
einen Menschen viele Jahre lang von der Umwelt zu isolieren. Die
jahresperiodische Organisation menschlichen Verhaltens zeigt sich in

zahlreichen Bereichen, die in unsere Lebenswirklichkeit eingreifen. Hier mag die Anfälligkeit für Erkrankungen eine Rolle spielen; nachgewiesen ist die Jahresperiodik u.a. für die Geburtenhäufigkeit, d.h. somit die Konzeptionen, und auch für die Suizide, was von Till Roenneberg vom Institut für medizinische Psychologie in München nachgewiesen werden konnte. Dabei ist auffällig, daß die Amplitude der jahresperiodischen Veränderungen bei Suiziden und Konzeptionen mit der Zunahme der Zivilisation abnimmt. Das Durchbrechen der von der Natur vorgegebenen geophysikalischen Veränderungen während des Tages und während des Jahres führt also zur Abschwächung der jahresperiodischen Organisation unseres Verhaltens mit möglicherweise negativen Konsequenzen für die Stabilität der organismischen Systeme.

Während wir einen Zeitbegriff auf der Grundlage elementarer Zeiterlebnisse erschließen können, indem wir solche grundlegenden Erlebnisse wie Gleichzeitigkeit, Aufeinanderfolge, das Gefühl der Gegenwärtigkeit und das Erleben der Dauer nach ihrem gemeinsamen Nenner befragen - im Sinne von Kant also die Bedingung der Möglichkeit für diese Erlebnisse anzugeben versuchen -, wird uns durch die periodischen Veränderungen, die uns von der Umwelt aufdiktiert werden, das Vorübergehen der Zeit gleichsam aufgezwungen. Alle 24 Stunden wiederholt sich etwas in unserem Organismus, was sich in Erleben und Verhalten zeigt, aber es ist nicht genau dasselbe, was sich wiederholt; durch mentale Verarbeitungsprozesse sehen wir die sich wiederholenden Ähnlichkeiten, doch auch die Veränderung über die Zeit hinweg. Die Tatsache, daß wir mit Gedächtnis ausgestattet sind, erlaubt uns somit Vergleichsmöglichkeiten, d.h. nur über ein Gedächtnis wird uns ein Wechsel in der Zeit erkennbar und damit letzten Endes auch der Begriff von Zeit und Dauer ermöglicht.

Anmerkung:

Literatur beim Autor. Sofern auf experimentelle Befunde Bezug genommen wurde, sind diese durch Förderung der DFG und des BMFT ermöglicht worden. Da es sich bei diesem Aufsatz um eine eher theoretische Abhandlung über die mensch-

liche Zeiterfahrung handelt, ist unvermeidbar, daß die meisten Überlegungen bereits an anderer Stelle publiziert worden sind; besonders hingewiesen sei auf das Buch "Grenzen des Bewußtseins" (2. Aufl. 1988).

Hinweis des Herausgebers:

Vgl. auch Ernst Pöppel: "Identität als Rolle(n). Auf der Suche nach einem Menschenbild in Hirnforschung und Psychologie." In: Kurt Weis (Hrsg.): Bilder vom Menschen in Wissenschaft, Technik und Religion. 1. Aufl. FAKTUM Bd. 2. München: Technische Universität München 1993, 2. Aufl. Opladen: Westdeutscher Verlag 1995, S. 463-476.

WOLFGANG WILD

Wie kam die Zeit in die Welt?

Der Zeitbegriff der Physik

"Was ist die Zeit? Ein Geheimnis - wesenlos und allmächtig. Eine Bedingung der Erscheinungswelt, eine Bewegung, verkoppelt und vermengt dem Dasein der Körper im Raum und ihrer Bewegung. Wäre aber keine Zeit, wenn keine Bewegung wäre? Keine Bewegung, wenn keine Zeit? Frage nur! Ist die Zeit eine Funktion des Raumes? Oder umgekehrt? Oder sind beide identisch? Nur zu gefragt!"

Mit diesen Sätzen läßt Thomas Mann den zweiten Band seines Romans "Der Zauberberg" beginnen. Der Text spiegelt deutlich den Umbruch der physikalischen Vorstellungen über Raum und Zeit wider, den Albert Einstein wenige Jahre zuvor durch seine Relativitätstheorie eingeleitet hatte.

Vor Einsteins bahnbrechenden Arbeiten aus dem Jahre 1905 hatte Newtons Lehre über die Natur von Raum und Zeit die Physik beherrscht. Sir Isaac Newton (1643 - 1727), der in seinem Buch "Philosophia naturalis principia mathematica" von 1689 die erste systematische und geschlossene physikalische Theorie formuliert hat, betrachtete Raum und Zeit als nicht weiter zurückführbare, absolute, von der Erfahrung unabhängige, unserem Erkenntnisvermögen von vornherein einsichtige Anschauungskategorien. Er schreibt: "Der absolute Raum bleibt vermöge seiner Natur und ohne Beziehung auf einen äußeren Gegenstand stets gleich und unbeweglich." ... "Die

absolute, wahre und mathematische Zeit verfließt an sich und vermöge ihrer Natur gleichförmig und ohne Beziehung auf irgendeinen
äußeren Gegenstand."

Newtons Vorstellungen von Raum und Zeit

Versuchen wir den Raumbegriff Newtons, der sich mit der räumlichen Vorstellung des sogenannten gesunden Menschenverstandes
weitgehend deckt, noch etwas ausführlicher zu beschreiben, so wären
folgende Aussagen zu machen:

1) Der Raum ist dreidimensional, er hat Höhe, Breite und Tiefe.
2) In jeder der drei Raumdimensionen ist der Raum unbegrenzt und
   erstreckt sich ins Unendliche.
3) Die materiellen Körper füllen gewisse Gebiete des Raumes aus
   und bewegen sich im Raum, wobei es einen Sinn hat, von einem
   Zustand der Ruhe bzw. der Bewegung eines Körpers gegen den
   absoluten Raum zu sprechen.
4) Im Raum gelten die Gesetze der euklidischen Geometrie; so
   insbesondere auch der Lehrsatz des Pythagoras.

Zu dem Newton'schen Zeitbegriff wollen wir nur anmerken, daß
ihm zufolge das Dahinströmen der Zeit unabhängig ist von allen
physikalischen Vorgängen; Uhren stellen mit ihrem notwendigerweise nicht perfekt regelmäßigen Gang nur mehr oder weniger unvollkommene Instrumente zur Verfolgung dieses an sich existierenden Zeitablaufs dar. Jedem Ereignis im Weltablauf kommt eine
wohlbestimmte absolute Zeit zu; Ereignisse, die einem bestimmten
Beobachter als gleichzeitig erscheinen, sind deshalb selbstverständlich auch für alle anderen Beobachter - unabhängig von deren
Bewegungszustand - gleichzeitige Ereignisse.

Newtons Zeitgenosse Gottfried Wilhelm Leibniz (1646 - 1716)
vertrat allerdings andere Ansichten. Bei ihm findet sich die Aussage:
"Raum und Zeit sind nicht Sachen, sondern Anordnungen von
Sachen."

Leibniz konnte sich mit dieser Auffassung nicht durchsetzen; erst seit den Arbeiten von Albert Einstein hat die große Mehrheit der Physiker eingesehen, daß die Newton'schen Vorstellungen über Raum und Zeit nicht nur keineswegs selbstverständlich sind, sondern daß sie auch teilweise als inkorrekt angesehen werden müssen, während Leibniz den heutigen Standpunkt genial antizipiert hat.

Raum und Zeit in Einsteins Spezieller Relativitätstheorie

Beginnen wir - um unsere modernen physikalischen Vorstellungen von Raum und Zeit zu entwickeln - mit einigen ganz einfachen Feststellungen. In der Welt gibt es verschiedene unterscheidbare Gegenstände, etwa diese Kreide, diesen Tisch etc.. Sie unterscheiden sich in Form, Farbe und vielen anderen Eigenschaften. Wir wollen nicht im Detail untersuchen, wie wir von unseren Sinneswahrnehmungen auf das Vorhandensein der Gegenstände schließen, sondern wir wollen für unsere Zwecke diese unterscheidbaren Gegenstände als objektiv gegeben hinnehmen. Können wir nun für die Zuordnung mehrerer solcher Gegenstände Ordnungsprinzipien erkennen? Sicherlich, nämlich z. B. gerade dasjenige Ordnungsprinzip, das wir "räumliche" Anordnung nennen: Die Kreide liegt auf dem Tisch.

Wir wollen nun versuchen zu skizzieren, in welcher Weise wir eine Zuordnung von Gegenständen gerade als räumliche Anordnung charakterisieren können. Allen Gegenständen unseres Zimmers ist neben vielen speziellen Eigenschaften eine gemeinsam, nämlich die, ein "Raumgebiet" zu bestimmen. Die qualitativen Eigenschaften dieser Raumgebiete sind es, die wir räumliche Ordnung der Körper nennen.

Welches sind nun solche qualitativen Eigenschaften der Raumgebiete? Da sich ein Körper in Teile zerlegen läßt (z. B. dieses Stück Kreide), so kann man auch sein Raumgebiet in Teilgebiete aufteilen. Weiterhin kann man feststellen, ob zwei Körper aneinanderstoßen, ob und in welcher Weise sie sich berühren. Es ist eine Eigenschaft der Raumgebiete, sich berühren zu können. Diese Berührungsrelation ist das Entscheidende. Der Mathematiker Lobatschewski, dem wir die Nichteuklidische Geometrie verdanken, hat gesagt: "Die Berührung bildet das unterscheidende Merkmal der Körper, und wir nennen sie geometrische Körper, wenn wir uns nur mit dieser Berührungseigenschaft befassen und alle anderen Eigenschaften, wesentliche oder zufällige, außer acht lassen."

Durch eine Beschreibung von Berührungszusammenhängen können wir eine räumliche Ordnung qualitativ kennzeichnen. Wir nehmen also nicht an, daß der Raum etwas an und für sich und ohne alle Gegenstände Existentes sei, daß die realen Gegenstände also nur ein schon ohne sie vorhandenes Gebiet des leeren Raumes einnehmen. Ein solcher leerer Raum ist physikalisch sinnlos, da man über ihn nur dann physikalische Aussagen machen kann, wenn man das Verhalten realer Gegenstände untersucht und wo solche Gegenstände sind, da haben wir keinen leeren Raum mehr. Wir haben den Begriff des Raumgebietes definiert durch Eigenschaften der realen Gegenstände, insbesondere durch ihre Berührungseigenschaften. Raum ist also Ordnung von Phänomenen unter einem bestimmten Gesichtspunkt, eine Auffassung, die - wie wir sahen - schon Leibniz im Gegensatz zu Newton vertreten hat.

Da es uns in erster Linie um den Zeitbegriff geht, wollen wir die räumliche Zuordnung von Gegenständen nicht näher analysieren. Wir übergehen daher Fragen wie die nach einem unzweideutigen experimentellen Nachweis der Dreidimensionalität des Raumes, nach der Messung von Abständen, nach der empirischen Feststellung der - euklidischen oder nichteuklidischen - Raumstruktur. Alle diese Fragen lassen sich befriedigend beantworten, was uns aber hier nicht weiter interessieren soll.

Angenommen nun, wir hätten die Berührungszusammenhänge aller Gegenstände erforscht und alle Abstände gemessen und so ein vollständiges Bild von den räumlichen Zuordnungsverhältnissen der Welt erhalten. Damit aber wäre die Welt noch nicht befriedigend beschrieben. Beginnen wir nämlich erneut mit der Vermessung, so erhielten wir andere räumliche Anordnungsbeziehungen. Die Welt ist nicht starr und unveränderlich, sondern sie ändert sich. Diese Veränderung der Welt ist der Ursprung dessen, was wir zeitliche Ordnung nennen.

Wir wollen nun folgendes Experiment machen: Wir bewegen ein Stück Kreide im Zimmer. Jedesmal, wenn der Minutenzeiger der Zimmeruhr seine Position wechselt, bestimmen wir die räumliche Lage der Kreide in Bezug auf die Zimmerwände. Eine bestimmte räumliche Lage in Verbindung mit einer bestimmten Zeigerstellung der Uhr nennen wir ein Ereignis. Um ein Ereignis einzuordnen, brauchen wir 4 Zahlen, die drei Koordinaten der räumlichen Ordnung und eine Koordinate der Uhrablesung. Die Ereignisse sind vierdimensional geordnet.

Wenn nun die Ereignisse einen vierdimensionalen Bereich bilden, wodurch unterscheidet sich dann dieser eigentlich von einem vierdimensionalen Raum. Solange wir nur sagen, daß die verschiedenen Ereignisse, d. h. die verschiedenen Zustände der verschiedenen Gegenstände vierdimensional geordnet sind, hat man den charakteristischen Unterschied zwischen räumlichem Nebeneinander und zeitlichem Nacheinander noch nicht formuliert. Die Vierdimensionalität der Ordnung gibt noch keine qualitative Auszeichnung dessen, was wir "Veränderung" nennen. Man könnte daher sogar auf den Einfall kommen, daß tatsächlich die Welt ein vierdimensionaler Raum ohne jede weitere Auszeichnung der Zeit wäre, daß vielmehr unsere Wahrnehmungen uns eine solche Auszeichnung nur vorspiegeln. Dies ist aber nicht der Fall. Es gibt eine Struktur in der Welt, die den Unterschied von räumlicher und zeitlicher Ordnung deutlich macht.

Seien a und b zwei Ereignisse. Es hat dann einen Sinn, zu fragen, ob ein vom Ereignis a ausgehender physikalischer realer Vorgang das Ereignis b erreichen kann. Genauer: Gibt es einen Gegenstand, der am Ereignis a teilgenommen hat und der auch am Ereignis b teilnehmen kann, oder - anders ausgedrückt - gibt es eine Kette von Zuständen eines und desselben Körpers, die die Ereignisse a und b verbinden kann? Kann weder a mit b noch b mit a auf diese Weise verbunden werden, so nennen wir a und b "raumartig" zueinander, lassen sich dagegen a mit b oder b mit a durch eine solche Kette desselben Körpers verbinden, so nennen wir a und b zueinander zeitartig. Nur zeitartig zueinander liegende Ereignisse können in einem Kausalzusammenhang stehen.

Wenn es für die Übertragung irgendeiner Art von Wirkung eine
maximale Geschwindigkeit gibt, so stoßen die aktive Zukunft und die
passive Vergangenheit eines Ereignisses nicht ohne eine Lücke aneinander.

Auch das zeitliche Nacheinander, die Ordnungsform der Veränderung läßt sich quantitativ näher erfassen. Wir wollen versuchen,
etwas einzuführen, was wir den zeitlichen Abstand zweier Ereignisse
an demselben Körper nennen wollen. Dazu konstruieren wir eine
zeitliche Kette: Wir benutzen einen sich wiederholenden Vorgang (z.
B. die Schwingung eines Pendels etc.). Da derselbe Vorgang sich
wiederholt, so hat man eine zeitliche Kette. Koppelt man damit noch
einen Mechanismus, der die Zahl der einzelnen sich wiederholenden
Vorgänge zählt, so haben wir eine Uhr vor uns.

Betrachten wir zunächst nur den zeitlichen Abstand zweier Ereignisse a und b an demselben Körper. Man kann an diesem Körper
eine Uhr fest anbringen und direkt den Zeitunterschied ablesen.
Diesen bezeichnet man als den Eigenzeitunterschied des betrachteten
Körpers. Es ist also möglich, ein quantitatives Maß für den eigenzeit-
lichen Abstand von Ereignissen an einem Körper einzuführen.

Wir sind aber damit noch nicht so weit, zeitliche Abstände zwischen beliebigen Ereignissen angeben zu können. Um dieses Ziel zu
erreichen, gehen wir wieder von einigen einfachen Erfahrungen aus.
Wir beobachten, daß es in der Welt räumliche Zuordnungen gibt, die
sich wenig verändern. Beispiele: Zimmer, Eisenbahnabteil, Fixstern-
himmel. Für einen solchen stabilen Raum kann man nun eine einzige
Zeit einführen. Wir stellen an bestimmten, beliebigen aber fixierten
Punkten des Raumes Uhren auf, die völlig gleich gebaut sein sollen.
Hat man an den Stellen A und B eine Uhr, so stelle man auf halbem
Wege von A nach B eine Signalquelle C auf. Die Ereignisse, wo ein
Signal von C in A und B eintrifft, werden dann als gleichzeitig
definiert und die Uhren in A und B gleichgestellt. Auf diese Weise ist
es möglich, für jeden stabilen Raum alle Uhren zu synchronisieren
und eine einzige Zeit einzuführen. Sei in unserem Zimmer eine solche
Synchronisation von Uhren durchgeführt. Nunmehr bewegen wir mit
gleichförmiger Geschwindigkeit einen Gegenstand G geradlinig von
A nach B. Die Uhr in A möge bei der Koinzidenz des bewegten

Gegenstandes mit A die Zeit t_0 gezeigt haben, die Uhr in B bei Koinzidenz des bewegten Gegenstandes mit B die Zeit t_1. Wir setzen

$$t_1 - t_0 = \Delta t.$$

Andererseits aber lesen wir eine genau gleich gebaute Uhr ab, die fest mit dem bewegten Gegenstand verbunden ist. Sie zeigt beim Ereignis a (Koinzidenz G A) die Zeit t'_0, beim Ereignis b (Koinzidenz G B) die Zeit t_1'. Wir setzen

$$t'_1 - t'_0 = \Delta t'.$$

$\Delta t'$ ist also die Eigenzeitdifferenz zwischen a und b, Δt die Zeitdifferenz der Zimmerzeit.

Es zeigt sich nun bei sehr genauer Messung, daß die Beziehung

$$(\Delta t')^2 = (\Delta t)^2 - \frac{1}{c^2}(\Delta x)^2$$

besteht. Dabei ist Δx der räumliche Abstand von A und B und c eine universelle Konstante, die sich als numerisch gleich der Lichtgeschwindigkeit im Vakuum erweist.

Das Experiment, das wir hier beschrieben haben, ist erst seit wenigen Jahren praktisch durchführbar geworden. Man verwendet dazu ein Flugzeug mit einer Atomuhr an Bord, das eine Erdumrundung durchführt. Die Anzeige der Borduhr wird verglichen mit der Anzeige einer gleichartigen Atomuhr, die am Flughafen installiert ist. Dabei zeigt sich, daß die Bord- und die Flughafenuhr einen Zeitunterschied in der Größenordnung von 10^{-7} sec. aufweisen. Da die Flugdauer in der Größenordnung von 10^5 sec. liegt, müssen die Uhren eine relative Ganggenauigkeit von mindestens 10^{-12} besitzen, um signifikante Aussagen zu erlauben. Moderne Atomuhren haben eine Ganggenauigkeit von 10^{-14}, so daß die Zeitdilatation heute auch makroskopisch nachweisbar ist.

Albert Einstein mußte 1905 die Beziehung

$$\Delta t' = \Delta t \sqrt{1 - (v / c)^2} \, ,$$

wobei v die Geschwindigkeit der bewegten Uhr ist, noch indirekt aus dem negativen Ausgang des Michelsonversuchs erschließen.

Um die Situation von 1905 und die Bedeutung von Einsteins geistiger Revolution zu verstehen, wollen wir nochmals auf die Newton'schen Vorstellungen zurückkommen. Daß es für die Physik auf die Bewegung gegenüber dem absoluten Raum und nicht auf die Relativbewegung materieller Körper gegeneinander ankommt, versuchte Newton durch seinen berühmten Eimerversuch zu belegen:

An einem tordierten Faden hänge ein mit Wasser gefüllter Eimer. Läßt man den Eimer los, so beginnt er zu rotieren, während das Wasser zunächst infolge seiner Trägheit in Ruhe bleibt und eine ebene Oberfläche behält. Der Eimerrand bewegt sich in dieser Phase relativ zum Wasser. Infolge der Reibung aber beginnt allmählich auch das Wasser zu rotieren, seine Oberfläche wird parabolisch gewölbt. Nach Newtons Interpretation hat sich in dieser Phase die absolute Bewegung des Wassers im Raum ausgebildet und manifestiert sich in der physikalisch beobachtbaren Oberflächenwölbung. Auf die Relativbewegung von Eimer und Wasser kommt es dagegen nicht an, denn in der Anfangsphase existiert eine solche Relativbewegung und hat keine beobachtbaren Konsequenzen, in der Endphase existiert keine Relativbewegung mehr, wohl aber die beobachtbare Wölbung der Wasseroberfläche.

Dieses Argument scheint zunächst durchaus einleuchtend. Überraschend bleibt dann allerdings die Tatsache, daß durch den absoluten Raum und die absolute Zeit nicht ein einziges Bezugssystem vor allen anderen ausgezeichnet wird. Denn es war Newton durchaus bekannt, daß es nicht gelingt, den Zustand der Ruhe bezüglich des absoluten Raums von dem der geradlinig gleichförmigen Bewegung gegenüber diesem absoluten Raum durch beobachtbare Erscheinungen zu unterscheiden. Nur beschleunigte Bewegungen, wie die Rotationsbewegung des Eimers, bringen beobachtbare Effekte hervor.

Die Unbeobachtbarkeit einer geradlinig gleichförmigen Bewegung gegenüber dem absoluten Raum schrieb man einer Symmetrieeigenschaft der Bewegungsgleichungen der Newton'schen Mechanik zu. Diese ändern nämlich ihre Form nicht, wenn man mittels der sogenannten Galileitransformation

$$x' = x - vt \qquad y' = y \qquad z' = z \qquad t' = t$$

zu den Koordinaten eines neuen gestrichenen Bezugssystems übergeht. Andererseits hielt man es für a priori evident, daß der Zusammenhang zwischen den Raum-Zeit-Koordinaten zweier Bezugssysteme, die sich längs der x-Achse mit der konstanten Geschwindigkeit v bewegen, durch eben diese Galileitransformation vermittelt wird.

Im Verlauf des 19. Jahrhunderts entwickelte sich neben der Mechanik die Elektrodynamik, die in der von James Clerk Maxwell entwickelten Theorie 1864 ihren krönenden Abschluß fand. Im Gegensatz zur Newton'schen Mechanik ist die Maxwell'sche Elektrodynamik nicht forminvariant gegenüber Galileitransformationen. Infolgedessen glaubte man durch elektrodynamische Beobachtungen - wie z. B. die Lichtausbreitung - geradlinig gleichförmige Bewegungen gegenüber dem absoluten Raum nachweisen zu können. Maxwell selbst beanspruchte die Gültigkeit seiner Gleichungen nur für ein Bezugssystem, das gegenüber einem lichttragenden Medium, dem sogenannten "Äther" ruht. Nur in diesem ruhenden Bezugssystem sollte sich das Licht im Vakuum nach allen Seiten mit der gleichen Geschwindigkeit - nämlich c - ausbreiten, in allen dagegen bewegten Bezugssystemen jedoch mit einer richtungsabhängigen und von c im allgemeinen verschiedenen Geschwindigkeit.

Das 1887 durchgeführte Interferenzexperiment von Michelson und Morley zeigte, daß die Ausbreitungsgeschwindigkeit des Lichtes längs und transversal zur Bewegung der Erde auf ihrer Bahn um die Sonne innerhalb einer Genauigkeit von 5 km/sec. die gleiche ist, während man einen Unterschied in der Größe der Bahngeschwindigkeit der Erde, welche 30 km/sec. beträgt, erwarten mußte.

Die vergeblichen Versuche, eine Bewegung der Erde gegenüber dem Lichtäther festzustellen, veranlaßten Albert Einstein im Jahre 1905 zur Aufstellung des Postulats:

Es ist unmöglich, durch irgendein physikalisches Experiment innerhalb einer Klasse von Bezugssystemen, die auseinander durch geradlinig gleichförmige Bewegungen hervorgehen, ein spezielles auszuzeichnen.

Die Grundgleichungen der Maxwell'schen Elektrodynamik sind nicht forminvariant bei Galileitransformationen, bleiben aber aufgrund ihrer Symmetrie forminvariant bei den sogenannten Lorentztransformationen

$$x' = \frac{x - vt}{\sqrt{1 - (v/c)^2}} \; ; \; y' = y \; ; \; z' = z \; ; \; t' = \frac{t - vx/c^2}{\sqrt{1 - (v/c)^2}}$$

Das negative Ergebnis des Michelsonversuchs veranlaßte Einstein zu dem Schluß, daß es nicht die Galileitransformationen sein können, die die Raum-Zeit-Koordinaten geradlinig gleichförmig gegeneinander bewegter Bezugssysteme miteinander verbinden, sondern daß diese Funktion den Lorentztransformationen zukommt. Das Einstein'sche Relativitätsprinzip läßt sich daher in der folgenden Form präzisieren:

Alle Gesetze der Physik müssen bei Lorentztransformationen forminvariant sein.

Die Grundgleichungen der Elektrodynamik genügen, wie wir schon betont haben, von Hause aus diesem Einstein'schen Relativitätsprinzip. Die Bewegungsgleichungen der Newton'schen Mechanik dagegen verletzen dieses Prinzip und müssen daher modifiziert werden. Da die Lorentztransformationen im Grenzfall $v/c \to 0$ in die Galileitransformationen übergehen, gegenüber welch letzteren die Newton'schen Mechanik forminvariant ist, kann man erwarten, daß sich diese Modifikation nur bei sehr großen Geschwindigkeiten bemerkbar macht. Die dem Einstein'schen Relativitätsprinzip genügende relativistische Mechanik unterscheidet sich von der Newton'schen Mechanik vor allem durch eine Geschwindigkeitsabhängigkeit der Masse. Diese vorhergesagte Geschwindigkeitsabhängigkeit der Masse wurde schon 1908 von Kaufmann bei Elektronen experimentell nachgewiesen; seither sind die Konsequenzen des Einstein'schen Relativitätsprinzips in einer Vielzahl von Experimenten bestätigt worden.

Im übrigen wäre zu betonen, daß durch Einstein das Relativitätsprinzip in die Physik nicht neu eingeführt, sondern eigentlich nur wiederhergestellt worden ist. Vor Maxwell konnte man annehmen, daß die physikalischen Gesetze forminvariant sind bei Galileitransformationen. Maxwells Gleichungen waren dann nicht forminvariant bei diesen Transformationen, und so konnte ein halbes Jahrhundert lang der Eindruck entstehen, daß nur die Mechanik, aber nicht die Elektrodynamik dem Relativitätsprinzip genüge. Seit Einstein ist es klar, daß sowohl die Gesetze der Mechanik als auch die der Elektrodynamik forminvariant sind unter ein- und derselben Gruppe von Transformationen, aber diese Gruppe sind nunmehr nicht die Galilei-, sondern die Lorentztransformationen.

Allerdings muß man sagen, daß das Relativitätsprinzip der Newton'schen Mechanik im Kontext der Vorstellungen von absolutem Raum und absoluter Zeit ein Fremdkörper war, als dessen Ursache man eine mehr zufällige Symmetrieeigenschaft der Newton'schen Grundgleichungen ansah. Erst durch Einstein wurde das Relativitätsprinzip in den Rang einer fundamentalen Eigenschaft *aller* Naturgesetze emporgehoben und dadurch den Vorstellungen von absolutem Raum und absoluter Zeit die empirische Basis vollständig entzogen.

Wir wollen als Ergebnis der Einstein'schen Revolution des Raum-Zeit-Begriffes festhalten: Die Zeit ist nach unserer heutigen physikalischen Auffassung nicht ein unabhängiges Seiendes, sondern eine Ordnungsform der Materie. Ohne Gegenstände, genauer ohne die Veränderung in den Beziehungen der Gegenstände, hat die physikalische Zeit keinen Sinn. Da aber die Ordnungsbeziehungen der Gegenstände auch vom Standpunkt des Beobachters abhängen, ändern sie sich beim Übergang von einem Bezugssystem zu einem anderen. Insbesondere können zwei Ereignisse, die, beurteilt vor einem bestimmten Bezugssystem gleichzeitig auftreten, in einem anderen Bezugssystem als ungleichzeitig erscheinen. Eine besonders berühmte Konsequenz der Einstein'schen Revolutionierung des

Zeitbegriffs ist das sogenannte Zwillingsparadoxon, wonach ein
Raumfahrer langsamer altert als sein auf der Erde zurückbleibender
Zwillingsbruder.

Die Allgemeine Relativitätstheorie und kosmologische Weltmodelle

Die bisher vorgetragenen Aussagen finden sich in den Arbeiten
von Albert Einstein zur Speziellen Relativitätstheorie aus dem Jahre
1905. Zehn Jahre später verallgemeinerte Einstein die Spezielle zur
Allgemeinen Relativitätstheorie. Er postulierte - ohne daß zu diesem
Zeitpunkt eine experimentelle Erfahrung das schon zwingend nahegelegt hätte -, daß die Anwesenheit von Materie und Strahlung die
Struktur von Raum und Zeit in wohlbestimmter Weise beeinflußt. An
die Stelle des oben angegebenen Zusammenhangs der Eigenzeit mit
den Raum- und Zeitkoordinaten, wie er in der Speziellen Relativitätstheorie zugrundegelegt wird, tritt eine allgemeinere Beziehung, die
einen sogenannten metrischen Tensor g_{ik} $(x,\ y,\ z,\ t)$ enthält. Das
Raum-Zeitkontinuum hat die Eigenschaften eines gekrümmten
Riemann'schen Raumes; die Eigenschaften dieses Raumes waren von
dem großen Mathematiker Bernhard Riemann schon um die Mitte des
19. Jahrhunderts untersucht worden, worauf Einstein zurückgreifen
konnte. Über Riemann hinausgehend begründete Einstein Feldgleichungen, die es gestatten, den metrischen Tensor aus der Materie-
und Strahlungsverteilung zu berechnen.

Damit war die Zurückführung von Raum und Zeit auf die Eigenschaften von Materie und Strahlung zu einem Höhepunkt und
Abschluß gebracht. Der die Struktur von Raum und Zeit bestimmende
metrische Tensor wird durch die Einstein'schen Feldgleichungen in
ähnlicher Weise auf die Materie- und Strahlungsdichte zurückgeführt
wie die elektrischen und magnetischen Felder durch die
Maxwell'schen Feldgleichungen der Elektrodynamik auf die elektrische Ladungs- und Stromdichte.

Einstein selbst versuchte schon im Jahre 1917 aus seiner Allgemeinen Relativitätstheorie ein Modell des Universums zu begründen.
Es zeigte sich dabei, daß seine Gleichungen kein unveränderliches,
von Ewigkeit zu Ewigkeit gleichartiges Weltall zuließen. Da Einstein

jedoch damals von der Existenz eines solchen statischen Universums überzeugt war, erweiterte er seine Gleichungen um ein sogenanntes "kosmologisches Glied", das eine neue fundamentale Naturkonstante, die sogenannte kosmologische Konstante Λ, enthält. Mit diesem Zusatzglied und einer speziellen Festlegung der kosmologischen Konstanten existiert eine Lösung, die ein statisches Universum endlicher Größe beschreibt.

Der russische Physiker Alexander Friedmann zeigte jedoch im Jahre 1922, daß die Lösungen der Einstein'schen Feldgleichungen notwendig eine Expansions- oder Kontraktionsbewegung des Universums beinhalten, denn die statische Einsteinlösung ist instabil, d.h., die geringste Störung führt zu einer dynamischen Entwicklung des Kosmos. Nach Friedmann gibt es drei Typen dynamischer Weltmodelle:

- ein geschlossenes Weltall von endlicher Ausdehnung, bei dem der Raum positiv gekrümmt ist, was unter anderem zur Folge hat, daß die Winkelsumme im Dreieck größer als 180° ist. Man kann sich in diesem Modell den Raum als dreidimensionales Analogon zur Oberfläche eines Luftballons vorstellen, dessen Radius sich bei der Expansionsbewegung vergrößert, bei der Kontraktionsbewegung verkleinert;
- ein flaches, unendlich ausgedehntes Weltall, bei dem die Winkelsumme im Dreieck genau 180° beträgt und dessen zweidimensionales Analogon eine Ebene ist;
- ein unendlich ausgedehntes Universum mit negativer Krümmung, wo die Winkelsumme im Dreieck kleiner ist als 180° und dessen zweidimensionales Analogon ein sogenanntes Hyperboloid ist.

Besonders einfache Verhältnisse ergeben sich bei dem sogenannten Standardmodell, bei dem man der kosmologischen Konstanten den Wert $\Lambda = 0$ zuschreibt, also auf das kosmologische Glied der Einstein'schen Feldgleichungen verzichtet. In diesem Fall beschreiben alle drei Lösungstypen ein Universum, das mit einem als "Urknall" bezeichneten Anfangszustand extrem hoher Dichte und Temperatur beginnt. Bei dem ersten Lösungstyp folgt auf den Urknall zunächst eine Expansionsphase, in der das Weltvolumen zu- und die

Materiedichte abnimmt, auf die dann eine Kontraktionsphase folgt, für die das Umgekehrte gilt. Das Universum endet nach einer endlichen Zeit wieder in einem den Verhältnissen beim Urknall ähnlichen Zustand extrem hoher Dichte und Temperatur. Bei den beiden anderen Lösungstypen setzt sich dagegen die Expansion für immer fort, die Zeit hat zwar einen Anfang, aber kein Ende.

Das geschlossene Universum des ersten Lösungstyps ist realisiert, wenn die Materiedichte oberhalb eines gewissen kritischen Wertes liegt, der zweite Lösungstyp liegt dann vor, wenn die Materiedichte genau den kritischen Wert hat, der dritte Lösungstyp, wenn sie kleiner ist. Bei Materiedichten oberhalb der kritischen Dichte ist die Bremsung der Expansionsbewegung durch die anziehende Wirkung der Gravitation so stark, daß es zum Stillstand und anschließend zur Umkehr der Bewegung kommt, bei Materiedichten, die kleiner oder gleich der kritischen Dichte sind, ist dagegen die Gravitationsbremsung zu schwach, um der Expansion Einhalt zu gebieten.

Die drei Typen des Friedmann'schen Weltmodells sind exakte Lösungen der Einstein'schen Feldgleichungen der Allgemeinen Relativitätstheorie, unter der Annahme, daß es im Universum keinen ausgezeichneten Punkt und keine ausgezeichnete Richtung gibt. Diese Annahme nennt man das Kosmologische Prinzip.

Eine erste empirische Stütze erhielt das Friedmann'sche Weltmodell durch die Entdeckung der Rotverschiebung des von weit entfernten Galaxien ausgesandten Lichtes. Deutet man diese Rotverschiebung als Doppler-Effekt und damit als ein Anzeichen für die Bewegung der Galaxien, so zeigt sie an, daß sich die das Licht aussendenden Galaxien von uns entfernen. Wie Edwin Hubble 1929 erstmals feststellte, ist die Rotverschiebung proportional zur Entfernung, d.h., je weiter eine Galaxie von uns entfernt ist, desto größer ist ihre Fluchtgeschwindigkeit. Die einfachste Deutung dieser Erscheinung ist natürlich die Hypothese eines Urknalls: Vor einer gewissen endlichen Zeit waren alle Galaxien sehr dicht beisammen. Ihre Fluchtgeschwindigkeit ist die Folge einer kosmischen Urexplosion.

Ein zweiter empirischer Hinweis auf die Richtigkeit der Urknallhypothese wurde im Jahre 1964 entdeckt. Arno Penzias und Robert

Wilson fanden eine elektromagnetische Strahlung, die völlig diffus ist und anscheinend das ganze Universum gleichmäßig erfüllt. Die große Mehrzahl der Physiker deutet diese sogenannte kosmische Hintergrundstrahlung als ein Relikt aus der sehr heißen Frühzeit des Universums. Ihre Richtungsunabhängigkeit ist auch eine starke Stütze für das Kosmologische Prinzip.

Leider ist es bis heute nicht möglich, das Weltalter aus den Meßgrößen zuverlässig zu erschließen, die Größenordnung liegt aber mit großer Wahrscheinlichkeit bei etwa 20 Milliarden Jahren. (Neueste Messungen mit dem Hubble-Space-Teleskop deuten auf ein Weltalter von höchstens 12 Milliarden Jahren hin.) Noch weniger sicher sind wir, ob die reale Dichte des Universums ober- oder unterhalb oder aber genau bei der kritischen Dichte liegt. Die Dichte der sichtbaren Materie beträgt zwar weniger als ein Prozent der kritischen Dichte, was für ein dauernd expandierendes, unendlich ausgedehntes Weltall mit negativer Krümmung sprechen würde. Es gibt aber starke Hinweise auf die Existenz einer sogenannten "dunklen Materie", deren Natur noch weitgehend unverstanden ist. Heute neigt man dazu anzunehmen, daß die gesamte Dichte von sichtbarer und dunkler Materie sehr nahe bei der kritischen Dichte liegt. Die genauere Diskussion würde uns aber sehr weit in die moderne Kosmologie hineinführen, und in dieser Ringvorlesung geht es ja um die Natur der Zeit und nicht um die Evolution des Universums.

Fassen wir die für den Zeitbegriff wichtigen Resultate der auf der Allgemeinen Relativitätstheorie basierenden kosmologischen Weltmodelle zusammen, so können wir sagen, daß die Zeit, die nur im Zusammenhang mit der Existenz von Materie sinnvoll erfaßt werden kann, mit dem Urknall vor etwa zwanzig Milliarden Jahren in die Welt kam, daß es aber unklar ist, ob sie nunmehr unendlich lange fortwährt oder aber nach einer endlichen Dauer wieder aufhört. Sehr viel spricht dafür, daß selbst bei einer endlichen Dauer des Weltalls das Universum sich noch in einem frühen Stadium seiner Entwicklung befindet und daß die Zeitspanne bis zur Endsingularität - die zugleich das Ende der Zeit bedeuten würde - sehr viel größer ist als die Zeitspanne, die seit dem Urknall vergangen ist.

Einsteins Spezielle Relativitätstheorie darf heute als allgemein anerkannt und in vielfältiger Weise als experimentell gesichert gelten. Auch die Grundprinzipien der Allgemeinen Relativitätstheorie werden kaum noch bezweifelt, und alle einschlägigen empirischen Befunde - von denen es allerdings nur recht wenige gibt - stehen mit der Allgemeinen Relativitätstheorie im Einklang. Die kosmologischen Modelle sind dagegen Hypothesen, über die das letzte Wort sicherlich noch nicht gesprochen ist. Immerhin wird das Standardmodell und die Annahme, daß am Beginn des Universums ein Urknall steht, von der Mehrzahl der Physiker für richtig gehalten. Sehr viel weniger verstanden und darum für die Physiker vielleicht noch aufregender als die Fragen der Kosmologie ist ein anders Phänomen, auf das wir nunmehr eingehen wollen.

Der Entropiebegriff und der Richtungssinn der Zeit

In den Grundgesetzen der klassischen Mechanik und auch der modernen Quantenmechanik tritt die Zeit als ein Parameter auf, dem keinerlei Richtungssinn innewohnt; die Gesetze bleiben invariant, wenn man den Zeitparameter t durch -t ersetzt. Wenn ein Bewegungsablauf mit den Naturgesetzen vereinbar ist, dann ist es auch der umgekehrte Bewegungsablauf. Andererseits zeigen komplexe Systeme, wie wir sie in der Thermodynamik betrachten, eine eindeutige Richtung des Zeitablaufs; so gleichen z. B. zwei in Wärmekontakt befindliche Körper unterschiedlicher Temperatur ihre Temperaturdifferenz im Laufe der Zeit aus; der umgekehrte Vorgang - die Rückbildung einer Temperaturdifferenz - wird dagegen nicht beobachtet. Wie ist es möglich, daß komplexe Systeme einen Richtungssinn des Zeitablaufs zeigen, obwohl die Grundgesetze, die die Bewegung ihrer Konstituenten bestimmen, symmetrisch gegenüber Zeitumkehr sind?

In neuerer Zeit hat sich die Problematik noch verschärft. Die bisher in der Thermodynamik untersuchten Prozesse waren fast alle charakterisiert durch eine Zunahme der Unordnung. Ein quantitatives Maß für diese Unordnung ist die - erstmals von dem deutschen Physiker Clausius eingeführte - sogenannte Entropie eines Systems;

diese Entropie nimmt im Laufe der Zeit monoton zu und erreicht ein Maximum, wenn das System in den Zustand des thermodynamischen Gleichgewichts übergeht. Andererseits wissen wir, daß sich das Leben aus primitiven Anfängen zu immer höher organisierten, immer komplizierteren Formen entwickelt hat. Auch die Evolution hat einen Zeitsinn, doch dieser führt nicht zu wachsender Unordnung, sondern im Gegenteil zu wachsender Ordnung. Wie aber ist das möglich, wo doch auch das Leben auf physikalischen Grundgesetzen beruht? Wie können Clausius und Darwin gleichzeitig recht haben?

Mit den Fragen nach der Existenz einer Zeitrichtung, eines "Pfeiles der Zeit", wollen wir uns nunmehr noch etwas näher beschäftigen. Albert Einstein hielt Bemühungen in dieser Richtung für fruchtlos; von ihm stammt der Ausspruch: "Der Unterschied zwischen Vergangenheit, Gegenwart und Zukunft ist für uns Wissenschaftler eine Illusion, wenn auch eine hartnäckige."

Hat Einstein mit dieser Auffassung recht? Kann der "Pfeil der Zeit" wirklich nur subjektivistisch verstanden werden, oder gibt es doch auch objektive Begründungen für die Nichtumkehrbarkeit des Zeitablaufs?

Als typisches Beispiel eines irreversiblen (d. h. nicht umkehrbaren) Prozesses wollen wir den Dichteausgleich in einem Gasvolumen betrachten. Das Gasvolumen sei zunächst durch eine Trennwand in zwei gleiche Hälften geteilt; die rechte Hälfte werde leer gepumpt, so daß sich nur in der linken Hälfte Gasmoleküle befinden. Zur Zeit t = 0 werde die Trennwand entfernt. Nunmehr strömen Gasmoleküle aus der linken Hälfte in die rechte und nach kurzer Zeit ist ein Zustand erreicht, bei dem sich die Gasmoleküle gleichmäßig auf das Gesamtvolumen verteilen. Der umgekehrte Vorgang, bei dem sich - ausgehend von einer Gleichverteilung - alle Moleküle in einem Teilvolumen ansammeln, wird nie beobachtet.

Der zweite Hauptsatz der Thermodynamik liefert eine Begründung für derartige irreversible Vorgänge. Er besagt:

"Es existiert eine Zustandsgröße Entropie mit der Eigenschaft, daß sie bei allen in einem abgeschlossenen System ablaufenden Vorgängen niemals abnimmt".

Bei einem vorgegebenen Volumen und einer vorgegebenen Gas-
menge ist diese Zustandsgröße Entropie im Falle der Gleichverteilung
maximal. Nach dem zweiten Hauptsatz strebt ein abgeschlossenes
System einem Gleichgewichtszustand zu, der durch ein Maximum der
Entropie gekennzeichnet ist. Deswegen stellt sich in unserem Beispiel
die Gleichverteilung ein, während der Umkehrvorgang nicht auftritt,
weil er mit einer Entropieverminderung verbunden wäre, die verboten
ist.

Wesentlich ist nun folgendes: In einem abgeschlossenen System
streben *alle* Nichtgleichgewichtszustände *demselben* Attraktorzustand, dem - durch ein Maximum der Entropie gekennzeichneten -
thermodynamischen Gleichgewicht zu. Wenn ein System den Gleichgewichtszustand erreicht hat, dann hat es seinen Anfangszustand vollständig vergessen.

Demgegenüber wird das Verhalten eines mechanischen Systems,
z. B. einer Anzahl von Gasmolekülen in einem vorgegebenen Volumen, durch den Anfangszustand für alle Zeiten vollständig determiniert. Das System kann seinen Anfangszustand also *niemals*
vergessen.

Die klassische Dynamik und die Thermodynamik liefern demnach zwei sehr unterschiedliche Beschreibungen der Natur, und es
erhebt sich natürlich die Frage, wie diese Beschreibungen miteinander
verknüpft sein können.

Eine atomistische Begründung des Entropiesatzes und auch der
sonstigen Aussagen der Thermodynamik gelingt verhältnismäßig
leicht, wenn man wahrscheinlichkeitstheoretische Überlegungen
anstellt. Nach den Gesetzen der Kombinatorik gibt es

$$W = \frac{N\,!}{n\,!\,(\,N - n\,)\,!}$$

verschiedene Möglichkeiten, N Teilchen auf zwei gleichgroße Teilvo-
lumina so zu verteilen, daß sich n in dem einen und (N-n) in dem
anderen Teilvolumen befinden. W hat ein Maximum bei n = N/2. Da
bei makroskopischen Systemen die Teilchenzahl in der Größenordnung von 10^{23} liegt, entspricht die überwältigende Mehrzahl der

möglichen Verteilungen einer ungefähren Gleichverteilung. Jeder Zustand, der signifikant von der Gleichverteilung abweicht, ist sehr unwahrscheinlich.

Ludwig Boltzmann (1844 - 1906) konnte zeigen, daß die thermodynamische Entropie S mit der Größe W, die die Zahl der Möglichkeiten angibt, den zu S gehörenden Makrozustand zu realisieren, über die Beziehung

$$S = k \ \ln W$$

zusammenhängt. Dabei ist $k = 1{,}3805 \times 10^{-23}$ JK^{-1} eine universelle Naturkonstante, die sogenannte Boltzmann'sche Konstante.

Der Entropiebegriff läßt sich also wahrscheinlichkeitstheoretisch begründen: Der Gleichgewichtszustand ist derjenige Makrozustand, der mit der größten Wahrscheinlichkeit realisiert wird. Der Satz von der Zunahme der Entropie gilt im statistischen Mittel; auch im thermodynamischen Gleichgewicht führt das System um den Gleichgewichtszustand statistische Schwankungen aus.

Die Erfolge der wahrscheinlichkeitstheoretischen Begründung der Thermodynamik lösen allerdings nicht das fundamentale Problem, vor das wir uns gestellt sahen. Denn wie läßt sich der Rückgriff auf den Wahrscheinlichkeitsbegriff rechtfertigen, wo doch dieser Begriff der klassischen Dynamik völlig fremd ist?

Immerhin gelang Ludwig Boltzmann im Jahre 1872 auch bei dem Versuch, die Thermodynamik auf die klassische Dynamik zurückzuführen, ein eindrucksvoller Teilerfolg. Er stellte eine Theorie für die Bewegung der Moleküle eines verdünnten Gases auf, in der die Auswirkungen von Molekülstößen gemäß den Gesetzen der klassischen Mechanik beschrieben wurden. Boltzmann konnte nun zeigen, daß sich im Rahmen seiner Theorie der Molekülstöße eine Größe definieren läßt, die im Laufe der Zeit monoton zunimmt und mit der thermodynamischen Entropie identifiziert werden kann. Da die Boltzmann'sche Stoßtheorie auch die sonstigen Eigenschaften eines verdünnten realen Gases recht gut beschreibt, schien die Begründung des zweiten Hauptsatzes und damit eines "Pfeiles der Zeit" aus den Gesetzen der klassischen Dynamik gelungen zu sein.

Es erhoben sich aber alsbald Zweifel, und Joseph Loschmidt for-
mulierte einen fundamentalen Einwand. Um Loschmidt's Argumente
zu verdeutlichen, betrachten wir nochmals unser Beispiel des Dichteausgleichs. Anfangs sind die Gasmoleküle im linken Teilvolumen
eingesperrt. Zur Zeit t = 0 wird die Trennwand entfernt und nach
einer hinreichend langen Zeit T_0 ist ein Makrozustand erreicht, bei
dem im Gesamtvolumen die gleiche Dichte anzutreffen ist. Zu dieser
Zeit T_0 sollen nun die Impulse aller Teilchen auf irgendeine Weise
schlagartig umgekehrt werden. Da die Gesetze der klassischen Dynamik invariant sind gegenüber der Transformation

$$t \rightarrow -t$$

durchläuft das System die vorherige Entwicklung nunmehr rückwärts
und erreicht zur Zeit t = $2T_0$ einen Makrozustand, bei dem sich alle
Moleküle im linken Teilvolumen befinden.

Bei diesem Loschmidt'schen Gedankenexperiment widerspricht
die dynamische Entwicklung des Systems im Zeitraum zwischen t=T_0
und t = $2T_0$ ganz offensichtlich dem Entropiesatz. Da der
Entropiesatz aber aus der Boltzmann'schen Stoßtheorie ableitbar ist,
bewährt sich das dieser Theorie zugrunde liegende Modell zwar bei
den normalerweise vorliegenden Verhältnissen, offensichtlich aber
nicht bei allen, so etwa nicht bei den Verhältnissen des Loschmidt'schen Gedankenexperiments. Dann aber ist zu fragen: Wie
kann man zwischen Systemen unterscheiden, für die die Boltzmann'sche Stoßtheorie brauchbar ist und solchen, bei denen sie ver-
sagt?

Boltzmann hatte seine Stoßtheorie mit Hilfe plausibler, aber
nicht streng begründeter und in ihren Konsequenzen nur schwer
durchschaubarer Argumente aufgestellt. Die moderne Theorie der
Vielteilchensysteme gestattet es, die Näherungsschritte mathematisch
präzise aufzuzeigen, die erforderlich sind, um von den exakten
Gleichungen der klassischen Dynamik zur Boltzmann'schen
Stoßtheorie zu kommen. Entscheidend ist dabei die Vernachlässigung
von Korrelationen der Teilchen vor dem Stoß; nach dem Stoß sind die
Teilchen dagegen korreliert, da der Stoß Korrelationen erzeugt. Durch

diesen Näherungsschritt kommt eine zeitliche Asymmetrie herein, die den strengen Gleichungen der klassischen Dynamik fremd ist. Bei der Loschmidt'schen Impulsumkehr vertauschen die Zustände vor und nach dem Stoß ihre Rollen, die Vernachlässigung von Teilchenkorrelationen vor dem Stoß ist unter den Bedingungen des Loschmidt'schen Gedankenexperiments nicht mehr gerechtfertigt, die Boltzmann'sche Stoßtheorie stellt darum unter diesen Bedingungen auch keine brauchbare Näherung mehr dar.

Den Bemühungen, den zweiten Hauptsatz der Thermodynamik aus der klassischen Dynamik zu begründen, versetzte Henri Poincaré im Jahre 1893 einen nahezu tödlichen Stoß. Er bewies ein Theorem, wonach im Rahmen der klassischen Mechanik keine Funktion existiert, die - wie die Entropie - die Eigenschaft hat, immer positiv zu sein und mit der Zeit monoton zuzunehmen. Legt man statt der klassischen Mechanik die Quantenmechanik und damit statt der Hamilton'schen Gleichungen die Schrödingergleichung zugrunde, so ändert sich - wie B. Misra 1978 zeigte - nichts an der zentralen Aussage des Poincaré'schen Theorems; auch aus der Dynamik quantenmechanischer Systeme läßt sich der zweite Hauptsatz der Thermodynamik nicht ableiten.

Das Scheitern der Bemühungen, die bei komplexen physikalischen Systemen beobachteten Irreversibilitäten auf intrinsische physikalische Eigenschaften dieser Systeme zurückzuführen, verschaffte einer subjektivistischen Interpretation der Irreversibilität Auftrieb. Willard Gibbs, der einer solchen subjektivistischen Deutung zuneigte, gebrauchte folgendes Beispiel: Wir mischen einen Tropfen Tinte mit reinem Wasser, das rasch eine graue Farbe annimmt. Für einen Beobachter, dessen Sinne hinreichend scharf wären, um nicht nur die makroskopischen Eigenschaften der Flüssigkeit, sondern auch jedes einzelne Molekül wahrnehmen zu können, würde die Flüssigkeit jedoch niemals grau. Er vermag die Bewegungen der einzelnen Tintenmoleküle zu verfolgen, er beobachtet nur "schwarz" und "weiß"; unsere Behauptung, die Flüssigkeit sei homogen grau geworden, wird er als eine auf der Grobheit unserer Sinnesorgane beruhende Illusion ansehen.

Der subjektivistischen Interpretation zufolge beschreibt die Entropiezunahme nicht das physikalische System als solches, sondern unser Wissen über das System. Im Anfangsaugenblick mögen wir viel Informationen über ein System besitzen und seinen Zustand relativ genau beschreiben können. Unsere Information ist aber nie perfekt, und bei komplexen Systemen können sich aus Anfangszuständen, die äußerst ähnlich und makroskopisch kaum zu unterscheiden sind, höchst unterschiedliche, auch makroskopisch ganz verschiedenartige Folgezustände entwickeln. Die mit der anfänglichen Präparation zusammenhängende Information büßt dadurch auf irreversible Weise ihre Relevanz ein. Die Entropiezunahme ist ein Anzeichen für den Verfall der verfügbaren Information.

Die subjektivistische Interpretation scheint viel für sich zu haben, zumal es möglich ist, die Gesetze der phänomenologischen Thermodynamik einschließlich des zweiten Hauptsatzes ohne jeden Bezug auf konkrete physikalische Systeme rein informationstheoretisch zu begründen. Trotzdem bleibt ein solcher Ausweg meines Erachtens höchst unbefriedigend, denn der zweite Hauptsatz liefert die physikalische Basis für sehr handgreifliche Vorgänge, wie Wärmeleitung, Viskosität, Verbrennung. Nach einer konsequent subjektivistischen Interpretation der Irreversibilität würde die Verbrennung, die im Ofen stattfindet, auf der Zunahme unserer Unwissenheit beruhen!

"Im übrigen machen es die Organisationsphänomene, die ihren Ursprung in der Irreversibilität haben und in der Biologie eine Rolle spielen, unmöglich, sie als bloße Erscheinungen zu betrachten, die auf unserer Unwissenheit beruhen sollen: Sind wir selbst, lebendige Geschöpfe, die beobachten und manipulieren können, denn eine bloße Einbildung, die auf der Unvollkommenheit unserer Sinne beruht?" (Ilya Prigogine).

Dieses Zitat erinnert uns an den schon erwähnten Umstand, daß eine Zeitrichtung nicht nur in den thermodynamischen Ausgleichsprozessen, sondern auch in der biologischen Evolution existiert. Wir wollen uns im Anschluß an Manfred Eigen die Unterschiede und Gemeinsamkeiten beider Arten der Auszeichnung eines Zeitsinns an einem Beispiel klar machen. Dazu verwenden wir ein

Schachbrett, zwei Oktaederwürfel und je 64 weiße und schwarze Spielsteine. Die Flächen des einen Oktaederwürfels tragen die Buchstaben a bis h, die des anderen die Ziffern 1 bis 8.

In der ersten Spielversion verteilen wir 64 Spielsteine in einer beliebigen Anfangsverteilung auf die Spielfelder des Schachbretts. Wir würfeln nunmehr mit beiden Oktaederwürfeln und erhalten so als Würfelergebnis ein Spielfeld, z. B. e 4. Die Regel lautet nun: Der Stein auf dem erwürfelten Feld wird gegen einen Stein der anderen Farbe ausgetauscht. Nach einer hinreichenden Anzahl von Spielwürfeln befinden sich auf dem Spielbrett etwa gleich viele schwarze und weiße Steine. Man kann dabei nicht sagen, daß sich eine bestimmte Verteilung von 32 schwarzen und 32 weißen Steinen einstellt; keine der vielen individuellen Verteilungen von 32 schwarzen und 32 weißen Steinen erscheint im zeitlichen Mittel häufiger als eine der beiden extremen Verteilungen mit 64 schwarzen oder 64 weißen Steinen. Aus der Gesamtzahl von $2^{64} \approx 10^{19}$ möglichen Konfigurationen repräsentiert aber nur eine einzige eine Besetzung mit Steinen nur einer Farbe, während rund 10^{18} unterschiedliche Konfigurationen eine gleiche Zahl von schwarzen und weißen Steinen besitzen. Die Spielregeln laufen - unabhängig von der Anfangsverteilung - darauf hinaus, den wahrscheinlichsten Makrozustand, die Gleichverteilung, zu realisieren. Dieses Würfelspiel entspricht der mit Entropiezunahme verbundenen Einstellung des thermodynamischen Gleichgewichts.

In der zweiten Spielversion ändern wir die Spielregel ab. Sie lautet nunmehr: Jeder erwürfelte Stein wird auf Kosten der anderen Farbe verdoppelt. Im Spiel wird das folgendermaßen realisiert: Man ersetzt jeweils einen beliebigen Stein der anderen Farbe durch einen Stein der erwürfelten Farbe, den man dem Reservoir der 64 unverbrauchten Steine entnimmt. Bei dieser Spielversion befinden sich nach hinreichend langer Zeit auf dem Spielfeld nur noch Steine einer einzigen Farbe. Diese Spielversion entspricht dem in der Natur ablaufenden Selektions- und Evolutionsprozeß; durch Verfeinerung der Spielregeln kann man die Simulation bis zu realistischen Details treiben.

Beide Spielversionen haben den Umstand gemeinsam, daß eine irreversible Tendenz in Richtung auf gewisse Attraktorzustände besteht und daß das System seinen Ausgangszustand weitgehend vergißt. Während aber im ersten Fall als Attraktorzustand ein Makrozustand auftritt, dem eine maximale Zahl unterschiedlicher Mikrozustände entspricht, wird bei der zweiten Version ein Makrozustand erreicht, dem eine minimale Zahl von Mikrozuständen - nämlich genau einer - zugeordnet ist. Dementsprechend ist bei der zweiten Version die Detailkenntnis über das System groß; auch wenn wir über die Ergebnisse der einzelnen Würfe überhaupt nichts wissen, nimmt unsere Information über das System im Laufe der Zeit zu. Wir sehen daran, daß unvollständige Kenntnis des Anfangszustandes und der Einzelheiten des Entwicklungsprozesses keineswegs immer eine wachsende Unkenntnis über das System zur Folge haben muß.

Die sehr unterschiedlichen Formen, in denen uns Irreversibilität in der Natur begegnet, als Entropiezunahme und wachsende Unordnung in abgeschlossenen thermodynamischen Systemen einerseits, als Selbstorganisationsprozeß mit wachsender Ordnung in offenen Systemen wie dem Laser und auch bei der biologischen Evolution andererseits, lassen die subjektivistische Interpretation der Irreversibilität sehr fragwürdig erscheinen. Wie die Entwicklung verläuft, hängt entscheidend von den "Spielregeln", d. h. von den objektiven physikalischen Gegebenheiten des jeweiligen Systems, ab.

Welche Möglichkeiten aber bleiben angesichts des Poincaré-Misra-Theorems für eine objektivistische Deutung der Irreversibilität?

Ein möglicher Ausweg liegt darin, daß die Voraussetzungen dieses Theorems nicht zutreffen. Wenn die Grundgleichungen der Dynamik nicht zeitspiegelungsinvariant sind, dann erlauben sie auch eine Irreversibilität makroskopischer Vorgänge. Beim Zerfall des neutralen K-Mesons wurden erstmals 1964 Prozesse beobachtet, die einen starken Hinweis auf die Verletzung der Zeitspiegelungsinvarianz bei der für diesen Zerfall ursächlichen Wechselwirkung enthalten. Ich persönlich kann mir aber nicht vorstellen, daß eine Verletzung der Zeitspiegelungsinvarianz bei einer noch unverstandenen superschwachen Wechselwirkung, die bisher nur beim Zerfall des neutralen K-Mesons nachweisbar war, der Grund für so handgreifliche irreversible Vorgänge wie etwa Wärmeleitung sein soll.

Plausibler ist die kosmologische Erklärung der Irreversibilität. Da das Universum als Ganzes höchstwahrscheinlich aus einem "Urknall" hervorgegangen ist und seither einen dauernden Expansionsprozeß durchläuft, könnte sich dieser kosmologische Zeitpfeil allen anderen Prozessen aufprägen. Der Begriff des abgeschlossenen Systems ist ja eine Idealisierung, und letztlich hängt alles mit allem zusammen. Auch bei zeitspiegelungsinvarianten Grundgesetzen bringt die Realisierung einer ganz bestimmten kosmologischen Anfangsbedingung einen bestimmten Richtungssinn - nämlich die Expansion des Universums - in den Naturablauf hinein. Es ist aber unverstanden und auch schwer einzusehen, auf welche Art und Weise die Expansion des Universums die Irreversibilität thermodynamischer Ausgleichsprozesse, wie etwa der Wärmeleitung, verursachen soll.

Die plausibelste Deutung der Irreversibilität scheinen mir Stabilitätsbetrachtungen zu liefern. Wir wollen dazu noch einmal das Beispiel des Dichteausgleichs heranziehen und eine kleine Zahl von Molekülen - etwa hundert - betrachten, die sich zur Zeit t = 0 in der linken Hälfte des Volumens befinden. Über ihre Orte und Geschwindigkeiten zur Zeit t = 0 machen wir im übrigen eine beliebige Annahme. Die Entwicklung des Systems erfolge gemäß den Gleichungen der klassischen Mechanik, wobei Stöße mit den Wänden und Zusammenstöße der Moleküle untereinander berücksichtigt werden. Mittels eines modernen Computers läßt sich dieses Problem numerisch lösen. Die Computersimulation errechnet, wie zu erwarten, eine dynamische Entwicklung des Systems, die zu einer annähernd homogenen Verteilung der hundert Teilchen auf das gesamte Volumen führt. Den errechneten Bewegungsablauf können wir übrigens in einem Film veranschaulichen.

Zu einem Zeitpunkt T_0 führen wir nun - entsprechend dem Loschmidt'schen Gedankenexperiment - eine Impulsumkehr durch, was auf dem Computer ohne weiteres möglich ist. Wegen der Zeitspiegelungsinvarianz müßte der Computer nun einen Bewegungsablauf errechnen, der den vorangehenden Prozeß umkehrt und zur Zeit $t = 2T_0$ zu einem Zustand führt, bei dem jedes Teilchen die gleichen Orts-, aber die entgegengesetzten Impulskoordinaten des Anfangszustandes besitzt. Die Wirklichkeit sieht jedoch anders aus: Nur für eine relativ kurze Zeit nach dem Zeitpunkt T_0 der Impulsumkehr errechnet der Computer wirklich eine Bewegung, die einem rückwärts abgespulten Film des vorherigen Bewegungsablaufes entspricht. Sehr bald aber haben der berechnete Bewegungsablauf und der rückwärts abgespulte Film nichts mehr miteinander gemein. Der Grund für diese Diskrepanz liegt in den Rundungsfehlern, die auch beim besten Computer unvermeidlich sind. Bewegungsabläufe, die zu großen Inhomogenitäten der Dichte führen würden, sind instabil gegen kleinste Störungen oder - in der Computersimulation - gegen kleinste Ungenauigkeiten der numerischen Rechnung. Unter realistischen Annahmen - d. h. sehr kleine Störungen des untersuchten Systems durch äußere Einflüsse oder minimale Rundungsfehler bei der Computersimulation sind zulässig - erhalten wir deshalb in einem hinreichend komplexen System auch bei deterministischen und zeitspiegelungsinvarianten Grundgleichungen und bei beliebigen Anfangsbedingungen immer Bewegungsabläufe, die in ihren makroskopischen Eigenschaften die von der Thermodynamik geforderte irreversible Entwicklung aufweisen. Bewegungsabläufe mit anderen Eigenschaften sind zwar theoretisch möglich, können aber wegen ihrer Instabilität nie realisiert werden. Die Rückführung des Phänomens der Irreversibilität auf die Stabilitätseigenschaften der Lösungen der Bewegungsgleichungen erlaubt eine objektivistische Deutung des Zeitpfeils. Es hängt nämlich von den intrinsischen Eigenschaften eines dynamischen Systems ab, ob mikroskopisch kleine Störungen makroskopisch relevante Wirkungen haben können. Es hängt auch von den intrinsischen Eigenschaften des Systems ab, ob Störungen in dem System einen Prozeß der Entropievermehrung oder der Selbstorganisation in Gang setzen.

Die Untersuchung der Stabilitätseigenschaften komplexer Systeme ist kompliziert, doch sind hierbei in den letzten Jahren bedeutende Fortschritte erzielt worden. Diese Erfolge berechtigen, wie mir scheint, zu der Hoffnung, daß wir auf diesem Wege die Existenz eines Zeitpfeils und damit den Unterschied von Vergangenheit und Zukunft verstehen. Zugleich fällt dabei Licht auf das Determinismusproblem, auf den scheinbaren Gegensatz von Notwendigkeit und Zufall.

Die Gleichungen der klassischen Dynamik sind bekanntlich streng deterministisch. Der französische Mathematiker Laplace zog daraus den Schluß, daß ein Intellekt, der in der Lage ist, zu einem bestimmten Zeitpunkt die Lage und Geschwindigkeit aller Körper des Universums zu bestimmen, aus dieser Kenntnis einer Augenblick-situation den Zustand des Universums zu jedem Zeitpunkt der Vergangenheit oder der Zukunft mit absoluter Präzision herleiten könne.

Heute wissen wir, daß die meisten Systeme der Mechanik soge-nannte nichtintegrable mischende Systeme sind. Bei mischenden Sy-stemen können fast identische Anfangsbedingungen zu sehr unter-schiedlichen Entwicklungen führen. Die Instabilität der Lösungen nichtintegrabler mischender Systeme öffnet daher auch bei strengem Determinismus der Grundgleichungen dem Zufall eine Tür. Wir können nämlich fragen, mit welcher Wahrscheinlichkeit wir bei der Präparation oder der Störung eines solchen Systems eine bestimmte qualitative Eigenschaft der Lösung realisieren. Wahrscheinlichkeits-überlegungen, die ja - wie wir gesehen haben - einen Königsweg zur Begründung des zweiten Hauptsatzes eröffnen, werden so auch in einer streng deterministischen Dynamik legitim.

Zusammenfassend läßt sich feststellen, daß die heutige Na-turwissenschaft die Welt nicht länger als ein Uhrwerk betrachtet, dessen unerbittlich vorherbestimmter Ablauf der Freiheit keinen Raum läßt. Die Welt wird aber auch nicht vom blinden Zufall regiert, denn der Zufall ist - wie Manfred Eigen sagt - durch Naturgesetze gezähmt. Wir sehen die Welt heute als ein offenes Ordnungsgefüge an, das vielfältiger Entwicklungen fähig ist. Notwendigkeit und Zufall erscheinen nicht mehr als einander ausschließende Gegensätze, sondern die Natur gebraucht das Zusammenspiel beider Prinzipien, um ihren vollen Reichtum zu entfalten.

HANS-PETER DÜRR

Wie offen ist die Zeit?

Die Verantwortung für unsere Zukunft

Einleitung

Zeit und Verantwortung - diese beiden Begriffe scheinen auf den ersten Blick nicht viel miteinander zu tun zu haben. Bei genauerer Überlegung wird uns jedoch gewahr, daß unsere Beziehung zur Zeit sehr eng mit dem zusammenhängt, was wir als Verantwortung empfinden und letztlich auch praktizieren. Die Wirklichkeit offenbart sich uns in einer merkwürdigen Schichtung, die durch Vergangenheit und Zukunft, mit der Gegenwart als Grenzfläche, gekennzeichnet ist. Hierbei ist nur die jeweilige Gegenwart unserer unmittelbaren Erfahrung zugänglich, die Vergangenheit lebt nur indirekt als "vergangene" Gegenwarten in unserer Erinnerung oder in Form von Dokumenten weiter, während die Zukunft als etwas erscheint, das uns zunächst verborgen ist, sich uns aber im Laufe der Zeit erschließt in einer Form, die wir - wie wir als selbstbewußte Menschen glauben - absichtsvoll gestalten können.

Mit der Vorstellung der Fähigkeit eines im eigentlichen Sinne absichtsvollen Handelns - also einer Handlungsweise, die nicht schon durch äußere Bedingungen streng festgelegt ist - wird auch wesentlich, was wir mit Verantwortung kennzeichnen. Denn Verantwortung

und Verantwortlichkeit hängt empfindlich mit dem Grad der Voraus-
bestimmbarkeit und Determiniertheit zukünftigen Geschehens zusammen, also mit dem Grad der "Offenheit der Zeit", wie es etwas verkürzt im Titel meines Vortrags angedeutet wird. Mein Vortrag wird
im wesentlichen aus zwei Teilen bestehen:

In einem ersten, dominanten Teil möchte ich mich mit der "Zeit"
auseinandersetzen, die ja zum Hauptthema dieser Ringvorlesung gewählt wurde. Ich werde mich dabei zunächst mit der im Haupttitel gestellten Frage befassen: *Was ist Zeit?* Ähnlich wie etwa Carl Friedrich
v. Weizsäcker gehe ich davon aus, daß die Zeit eine fundamentale
Wurzel besitzt, in dem Sinne etwa, daß, bevor wir überhaupt anfan-
gen können, von einer Welt oder einer allgemeinen Wirklichkeit oder
gar einem Raum zu sprechen, es schon so etwas wie ein "zeitliches
Hintereinander", eine Zeitabfolge, geben muß. Diese embryonale Zeit
ist also schon vor der Zeit, über die etwa Wolfgang Wild in seinem
Vortrag: *Wie kam die Zeit in die Welt?* spricht. Ich möchte dann aber
schnell zur Frage meines Vortrags übergehen: *Wie offen ist die Zeit?*
Hierunter soll die Frage verstanden werden, wie genau und umfassend
die jeweilige gegenwärtige "Realität" den zukünftigen Ereignisablauf
vorherbestimmt. Bei der Beantwortung dieser Frage werde ich mich
wesentlich auf die neuen Einsichten der modernen Physik stützen.

Den zweiten Teil meines Vortrags möchte ich dann der Verant-
wortungsfrage widmen. Dies ist ein schwieriges und umfassendes
Thema, dem ich nur ungenügend im Rahmen dieses Vortrags gerecht
werden kann. Hier werden wir uns insbesondere fragen, inwieweit
überhaupt auf dem Hintergrund unseres dargelegten Zeitverständnis-
ses eine *Verantwortung für die Zukunft* möglich ist. Offensichtlich
verlangt die Forderung nach Verantwortung eine Zeitstruktur des Geschehens, die weder alles offenläßt - denn bei totaler Offenheit gebe
es ja gar keine Vorausschau des Zukünftigen - noch alles festlegt -
denn bei totaler Determinierung gebe es ja nicht die Möglichkeit
absichtlicher Eingriffe. Unter der Bedingung einer geeigneten "quali-
fizierten Offenheit" des Geschehens in der Zeit ist Verantwortung
nicht nur möglich, sondern - so möchte ich aufgrund allgemeiner
Überlegungen abschließend fordern - auch nötig.

Reflexionen über die Zeit

"Wenn man mich *nicht* fragt, was Zeit ist, so weiß ich es, wenn man mich aber fragt, kann ich es nicht sagen" - so schreibt Augustinus in seinen Confessiones. So geht es auch mir - und so geht es uns wohl allen.

Alles, was wir erleben, ist in der Zeit! Oder eigentlich sollte ich sagen: Alles, was *ich* erlebe, ist in der Zeit! Denn ich kann zunächst nur von mir selbst reden; von Ihnen, von uns, von der Welt weiß ich nur durch mich. Und auch diese Aussage geht noch zu weit, und ich müßte damit beginnen, zu sagen: Alles, was ich erlebe, ist nur etwas im gegenwärtigen Augenblick, das "jetzt"! In diesem gegenwärtigen Augenblick spiegelt sich für mich die ganze Welt, und nur in ihm und durch ihn *bin* ich. Dieses "jetzt", so empfinde ich es, erlebe ich aber nicht nur einmal, sondern ein zweites und drittes Mal und immer wieder - ich erlebe es als eine Kette von sich aneinanderreihenden Erlebnissen, die voneinander verschieden sind und sich dann doch auf eine eigentümliche Weise ähneln. Diese Hintereinanderreihung von spontanen Erlebnissen erfahre ich als *Zeit*. Die Zeitempfindung entsteht also aus der Spannung geordnet aufgereihter oder, wie wir sagen, "aufeinanderfolgender" Wirklichkeitserfahrungen. Die Zeit selbst ist nur wie eine Folge von "Gongschlägen", bei denen etwas geschieht.

Es ist vor allem die teilweise Ähnlichkeit dieser verschiedenartigen, aufeinanderfolgenden Erlebnisse, die uns eine Zusammengehörigkeit dieser Erlebnisse suggeriert: Sie erscheinen uns als Abbilder einer von uns unabhängigen Wirklichkeit, die im stetigen Fluß ist, die sich im Laufe von etwas, was wir eben "Zeit" nennen, verwandelt. Sie gleichen einem Stoß von Spielkarten, von denen bei jedem Gongschlag eine neue Karte für uns aufgedeckt wird, oder - um ein anderes Bild zu gebrauchen - einem Filmstreifen, von dem jeweils immer ein neues Bild im Fenster erscheint. Durch schnelle Aneinanderreihung von Bildern können wir die Illusion einer Bewegung erzeugen.

Wichtig für die Wahrnehmung der Zeit als *Bewegung* ist, daß die aufeinanderfolgenden Erlebnisbilder sich nicht radikal unterscheiden, daß sie also ähnliche oder gleiche Strukturen haben. Denn nur dann gelingt es mir, das "jetzt" und das nachfolgende "jetzt" erfolgreich aufeinander zu beziehen, also trotz ihrer Verschiedenheit das Gemeinsame zu entdecken. Wäre dies nicht der Fall, dann erschiene mir alles wie ein chaotisches Flimmern.

Insbesondere erlaubt mir diese Verwandtschaft der Erlebnisinhalte, mich, als den ursprünglich Erlebenden, im nächsten Augenblick auch wieder als *denselben*, eben als mich selbst, zu erleben, so daß sich in meinem Bewußtsein die Gewißheit eines über alle Zeiten hinweg mit sich identischem "Ichs" herausbildet und dieses "Ich" mit Überzeugung sagen kann "Ich bin!", oder dann auch - in Analogie nach außen projiziert - "es ist!". Allgemein erleben wir solche aneinandergereihten "Ist" als "Sein". Das jeweilige "Ist" als das jeweils "Seiende" wird zu einem Teilstück des "Seins", wobei wir in dieser Sprechweise dem Unveränderlichen schon eine höhere Priorität einräumen als dem Veränderlichen.

Doch was ist der Grund für die Ähnlichkeit aufeinanderfolgender Wirklichkeitswahrnehmungen, die mir das Erlebnis eines "Seins in der Zeit" vermittelt? Wir deuten sie als Ausdruck eines Kausalitätsprinzips, einer bestimmten Ursache-Wirkung-Beziehung. Aufeinanderfolgende Ereignisse sind nicht unabhängig voneinander, sondern "frühere" Ereignisse "verursachen" in gewisser Weise "spätere" Ereignisse im Sinne einer gerichteten Zeit, die eine Reihenfolge vorher-nachher kennt, oder, wie wir auch sagen, sie "bewirken" diese. Eine solche Verkettung von früheren mit späteren Ereignissen gilt nun nicht nur in der allgemeinen Form, daß alles, was geschieht, eine Ursache hat, sondern sie wird detailliert durch bestimmte Naturgesetze geregelt.

Das Zeitphänomen hängt also unmittelbar mit Kausalität und Naturgesetzlichkeit zusammen. Doch sehen wir leicht ein, daß beide nicht gleichwertig sind. Die Erfahrung der "Zeit" mit ihrem gerichteten Nacheinander ist viel grundsätzlicher als die Erfahrung von Kausalität und Naturgesetzlichkeit. Denn die Erfahrung von Zeit steht am Anfang von allem, was wir überhaupt Erfahrung nennen. Ohne Zeit gibt es keine bewußte Erfahrung, kein Sein, kein Denken, keine Sprache, keine Begrifflichkeit. Wir müssen das immer vor Augen haben, wenn wir den Versuch unternehmen, die Zeit aus einer Wissenschaft, etwa der Physik heraus, erklären zu wollen. Jede

Aussage, unabhängig von ihrem Inhalt, setzt schon immer eine Zeit voraus. Alle Aussagen sind letztlich in der Zeit, obgleich man ihnen dies, wenn man z.B. an die formale Logik denkt, nicht mehr anmerkt. Andererseits würde Zeitlichkeit ohne Kausalität und Naturgesetzlichkeit nicht zu dem führen, was wir dann letztlich als *Erfahrung* im landläufigen Sinne begreifen, nämlich die Fähigkeit, aus dem "jetzt" und dem vergangenen "jetzt" eine begründete Erwartung für das zukünftige "jetzt" abzuleiten.

Die Zeit als elementare Wahrnehmung ist noch eine "nackte" Zeit, wie Gongschläge, ein Aufeinanderschlagen, eine Entwicklungskette, bei der das "jetzt", der gegenwärtige Augenblick, singulär ausgezeichnet ist, und Vergangenheit und Zukunft sich als ein "davor" und "danach" nur schemenhaft als Konstruktion in unserem Bewußtsein, nämlich als Narben einerseits und Erwartungen andererseits, in diesem "jetzt" andeuten, so wie bei einem schrittweise aufgedeckten Kartenstoß nur jeweils eine Karte sichtbar ist, die anderen, die vergangenen, jedoch schon wieder verdeckt und die zukünftigen noch verdeckt sind.

Die nackte Zeit kennt noch keine Dauer. Wenn ich sage: "Ich habe viel Zeit oder wenig Zeit oder keine Zeit!", dann meine ich nicht nur dieses Aufeinanderfolgen von einem jeweiligen "jetzt", sondern ich denke an Zeitspannen, an die Anzahl von Wahrnehmungsbildern, die in mir aufsteigen oder, in unserem Beispiel, die Zahl der Spielkarten, die ich hintereinander umgelegt habe. Ich denke an die Zahl der Schritte, die ich brauche, um gewisse Dinge zu verrichten und zu verändern. Als Schrittlänge verwende ich dabei gewisse Regelmäßigkeiten in unserem Erfahrungsbereich, etwa dem Umlauf der Erde um die Sonne oder die Drehung der Erde um ihre Achse, die Bewegung eines materiellen Körpers um seine Gleichgewichtslage oder die Befeuchtungstätigkeit unserer Augenlider. Und ich beziffere deshalb "wie lange etwas dauert" mit der Anzahl der Jahre, der Tage, der Pendelschläge einer Uhr oder von "Augenblicken" (dieses Mal als winzige Zeitdauer und nicht wie vorher als ausdehnunglose Zeitpunkte verstanden). Die Erfahrung eines geordneten Nacheinander in der von uns wahrgenommenen Wirklichkeit ist eine Vorbedingung jeglicher bewußter Erfahrung und kann deshalb als solche im Rahmen

rationaler Betrachtungen nicht weiter reduziert werden. Sie kann
bestenfalls in Erlebnisinhalte, welche hinter die Aufspaltung von Subjekt und Objekt, von dem Wahrnehmenden und dem Wahrgenommenen zurückgehen, transzendiert werden. Darauf möchte ich aber
nicht näher eingehen.

Wenn wir von Zeit nicht in ihrem von uns unmittelbar wahrgenommenen Sinne als einem von uns unabhängigem Nacheinander,
sondern von Zeit als Dauer, als Zeitlänge sprechen, so kommen wir in
die Nähe eines Zeitbegriffs, wie er in der Physik verwendet und
präzisiert wird.

Ich will zunächst über die Zeit der klassischen Physik sprechen.
Der Zeitbegriff der klassischen Physik bestimmt wesentlich das Denken unserer wissenschaftlich-technisch-wirtschaftlichen Welt. Aufgrund der Ergebnisse der modernen Physik - und hier vor allem durch
die Entdeckung der Quantenmechanik im ersten Drittel unseres Jahrhunderts - mußte dieser Zeitbegriff jedoch grundlegend revidiert werden, ohne daß er bisher zu einem entsprechenden Umdenken im größeren gesellschaftlichen Umfeld geführt hat, wie es eigentlich ange-
zeigt wäre. Die Zukunft erhält nach diesen modernen Ergebnissen
wieder eine Qualität zurück, die ihr schon früher anhaftete und die für
uns intuitiv unmittelbar verständlich erscheint, nämlich die der Offenheit: das zukünftige Geschehen, im Gegensatz zu vergangenem, ist
prinzipiell - und nicht nur praktisch - nicht festgelegt, es ist im
wesentlichen frei.

Die Offenheit zukünftigen Geschehens findet ihren unmittelbaren Ausdruck in der Evolution des Lebendigen auf unserer Erde
und in der von uns empfundenen Handlungsfreiheit des Menschen,
dem bisher letzten und höchsten Glied dieser Entwicklung. Die von
der modernen Physik aufgedeckte statistische Offenheit der Zukunft -
das sollte ich vorsichtshalber bemerken - reicht allerdings für eine
Erklärung dieser Phänomene im Bereich des Lebendigen noch nicht
aus, aber sie bereitet auf entscheidende Weise den Boden dafür vor.

Die Zeit der klassischen Physik

Auch die "Zeit der klassischen Physik" setzt bei dem zunächst unbewußten Erlebnis "Zeit" an. Bewußtsein, Wahrnehmen und Erkennen verlangen ein Auftrennen und Abtrennen: als Wahrnehmender und Erkennender trete ich aus der ursprünglichen Einheit mit der Welt heraus, und ich erfahre damit diese Welt als etwas Andersartiges, mir nicht mehr Zugehöriges, wobei ich mich selbst nach dieser Trennung doppelt, einmal als betrachtendes Subjekt und dann als ein dieser äußerlichen Welt zugehöriges Objekt, wiederfinde. In diesem bewußten Zustand verstehen wir unsere Erlebnisse als Folge einer Wirklichkeit in der Zeit, in die wir eingebettet sind und die sich im Laufe dieser Zeit verändert.

Die klassische Physik hat diese Vorstellung genauer gefaßt. Sie postuliert die Existenz einer vom jeweiligen Betrachter unabhängigen *objektivierbaren Welt*, die wegen dieser angenommenen völligen Abtrennbarkeit von allen sie betrachteten Subjekten auch eindeutig und verbindlich für sie sein soll. "Wahrheit" wird in letzter Konsequenz im wesentlichen mit "Objektivität" gleichgesetzt.

Die Auf- und Abtrennbarkeit soll nun nicht nur zwischen dem Betrachter und der Welt, sondern in ähnlichem Sinne für die Welt selbst gelten. Dieser Schluß ist naheliegend, denn diese äußere Welt zerfällt ja schon in meinen Augen in mich selbst und die übrige Welt, die dann auch von anderen Menschen, die mir ähnlich sind, bevölkert wird. So offenbart sich uns die Welt als ein System von - belebten und unbelebten - Gegenständen, als ein System von Dingen, eben als das, was wir dann *Realität* nennen, als ein zerlegbares und aus vielen Teilen zusammengesetztes objektivierbares Ganzes.

Diese Gegenstände, diese Teilstücke der Wirklichkeit werden aber nicht nur im gegenwärtigen Augenblick "jetzt" wahrgenommen, sondern sie erscheinen in gleicher und ähnlicher Weise auch "später". Das Gleichbleibende, das Beharrende, das zeitlich Beständige der Dinge begreifen wir als Substanz oder *Materie*. Es ist die Materie, die uns die Vorstellung einer Identität der Dinge, unabhängig von der Zeit, suggeriert. Im Gegensatz dazu zeigt die Form der Dinge nicht die gleiche Beständigkeit. Die Veränderung der Formen interpretieren wir als eine Änderung der räumlichen Anordnung von Teilen, aus denen die Dinge zusammengebaut sind.

Diese Betrachtung führt zwanglos zur klassisch-mechanistisch-atomistischen Beschreibung der Wirklichkeit. Bei dieser Beschreibung besteht die Welt aus einer großen Zahl von strukturlosen und unzerstörbaren Bausteinen, von irgendwelchen nicht weiter zerlegbaren Atomen. "Atome" sollen hierbei nicht die Atome im engeren Sinne, also die Bausteine der chemischen Elemente bedeuten, sondern irgendwelche kleinsten Einheiten der Materie, wie etwa die Elementarteilchen, die Elektronen, die Quarks oder noch kleinere Einheiten. Diese "Atome" bezeichnen also "Objekte" in einem sehr abstrakten Sinne, deren wesentliche Eigenschaft ist, daß sie über alle Zeiten hin mit sich selbst identisch bleiben. Sie verbürgen mit dieser Eigenschaft die Beständigkeit der Materie und damit auch die zeitliche Kontinuität unserer Welt.

Das *Weltgeschehen* besteht in einer komplizierten Durchmischung und Umordnung dieser vielen Atome. In einem mechanistischen Weltbild, wie es die klassische Physik vermittelt, verläuft nun diese Durchmischung und Umordnung der Atome nicht zufällig, sondern diese wird durch ganz bestimmte Gesetze festgelegt. Denn die Bewegung der einzelnen Atome ist ja nicht unabhängig voneinander, sondern hängt nach den Grundgesetzen der Newton'schen Mechanik von den auf sie einwirkenden Kräften ab, die von den anderen Atomen ausgehen und deren Stärke von der Art der Atome und ihren räumlichen Abständen abhängen. Dieser Umstand hat die wichtige Folge: Bei genauer Kenntnis der Naturgesetze reicht eine genaue Kenntnis des Zustandes der Welt zu einem bestimmten Zeitpunkt, z.B. im jetzigen Augenblick, prinzipiell aus, das Vergangene voll zu rekonstruieren und das Künftige eindeutig vorherzusagen. Die Betonung liegt hier auf "prinzipiell", denn praktisch wird es selbstverständlich gänzlich unmöglich sein, sich je eine vollständige Kenntnis der ganzen Welt zu einem bestimmten Zeitpunkt zu verschaffen. Dies heißt: in unserem Alltagsleben würde uns diese strenge Prognostizierbarkeit nur begrenzt nützen. Immerhin könnten wir versuchen - und das tun wir ja auch - durch immer genauere Kenntnis und Berücksichtigung aller Einflußfaktoren unsere Unkenntnis zu verringern und die Ungewissheit mehr und mehr abzubauen. Das ist der Grund, warum wir soviel Geld für "Experten" ausgeben.

Trotz seiner abgeschwächten Auswirkung in der Praxis beunruhigt uns aber eine prinzipielle strenge Determiniertheit des Weltgeschehens zutiefst, insbesondere, wenn wir uns selbst als Teil dieses Weltgeschehens mit einbeziehen und, was zumindest naheliegt, die Gültigkeit der Naturgesetzlichkeit auch für uns selbst fordern. Das Weltgeschehen würde nämlich dann, einmal angestoßen, unbeeinflußbar wie ein Uhrwerk ablaufen. Zukunft, Gegenwart, Vergangenheit würden von der Existenz her auf die gleiche Stufe gestellt. Zukünftige, gegenwärtige und vergangene Ereignisse erhielten wie bei unserem Kartenstoß gleichermaßen den Charakter von *feststehenden Tatsachen,* obgleich wir sie ganz verschiedenartig erleben. Eigentümlicherweise dürfen wir ja nur bei den gegenwärtigen Tatsachen direkte Zeugen sein. Von vergangenen Tatsachen haben wir nur indirekt Kenntnis, weil sie einmal Gegenwart waren, und wir damals vielleicht Augenzeuger waren. Die Erinnerung daran oder irgendwelche Dokumente, die auf sie hinweisen, machen uns diese vergangenen Tatsachen gegenwärtig. Aber es gibt - wie bei den verdeckten Karten - keine ähnliche Erinnerung an Zukünftiges oder Dokumente darüber. Die zukünftigen Tatsachen werden für uns erst sichtbar, wenn sie aufgedeckt, zur Gegenwart geworden sind.

Für einen allgegenwärtigen Geist, den Laplace'schen Dämon der Physiker zum Beispiel, wäre bei strenger Determiniertheit die Zukunft jedoch so klar und einsichtig wie die Gegenwart und die Vergangenheit. Für einen allwissenden Gott gilt dies sogar ohne Kenntnis der Naturgesetzlichkeit: sein allsehendes Auge würde "sub specie aeternitatis" gewissermaßen mit einem einzigen Röntgenblick den ganzen Kartenstoß erfassen. Die Zeit erschiene wie eine vierte Dimension des dreidimensionalen Raumes. Das dynamische Weltgeschehen erstarrte zu einem einzigen statischen Arrangement in einer vierdimensionalen Raum-Zeit.

Es bliebe bei dieser Sachlage unerklärlich, warum dieses einheitliche raum-zeitliche Arrangement für uns künstlich in zeitliche Scheiben zerschnitten wird, von denen uns in jedem Augenblick immer nur eine neue Scheibe zugeteilt würde, der zukünftige Rest uns aber

vorenthalten wird, obgleich er die Entscheidung über unser Glück und
Unglück enthielte. Es würde für uns gewissermaßen ein Film abge-
spielt, in dem wir selbst mitspielen, ohne daß wir irgendwelche
Möglichkeiten hätten, den Filmstreifen noch abzuändern. Es bliebe
unerklärlich, was das für uns existentiell so wichtige "jetzt" als gegenwärtigen Zeitpunkt auf einer kontinuierlichen Zeitskala auszeichnen
sollte. In einer solchen Welt gäbe es keinen Zufall, keine Handlungsfreiheit, keine Verantwortung, kein gut und böse, keine Moral. Die
großartige Evolution des Lebendigen, das Aufsteigen von Pflanzen
und Tieren aus primitiven Lebensformen zu immer differenzierteren
Strukturen bis zum Menschen, wäre ein von Anfang an abgekartetes
Spiel. Die ganze Schöpfung wäre das Ergebnis eines einmaligen
Aktes.

Die Einstein'sche Relativitätstheorie schien zunächst den Eindruck zu verstärken, daß zwischen Raum und Zeit tatsächlich kein
wesentlicher Unterschied besteht. Dies ist jedoch nicht der Fall! Auch
im verallgemeinerten Rahmen der Relativitätstheorie besteht nach wie
vor die alte Auszeichnung der Zeit gegenüber dem Raum und drückt
sich dort in dem Unterschied vom "Zeitartigen" und "Raumartigen"
aus. Die Relativitätstheorie hat uns also nicht gleichermaßen den Weg
verbaut, prinzipiell aus dem für uns schwer akzeptierbaren Korsett
der Determiniertheit der Naturgesetzlichkeit auszubrechen. Es war die
Quantenphysik, die in dieser Hinsicht das Tor aufgestoßen und ganz
neue Perspektiven eröffnet hat.

Die Offenheit der Zukunft

Es ist hier nicht der Ort, auf die Quantenphysik näher einzugehen. Ich möchte mich nur auf einige wenige Hinweise beschränken,
die für unsere Zeitdiskussion von Bedeutung sind. Relativitätstheorie
und Quantentheorie haben beide unsere Vorstellungen von der Welt
wesentlich verändert. Aber die Veränderungen, welche die Quantentheorie erzwungen hat, greifen viel tiefer. Sie sind im echten Sinne
revolutionär und haben selbst einen Einstein abgeschreckt.

Nach den Vorstellungen der Quantenphysik gibt es streng genommen das Objekt im alten Sinne nicht mehr. Es gibt isolierbare,

mit sich selbst zeitlich identische, lokalisierte Stück Materie und auch nicht dieses kleinste, zeitlich durchgängig präsente "Atom", auf dem die klassischemechanistisch-atomistische Vorstellung aufbaut. Nach der uns so geläufigen klassischen Vorstellung ist ein "Atom", für das ich einmal zur Veranschaulichung das Elementarteilchen "Elektron" wählen möchte, ja ein winzig kleines Objekt, das sich - ähnlich den Objekten unseres Alltags - lokalisieren läßt und sich durch den Raum bewegen kann.

Die Bewegung eines Elektrons (s. Abb. 1) von einer Stelle A des Raumes nach einer anderen Stelle B muß nun aber vom Standpunkt der Quantenmechanik ganz anders interpretiert werden: Auch in der Quantenmechanik gib es ein Phänomen, das - wenn man mit geeigneten Meßinstrumenten nachschaut - im wesentlichen wie ein Elektron an der Stelle A aussieht, allerdings nicht ganz mit der von uns erwarteten Schärfe, sondern etwas verwaschen, wie es durch die Heisenberg'sche Unschärferelation beschrieben wird. Nach einer gewissen Zeit kann man dieses unscharfe Elektron auch, entsprechend den Voraussagen der klassischen Mechanik, an der neuen Stelle B vorfinden aber - und dies ist nun das Überraschende - nicht mehr mit hundertprozentiger Sicherheit. Mit einer gewissen Wahrscheinlichkeit sehen wir dieses unscharfe Elektron auch an ganz anderen Stellen. Wo wir es im Einzelfall tatsächlich antreffen werden, läßt sich prinzipiell nicht vorhersagen. Das Auftreten des Elektrons an einer anderen als der aufgrund der Mechanik erwarteten Stelle hängt nun nicht nur damit zusammen, daß wir den Ausgangspunkt des Elektrons nicht genau kennen, also nur ungenau wissen, in welcher Richtung es losgeflogen ist, sondern es stellt sich heraus, daß die Naturgesetze selbst diesen Wahrscheinlichkeitscharakter haben. Das unscharfe Elektron, das ich an der Stelle A beobachtet habe, bewegt sich gar nicht als solches auf einer ganz bestimmten Bahn zu einem Ort B, wo es wieder beobachtet wird, sondern "Elektron an der Stelle A" bewirkt nur mit einer bestimmten Wahrscheinlichkeit das neue Phänomen "Elektron an der Stelle B", *ohne* daß damit seine Existenz auf dem A und B verbindenden Zwischenstück nachgewiesen wird. Da es kein solches Zwischenstück gibt, fehlt uns auch die Möglichkeit, das Elektron an der Stelle A mit dem späteren Elektron an der Stelle B zu

identifizieren. Wir können deshalb auch nicht die Sprechweise benutzen, ein ganz bestimmtes individuelles Elektron sei von der Stelle
A nach der Stelle B geflogen. Das individuelle, in der Zeit
existierende Elektron ist also eine Fiktion. Die kontinuierliche Verknüpfung der Punkte A und B und ihre Bezeichnung als "Bahn eines
bestimmten Teilchens" gelingt nur aufgrund einer vergröberten
Betrachtungsweise, nämlich durch statistische Mittelung bei sehr
vielen Teilchen.

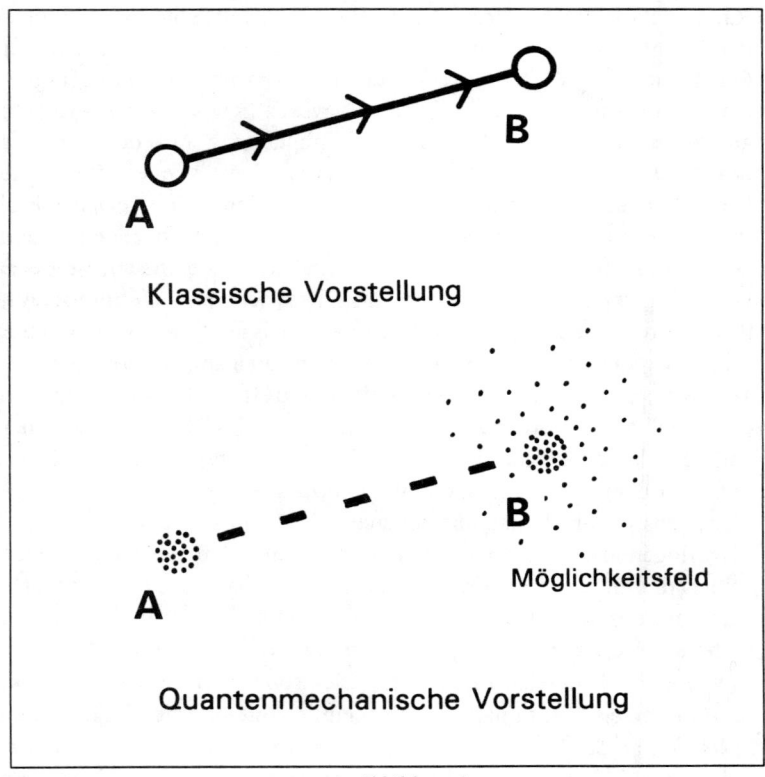

Abbildung 1

Aus quantenmechanischer Sicht gibt es also keine zeitlich durchgängig existierende, objektivierbare Welt. Es gibt weder die in der klassischen Mechanik postulierten scharfen Zustände der Materie noch ihre eindeutigen gesetzlichen Verknüpfungen, die zusammen erst eine prinzipiell scharfe Bestimmung aller zukünftigen Ereignisse ermöglichen. Die Naturgesetze haben vielmehr statistischen Charakter. Eine noch so genaue Beobachtung aller Fakten in der Gegenwart reicht deshalb prinzipiell nicht aus, um das zukünftige Geschehen eindeutig vorherzusagen, sondern eröffnet nur ein bestimmtes Feld von Möglichkeiten, für deren Realisierung sich bestimmte Wahrscheinlichkeiten angeben lassen. Das zukünftige Geschehen ist also nicht mehr determiniert, nicht mehr eindeutig festgelegt, sondern es bleibt in gewisser Weise *offen*. Die noch nicht aufgedeckten Karten in unserem Kartenstoß sind also gewissermaßen noch gar nicht genau ausgemalt. Das Naturgeschehen ist dadurch kein mechanisches Uhrwerk mehr, sondern hat den Charakter einer *fortwährenden Entfaltung*. Die Schöpfung ist nicht abgeschlossen. Die Welt ereignet sich gewissermaßen in jedem Augenblick neu. Die Welt erscheint hierbei in jedem Augenblick als eine *Einheit*, als ein einziger Zustand, der sich nicht mehr in Strenge als Summe von Teilzuständen deuten läßt. Sie hat ganzheitlichen Charakter.

Eine zeitliche Aneinanderreihung der jeweiligen Gegenwartsbilder führt zu einem Weltbild, bei dem die Entwicklung unserer Welt einem fortschreitenden Gerinnungsprozeß, einem fortschreitenden Objektivierungs- und Realisierungsprozeß gleicht. Es bildet sich gewissermaßen aus dem enormen Reservoir des Möglichen ein immer weiter verzweigtes objekthaftes Skelett heraus, das der Wirklichkeit im Verlauf ihrer zeitlichen Entwicklung eine festere, substantiellere, aber auch differenziertere Form verleiht, die wir dann als "Realität" wahrnehmen. Dieser stetige Gerinnungsprozeß verleiht der Zeit - im Sinne einer Abfolge und nicht als Maß - eine absolute Bedeutung. Er zeichnet die jeweilige Gegenwart als Zeitpunkt aus. Der zeitliche Ablauf spiegelt einen fortlaufenden *Ordnungsprozeß* wider, der beispielhaft in der Expansion und Ausdifferenzierung unseres Universums und am offensichtlichsten in der Evolution des Lebens auf unserer Erde zum Ausdruck kommt. Die Entwicklung ist somit eigentlich nicht in der Zeit, sondern Zeit und Entwicklung sind ihrem eingeprägten Charakter nach dasselbe. Die jeweilige Gegenwart bezeichnet die stetige Ausformung vom Möglichen zum Tatsächlichen, vom Potentiellen zum Faktischen. Erwartungen gerinnen in der Gegenwart zu konkreten Formen.

Wir halten also fest: Die zeitliche Kontinuität der Welt beruht nicht auf ihrem "objektiven" Charakter, daß also gewisse Objekte, Dinge, Materieklümpchen existieren, sondern darauf, daß der Welt in jedem Augenblick eine gewisse "Erwartung" innewohnt, welche ihre zeitliche Entwicklung formt. Diese "Erwartung" läßt sich in einer gewissen Vergröberung und Vereinfachung als zeitliche Unveränderlichkeit einer Substanz, die wir im wesentlichen als Materie wahrnehmen, interpretieren. Doch beschreibt dieses vereinfachte Bild der Wirklichkeit, was wir eben als "Realität" begreifen, nur das Skelett einer viel reicheren Wirklichkeit, in der die Zukunft prinzipiell offen ist.

Diese Beschränkung muß uns insbesondere gewärtig sein, wenn wir nicht nur die unbelebte Materie vor Augen haben, an der wir uns heute in unserer materialistischen Weltanschauung hauptsächlich orientieren, sondern die belebte organische Natur mit einbeziehen, in der wir existentiell verwurzelt sind.

Die Evolution als Ordnungsprozeß

Die Entwicklung des Universums und ihrer Ausprägungen, zu denen insbesondere die Evolution des Lebens auf unserer Erde gehört, habe ich als Ordnungsprozeß beschrieben. Um Mißverständnisse zu vermeiden, sollte ich kurz einiges darüber sagen, was ich in diesem Zusammenhang unter "Ordnung" und ihrem hierarchischen Gefüge verstehen will, weil diese Ordnung sich von der Ordnung im üblichen Sinne unterscheidet.

Im gewöhnlichen Sprachgebrauch bezeichnen wir meistens mit Ordnung - wir denken etwa an einen perfekten Einkristall -, wenn etwas eine hohe Regelmäßigkeit besitzt. Eine hohe Regelmäßigkeit erzeugt auch eine bessere Übersichtlichkeit, da wir gewissermaßen "mit einem Blick" die Situation oder Struktur erfassen können. Dies empfinden wir als angenehm, und deshalb mögen wir diese "Ordnung", weil es unsere Intelligenz nicht überfordert. Zum Unterschied dazu möchte ich den von mir verwendeten Ordnungsbegriff an einem einfachen Beispiel demonstrieren: einem Gedicht. Ich wähle etwa das Goethe-Gedicht: *Grenzen der Menschheit* (s. Abb. 2). Ein Gedicht stellt ein in einem abstrakten Sinne extrem *hochgeordnetes* System dar, weil hier eine hochkomplexe Information verschlüsselt ist. Denn das Gedicht vermittelt offensichtlich auf höchst subtile und symbolische Weise etwas von uns und unserer Beziehung zur Mitwelt und versetzt uns darüber hinaus in eine besondere Stimmung, was immer das bedeuten mag. Diese Ordnung ist jedoch nicht einfach festzustellen. Wenn wir nämlich nicht lesen können - was ich etwa durch eine Umbenennung der Buchstaben imitieren kann (s. Abb. 3) -, so würde uns die Anordnung der Buchstaben in diesem Gedicht völlig ungeordnet vorkommen. Wir können nichts mehr begreifen.

GRENZEN DER MENSCHHEIT
Johann Wolfgang von Goethe

Wenn der uralte,
Heilige Vater
Mit gelassener Hand
Aus rollenden Wolken
Segnende Blitze
Über die Erde sät,
Küß ich den letzten
Saum seines Kleides,
Kindliche Schauer
Treu in der Brust.

Denn mit Göttern
Soll sich nicht messen
Irgendein Mensch.
Hebt er sich aufwärts
und berührt
Mit dem Scheitel die Sterne,
Nirgends haften dann
Die unsicheren Sohlen,
Und mit ihm spielen
Wolken und Winde.

Steht er mit festen,
Markigen Knochen
Auf der wohlgegründeten
Dauernden Erde
Reicht er nicht auf,
Nur mit der Eiche
Oder der Rebe
Sich zu vergleichen.

Was unterscheidet
Götter von Menschen ?
Daß viele Wellen
Vor jenen wandeln,
Ein ewiger Strom:
Uns hebt die Welle,
Verschlingt die Welle,
Und wir versinken.

Ein kleiner Ring
Begrenzt unser Leben,
Und viele Geschlechter
Reihen sich dauernd
An ihres Daseins
Unendliche Kette.

Abbildung 2

TIVMAVM WVI NVMHXSSVRG
Qlszmm dloutzmt elm Tlvgsv

Dvmm wvi fizogv,
Svrortv Ezgvi
Nrg tvozhhvmi Szmw
Zfh iloovmwvm Dlopvm
Hvtmvmwv Yorgav
:Fyvi Wrv Viwv h:zg,
P:fhh rxs wvm ovgagvm
Hzfn hvrmvh Povrwvh,
Prmworxsv Hxszfvi
Givf rm wvi Yifhg.

Wvmm nrg T:lggvim
Hloo hrxs mrxsg nvhhvm
Ritvmwvrm Nvmhxs.
svyg vi hrxs zfud:zigh
fmw yvi:fsig
Nrg wvn Hxsvrgvo wrv Hgvimv;
Mritvmwh szugvm wzmm
Wrv fmhrxsvivm Hlsovm;
Fmw nrg rsn hkrvovm
Dlopvm fmw Drmwv.

Hgvsg vi nrg uvhgvm,
Nziprtvm Pmlxsvm
Zfu wvi dlsotvti:fmwvgvm
Wzfvimwvm Viwv
Ivrxsg vi mrxsg zfu,
Mfi nrg wvi Vrxsv
Lwvi wvi Ivyv
Hrxs af evitovrxsvm.

Dzh fmg vihxsvrwvg
t:lggvi elm Nvmhxsvm?
Wzhh ervov Dvoovm
Eli qvmvm dzmwvom,
Vrm vdrtvi Hgiln:
Fmh svyg wrv Dvoov,
Evihxsormtg wrv Dvoov,
Fmw dri evihrmpvm.

Vrm povrmvi Irmt
Yvtivmag fmhvi Ovyvm,
Fmw ervov Tvhxsovxsvgvi
Ivrsvm hrxs wzfvimw
Zm rsivh Wzhvrmh
Fmvmworxsv Pvggv.

Abbildung 3

Wir könnten deshalb vielleicht auf den Gedanken kommen, hier einmal etwas "Ordnung" im üblichen Sinne zu schaffen, indem wir etwa die Buchstaben alphabetisch ordnen: Wir schreiben also alle As in die erste Zeile, die Bs in die zweite usw. und zählen sie ab (s. Abb. 4). Ordentlicher erschiene es uns, wenn wir sogar auf eine Unterscheidung der Buchstaben verzichten könnten. Klarerweise würden wir aber gerade durch dieses Ordnen und Monotonisieren die ursprünglich eingeprägte Ordnung völlig zerstören.

Die Entwicklung unseres Universums und des Lebens auf unserer Erde hat etwas mit der stetigen Herausbildung solch höherer

AAAaaaaaaaaaaaaaaaaaaaaaaaa
BBBbbbbbb
Cccccccccccccccccccccccc
DDDDDDdddddddddddddddddddddddddddddddddddddddd
EEEEEEEEEEEeeeeeeeeeeeeeeeeeeeeeeeeeeeeeeeeeeeeeeeeeeeeeeeeeeeeeeeeeeeeeeee
eeeeeeeeeeeeeeeeeeeeeeeeeeeeeeeeeeeeeeeeeeeeeeeeeeeeeeeeeeeeeeeeeeeeeeeeeeee
ffffffff
GGGGGGGggggggggggggggggg
HHHHHHhhhhhhhhhhhhhhhhhhhhhhhhhhhhhhhh
IIiiiiiiiiiiiiiiiiiiiiiiiiiiiiiiiiiiiiiiiiiiiiiii iiiii
Jj
KKKKKkkkkk
LlIII llllllllllllllllllllllllllllll
MMMMMMmmmmmmmmmm
NNNNNNnnnnnnnnnnnnnnnnnnnnnnnnnnnnnnnnnnnnnnnnnnnnnnnnnnnnnnnnnnnn
nnnnnnnnnnnnnnnnnnnnnnnnnnnnn
OOoooooooooooooooooooo
p
RRRRRRrrrrrrrrrrrrrrrrrrrrrrrrrrrrrrrr rrrrrrrrrrrrrrr
SSSSSSSSSSSssssssssssssssssssssssssssssssssss
TTTtttttttttttttttttttttttttttttttttttttttt
UUUUUUUuuuuuuuuuuuuuuuuuuuuu
VVVVvvvvv
WWWWWWWWWwwwwww
Zzzzz
......
""""""""""
?:

Abbildung 4

Ordnungsstrukturen und Differenzierungen zu tun. Wir erkennen dabei: Die Ausbildung solcher höherer Ordnungsstrukturen erfordert immer eine gewisse Vielfalt von niedrigeren Ordnungsstrukturen. Die Schwierigkeit bei diesem Ordnungsbegriff besteht allerdings darin, daß er sich nicht objektivieren läßt. So kann ein Analphabet, wie eben angedeutet, keinen Unterschied zwischen einer wild zusammengewürfelten Buchstabenreihe und einem Gedicht erkennen. Er gerät deshalb leicht in die Versuchung, solche Strukturen seinen nur unzureichend entwickelten Denkstrukturen, eben seinem Analphabetismus, anzupassen, um sie - wie beim Ordnen oder bei der "Gleichschaltung" der Buchstaben im Gedicht - für ihn einsehbar und übersichtlich zu machen. Und nicht nur das, dies hat auch Vorteile für ihn: eine stärker ausgerichtete Struktur, eine einfältige Struktur ist

viel einfacher manipulierbar, sie ist der ideale Boden für Kraftver-
stärkung und Machtentfaltung.

Das Überraschende bei der Betrachtung der irdischen Natur ist,
daß sie in ihrer Evolution des Lebendigen - entgegen unserer primitiven Ausdeutung der Darwin'schen These vom "Überleben des besser
Angepaßten" im Sinne eines "Überlebens des Stärkeren" in einem
"Null-Summen-Spiel" - im allgemeinen nicht eine vermehrte Machtentfaltung durch Gleichschaltung oder Unterdrückung anzustreben
sucht, sondern vielmehr darauf setzt, durch ein immer raffinierteres
Zusammenspiel, ihre Ordnungen im Sinne höherer Differenzierungen
weiterzuentwickeln und ihre Formen "lebendiger" zu machen. Durch
diesen Kunstgriff gelingt es ihr, die Zahl ihrer Optionen und damit
ihre für die Anpassung und eine langfristige Überlebensfähigkeit
wesentliche Flexibilität zu vergrößern. Oder eigentlich sollten wir
besser umgekehrt sagen: Die Dominanz hochdifferenzierter Systeme
in unserer Ökosphäre ist das *Ergebnis* einer besseren Überlebensfähigkeit in der mehrere Milliarden Jahre langen Erdgeschichte
im Rahmen eines gigantischen "Plus-Summen-Spiels".

Schöpfung und Technik

Natürliche Schöpfung und menschengemachte Technik scheinen
heute immer mehr in Gegensatz zueinander zu geraten, obgleich dies
ihrem Wesen nach nicht so sein müßte. Denn die Technik ist eine
"Schöpfung" des Menschen und sie ist damit, weil der Mensch ein
wesentliches Glied einer umfassenden Natur ist, auch ein Teil der
allgemeinen Schöpfung. Da der Mensch ein Teil der Natur ist, ist
auch alles, was er tut, letztlich Natur. Die Frage ist allerdings, ob der
Mensch mit seinem Wirken Bedingungen auf der Erde schafft, die
seine Fortexistenz als Gattung gefährden oder sogar letztlich unmöglich machen. Hier stellt sich also die Überlebensfrage der Menschheit,
die viele von uns heute bedrängt und bedrückt. Eines jedenfalls ist
klar: Trotz der tiefen Wunden, die wir unserer Erde und ihrer Biosphäre in unserer Maßlosigkeit und unserem unbegrenzten Hand-
lungsdrang schlagen, wird die Natur sich langfristig gegen uns immer
behaupten können, wenn auch unter Umständen um den Preis, einen

Teil ihrer Evolution in den letzten Jahrhundertmillionen wiederholen zu müssen. Die Natur, die Biosphäre der Erde, kann ohne uns leben, aber wir nicht ohne sie.

Die Frage ist also, inwieweit der Mensch mit seinem Handeln im Einklang oder im Widerstreit mit den Prinzipien steht, die in der Entwicklung unseres Universums - und insbesondere in der Evolution des Lebendigen - zum Ausdruck kommen. Wir beobachten hier Änderungsphasen und Konsolidierungsphasen. In den Konsolidierungsphasen wird versucht, errungene Vorteile gegenüber der Umgebung auszuweiten und auszubauen, in den Änderungsphasen, durch Öffnung neuer Möglichkeiten den etablierten Rahmen zu sprengen und, wenn möglich, durch Schaffung höherer Ordnungsstrukturen die alten Vorteile mit neuen Optionen anzureichern.

Wir gehen hierbei davon aus, daß der Mensch überhaupt die Freiheit zum Handeln hat. Obgleich uns auch die moderne Physik zu dieser Schlußfolgerung noch keine zwingende Handhabe gibt, so zweifle ich nicht daran, daß wir als Menschen diese Freiheit besitzen. Die Natur verdammt uns zu keiner bestimmten Zukunft. Die Welt ereignet sich in jedem Augenblick neu, sie befindet sich in ständiger Entfaltung, besser: in einem kontinuierlichen Schöpfungsprozeß, und - so ist wohl anzunehmen - sie eröffnet auch damit uns Menschen die Chance, an diesem Schöpfungsprozeß mitzuwirken. Die prinzipielle Offenheit der Zukunft verhindert die Ausweglosigkeit streng gesetzmäßiger Abläufe, sie bedeutet deshalb Hoffnung. Und nicht nur das: aufgrund unserer Gedanken, unserer Erwartungen und Träume, unseres Willens besitzen wir prinzipiell die Fähigkeit, durch unsere Handlungen diese Zukunft in ihrer konkreten Ausformung mitzugestalten.

Technische Apparate, mit denen wir uns in unserer Lebenswelt umgeben, basieren wegen ihrer Größe auf den klassischen Gesetzen der Physik, weil bei Anhäufungen vieler gleichartiger Atome in Zuständen nahe dem thermodynamischen Gleichgewicht ihre quantenmechanische mikroskopische offene Möglichkeitsstruktur herausgemittelt wird, und damit gewissermaßen ihre lebendigen Komponenten unterdrückt werden. Deshalb zeigen sie im allgemeinen ein berechenbares Verhalten. Diese "uninspirierten", ihrer Lebendigkeit beraubten, technischen Apparate sind für uns fälschlicherweise zum Symbol der Naturgesetzlichkeit geworden. Wir mögen sie und pflegen sie, weil sie uns ganz hörig sind, weil wir ihre zukünftige Entwicklung prinzipiell streng vorhersagen können, und wir sie deshalb fest im Griff zu haben glauben.

Wir stellen aber nun fest, daß dies nicht für alle makroskopischen Systeme gilt. So gibt es sogar mechanische Systeme, deren Bewegungsablauf prinzipiell nicht mehr prognostizierbar ist oder, wie wir sagen, *chaotisches* Verhalten zeigt. Das einfachste System dieser Art ist ein Doppelpendel. Ich habe hier ein Tripelpendel mitgebracht, das noch interessantere Bewegungsabläufe hat. Durch inhärente Instabilitätslagen werden hier mikroskopische Unregelmäßigkeiten in makroskopisch unterscheidbare Bewegungsformen umgesetzt.

Biologische Systeme sind ebenfalls solche makroskopischen Chaos-Systeme. Sie sind uns viel geläufiger. Da sie sich weit außerhalb des thermodynamischen Gleichgewichts befinden, unterschieden sie sich in ihrem dynamischen Verhalten wesentlich von den üblichen technischen Apparaten. Sie werden auf hochkomplexe Weise durch ständige Zufuhr von Ordnungsenergie, von Syntropie, von außen, in einem hochstrukturierten dynamischen Ordnungszustand gehalten und entkommen auf diese Weise der "abtötenden" Nivellierung. Die Syntropie stammt letzlich aus der auf unserer Erde ständig einfallenden Sonnenstrahlung. Es ist die Dynamik dieses extrem vielfältigen, durch eine Vielzahl von ineinandergreifenden Regelkreisen in der Schwebe gehaltenen Ordnungszustandes, die dem Lebewesen seine Lebendigkeit, seine Spontaneität, seine Reaktionsfähigkeit und letztlich wohl auch, wie beim Menschen, seine bewußte Handlungsfähigkeit verleiht.

Das Bedrückende an der heutigen Technik ist, daß sie immer weniger den eigentlichen Bedürfnissen des Menschen dient und ihn vermehrt zwingt, sich umgekehrt ihren Erfordernissen anzupassen. Diese Entwicklung ist hauptsächlich die Folge einer Eigendynamik, die, wie mir scheint, vor allem durch die Randbedingungen der Wirtschaft erzeugt wird. Wirtschaftlichkeit erfordert höchstmöglichen Output bei geringstem Input, also maximale Verstärkung der erwünschten Faktoren, höchste Effizienz bei der Verwirklichung der angestrebten Ziele.

Jede Maximierung in einer bestimmten vorgegebenen Richtung erfordert jedoch Opfer bezüglich anderer Komponenten. Anstatt, wie die Natur, phantasievoll durch "Versuch und Irrtum" immer weitere Optionen spielerisch zu erschließen, ziehen wir vor, auf gegebenen eng begrenzten Trassen verbissen mit immer höherer Geschwindigkeit dahinzurasen.

Es sind zentrale Strukturen, welche am besten erlauben, die angestrebte Effizienz zu maximieren. Die differenzierte Vielfalt wird auf diese Weise zur machtvollen Einfalt reduziert. Die machtförmige Entwicklung wird dadurch ermöglicht, daß man Gegenkräfte vollständig zu beseitigen sucht. Mit der Beseitigung der Gegenkräfte erreicht man ein lawinenartiges Ansteigen der Verstärkung, die man freudig begrüßt, aber dabei vergißt, daß man gleichzeitig auch die Möglichkeit der Steuerung verliert. Steuerung verlangt doch, daß wir Systeme geschickt durch Kraft und Gegenkraft in der Schwebe halten und ihnen dadurch das freie Spiel zwischen einer Vielzahl von Möglichkeiten gestatten.

Die erdrückende Folgerichtigkeit der wissenschaftlich-technischen und wirtschaftlichen Eigendynamik sollte uns aber nicht dazu verleiten, in passiven Fatalismus zu verfallen und anzunehmen, daß das was vor unseren Augen so geschieht, nun auch notwendig so geschehen muß. Wir können in der Tat heute noch nicht erkennen, woher die Kräfte kommen sollen, die ein Umlenken der Titanik in eisfreies Gewässer bewerkstelligen sollen. Aber es wird uns heute zunehmend bewußt, daß die Menschheit auf ihrem bisherigen Pfad nicht fortschreiten darf, will sie ihre Existenz nicht ernstlich gefährden. Vielleicht ist diese in uns wachsende Einsicht gerade die von der Natur vorgesehene Gegenkraft, die sie zum Schutze ihres delikaten dynamischen Gleichgewichts wirksam werden läßt. Wenn die Zerstörung unseres Planeten letztlich durch das Bewußtsein des Menschen und sein darauf gründendes Handeln möglich ist, dann auch seine Rettung. Wir sollten nicht so kleinmütig sein und immer nur unsere Ohnmacht beklagen. Ein sensibilisiertes System wie die menschliche Gesellschaft und die ganze Biosphäre können sehr wohl durch winzig kleine Anstöße zu großen Richtungsänderungen veranlaßt werden.

Hier stellt sich die Frage nach unserer Verantwortung für unsere
Zukunft und insbesondere auch die Frage einer besonderen Verantwortung von Wissenschaftlern und Technikern, die ja vor allem durch
ihre erfolgreiche Arbeit die bedrohlichen technisch-wirtschaftlichen
Destabilisierungsprozesse vorantreiben.

In welcher Form und welchem Umfang ist Verantwortung möglich?

Doch wie können wir überhaupt Verantwortung übernehmen?
Denn Verantwortung zu tragen und zu übernehmen scheint doch vor-
auszusetzen, daß wir zukünftige Ereignisse als Folge unseres Tuns
überhaupt vorhersehen können. Eine genaue Prognose ist aber - wie
ich mehrfach betont habe - aus naturwissenschaftlicher Sicht praktisch und auch prinzipiell unmöglich. Wie sollten wir dann für etwas,
das wir tun oder nicht tun, zur Verantwortung gezogen werden
können? Diese Argumentation erscheint insbesondere für Wissenschaftler in der Grundlagenforschung unwiderlegbar, da es doch
gerade Aufgabe und Ziel dieser Wissenschaftler ist, Neuland zu erkunden. Sie können deshalb gar nicht wissen, was sie dort erwartet.
Wüßten sie es schon, dann wäre ja nichts zu erforschen. Aus diesem
Grund meinen die meisten Naturwissenschaftler, daß sie eigentlich
keine Verantwortung im obigen Sinne übernehmen können. Ich bin
hier jedoch anderer Meinung.

Es kommt nämlich bei der Frage der Verantwortung nicht auf die
Genauigkeit an, mit der etwas prognostiziert werden kann, sondern es
kommt vor allem darauf an, daß wir ein Gefühl dafür entwickeln, welche möglichen Konsequenzen sich aus einer gegebenen Situation entwickeln können. Ein Wissenschaftler ist also dazu aufgefordert, daß
er seine Augen aufmacht und gewissermaßen die Topologie, die Form
des Geländes, in das er so forsch hineinmarschiert, genauer wahrnimmt. Das ist nicht nur eine Frage des Talents, sondern diese
Fähigkeit muß auch geeignet entwickelt und vor allem eingeübt werden, woran es in unserem jetzigen Ausbildungssystem jedoch enorm
mangelt.

Die heutigen Anforderungen erfordern dringend die Ausbildung
einer T-Intelligenz, einer Intelligenz, die durch den Großbuchstaben

"T" symbolisiert werden kann. Der Vertikalbalken soll hierbei die heute hauptsächlich betonte Kompetenz eines Spezialisten kennzeichnen. Der Horizontalbalken soll ausdrücken, daß dieses Spezialwissen geeignet in einen größeren Sinnzusammenhang eingebettet werden muß. Nur diese zusätzliche Quersicht erlaubt uns eine ausreichende Orientierung bei unserer spezialisierten Einsicht.

Wenn ich im Nebel laufe, aber weiß, daß ich auf der Sohle eines breiten Wiesentales bin, kann ich getrost weitergehen. Denn, wenn ich ein bißchen vom Weg abkomme, kann mir nichts Schlimmes passieren. Wenn ich aber auf einem schmalen Gebirgsgrat im Nebel wandere oder einen Lawinenhang überquere, dann wird dies sehr gefährlich. Ich kann durch einen Fehltritt abstürzen oder, im zweiten Fall, aus prinzipieller Unkenntnis der genauen Beschaffenheit des Schnees in die Tiefe gerissen werden. Ich kann mich in diesen Situationen zum Weitergehen entscheiden, wenn ich alleine bin. Wenn ich das Pech habe, stürze ich eben ab und bezahle meine Unvorsichtigkeit mit Schaden. Aber wenn ich eine Gruppe von Leuten am Seil habe, oder metaphorisch die ganze Menschheit zu meiner Seilschaft gehört, dann darf ich in diesem Fall einfach nicht weitergehen. Ich *kann* hier die Verantwortung gar nicht übernehmen, weil die Topologie des Geländes dies einfach nicht erlaubt.

Auf die Wissenschaft übertragen heißt das, wenn ich als Wissenschaftler mich auf ein hochgefährliches Gelände begebe, bei dem mögliche Folgen, unabhängig von der Wahrscheinlichkeit ihres Eintretens, nicht mehr akzeptabel erscheinen - und dies kann ich als Wissenschaftler eigentlich nur gut einschätzen, wenn ich über T-Intelligenz verfüge - so darf ich diese Wissenschaft einfach nicht weitertreiben. Ich brauche dazu nicht genau zu wissen, ob ich das eine oder andere kann oder nicht kann, ich muß einfach damit rechnen, daß auch mir ein voraussehbarer, obgleich seltener, oder nicht voraussehbarer Fehltritt passiert und daß dann der Schaden, den ich dabei auslöse, zu groß ist, um von mir allein verantwortlich getragen werden zu können. Die Hoffnung auf "einige sehr segensreiche Möglichkeiten" darf uns nicht dazu verleiten, die Menschheit in einen Lawinenhang zu führen. Eine solche Handlung ist ethisch nicht vertretbar.

Einer ähnlichen Problematik begegnen wir im wirtschaftlichen
Bereich. Auch hier konzentrieren wir uns auf einen ganz speziellen,
positiven Aspekt des ganzen Wirtschaftsprozesses und sagen: "Dies
ist doch profitabel" und ignorieren schlicht und einfach den übrigen
Teil. Warum? Weil es dem Betriebswirt nur wichtig ist - und ich
mache ihm dafür keine Vorwürfe -, daß seine Betriebsrechnung nicht
zu einem negativen Abschluß kommt, unabhängig davon, ob er dabei
Kosten auf die Volkswirtschaft abwälzt. Die Volkswirtschaft wiederum versucht, diese Kosten dem Steuerzahler oder vermehrt der
Dritten Welt aufzuladen, oder aber - was das einfachste ist - damit das
Ökosystem der ganzen Erde zu belasten, über deren "Wirtschaft"
bisher noch niemand Buch führt, so daß die dort immens ansteigen-
den Schulden unsichtbar bleiben. Diese Problematik beleuchtet ein
Kernproblem unserer heutigen Wirtschaftsweise. Wir müssen hier
dringend Abhilfe schaffen. Wir müssen uns überlegen, wie wir von
unserer bisherigen, auf Wachstum fixierten und vom Naturvermögen
im steigenden Maße zehrenden Wirtschaftsform auf eine Wirtschaftsweise umsteigen können, die für unsere Erde langfristig tragfähig,
also ökologisch nachhaltig ist.

Was ist zu tun?

Die globalen Probleme, mit denen die Menschheit sich heute
konfrontiert sieht, sind erdrückend. Sie lassen sich nur durch eine
große gemeinsame Anstrengung lösen. Nach dem Ende der kraft-
zehrenden Ost-West-Konfrontation haben wir dafür eigentlich die
besten Voraussetzungen. Wir sollten die Chance nutzen. Um dabei
aber erfolgreich zu sein, reicht es nicht aus, daß sich nur Behörden
und ihre Beamten und Forschungsinstitute mit ihren Wissenschaftlern
damit befassen, sondern die Mehrzahl der Menschen muß für diese
Fragen gewonnen werden.
In der Wirtschaft haben wir gelernt, daß nur durch die Wissenschaft und ihre Grundlagenforschung eine für die Gesellschaft langfristig lukrative Technik möglich ist. Die Forschung, das wissen wir,
kann sich finanziell nicht allein tragen, da sie ja Neuland betreten soll
und deshalb nach der Methode "Versuch und Irrtum" vorgehen muß.

Obwohl letztlich nur ganz wenig von dem, was versucht wird, gelingt, so hat dies kaum den Optimismus auf Erfolg und die Bereitschaft zu großzügiger finanzieller Unterstützung gedämpft. Denn die Erfahrung hat gezeigt, daß der aus diesem Wenigen resultierende Nutzen in der Regel ausreichte, die ganze Anstrengung zu rechtfertigen.

Aber wir sind in dieser Einstellung nicht konsequent: Bei der Bearbeitung von so prinzipiellen Fragen nämlich, wo es um das Konzept einer für die Ökosphäre langfristig tragfähigen Wirtschaftsform, wo es um Überlebensfragen der Menschheit geht, also dort, wo wir existentiell letztlich alle auf einen Erfolg angewiesen sind, da werden wir auf einmal schrecklich pessimistisch und geizig: Wir überlassen das volle Risiko und die ganzen Mühen des Suchens, Auswählens, Erprobens und Korrigierens einfach einem Haufen sogenannter Idealisten oder Utopisten, als wäre dies deren privates weltfremdes Hobby. Es erscheint mir dringend geboten, daß der Staat und die Wirtschaft hier ihre vitalen Interessen erkennen und endlich geeignete Unterstützung gewähren. Ich wünschte mir, daß die Regierung und Wirtschaft künftig ihre engagierten Kritiker nicht so sehr als ihre Widersacher, sondern vielmehr als ihre potentiellen verläßlichen Helfer in schwieriger, gemeinsamer Sache ansehen.

Wie lange haben wir noch Zeit? Wir beobachten einen Wettlauf zweier Prozesse. Einerseits: Die aus unserem Bewußtsein gespeiste wissenschaftlich-technische Entwicklung, die mit ihrer Eigendynamik unsere Welt immer schneller verändert, angetrieben durch zentralistische Machtstrukturen - heute hauptsächlich von wirtschaftlicher Art -, eine Entwicklung, durch die unsere Erde mit immer größerer Rücksichtslosigkeit und wachsender Geschwindigkeit ausgebeutet wird, und die auf diese Weise globale Katastrophen und eine Erschöpfung der Biosphäre durch Verminderung ihrer Ressourcen und Vermehrung ihrer Mülldhalden in den nächsten ein oder zwei Menschengenerationen heraufbeschwört. Andererseits: Unsere stetig wachsende Einsicht in den unheilvollen Gang dieses Geschehens, ein Lernprozeß, der vor allem jeweils durch die nachwachsende Jugend getragen und deshalb, allenfalls durch kleinere und größere Katastrophen beschleunigt, sehr wohl auch seine ein bis zwei Menschengenerationen dauern wird.

Wird die Zeit also reichen, so fragen wir uns in großer Sorge, um die gebotene Kursänderung zu vollziehen? Die Chancen dafür erscheinen bei diesem Vergleich verzweiflungsvoll klein, doch nicht ganz hoffnungslos. Aber: Die bessere Einsicht genügt nicht, Umdenken allein reicht nicht aus. Wir müssen auch noch geeignete Werkzeuge entwickeln, um wirksam in das Geschehen einzugreifen. Für die uns bedrängenden globalen Probleme gibt es heute schon eine Vielzahl von interessanten Lösungsideen. Aber der eigentliche Engpaß besteht in konkreten Vorschlägen, Bereitschaft und Fähigkeit von uns allen, unseren Lebensstil geeignet zu ändern. Denn die Politik kann nicht mehr tun als das, was wir mehrheitlich von ihr fordern. Viele von uns sind an dieser Stelle tätig, aber es sind noch zu wenige.

Wo ist der geeignete Einstieg in diese hochkomplexe, dynamische Problematik? Wo der Punkt, an dem ein Hebel wirksam angesetzt werden kann? Wo letztlich die politische Kraft, mit der die notwendige Änderung durchgesetzt werden kann? Ist das System überhaupt noch steuerbar? Oder hat sich die Eigendynamik schon so weit verselbständigt, daß eine Umkehr nicht mehr möglich ist? Fragen über Fragen, auf die wir keine schlüssige Antwort wissen - für die aber niemand eine schlüssige Antwort wissen kann, denn:

Die Zukunft ist offen.
Handeln wir so, als ob noch alles möglich wäre.

MICHAEL VON BRÜCK

Wo endet Zeit?

Erfahrungen zeitloser Gleichzeitigkeit in der Mystik der Weltreligionen

"Die Zeit kann nie aufhören - Wegdenken können wir die Zeit nicht - denn die Zeit ist ja Bedingung des denkenden Wesens - die Zeit hört nur mit dem Denken auf. Denken außer der Zeit ist ein Unding." [1]

1. Einleitende Überlegungen
1.1 Zeit im Denken

Zeit endet, wo sie beginnt: im Denken. Die Physik belehrt uns zwar, daß mit dem Urknall die Zeit beginne und im Zentrum eines Schwarzen Loches enden müsse [2], daß also eine "objektiv" ablaufende Zeit von dem subjektiven Zeiterleben unterschieden werden muß. Aber, die Geschichte der Philosophien und der Wissenschaften belehrt uns: Alle Zeitskalen hängen an konstruierten Begriffen, die

---

1) Novalis, Schriften Bd. 2 u.3. Das philosophische Werk (Hg. K. Samuel/H.-J. Mähl/G. Schulz), Stuttgart 1965 u. 1968; II, 269 (zit. n. M. Frank, Das Problem "Zeit" in der deutschen Romantik, Paderborn: Schöningh 1990, 214)

2) J.A Wheeler, Jenseits aller Zeitlichkeit. Anfang und Ende der physikalischen Zeitskala, in: H. Gumin u. H. Meier (Hrsg.), Die Zeit. Dauer und Augenblick, (Veröffentlichungen d. Carl Friedrich von Siemens Stiftung) München: Piper ³1992, 17 ff.

Daten logisch verknüpfen, am Denken also. Daß die Zeit mit dem Denken aufhöre, ist allerdings selbst ein gedachter Satz, dessen Prämisse und Zielaussage sich paradox zueinander verhalten. Er gleicht eher einem *koan* als einem deduzierbaren Begriff, und so muß die Frage genauer lauten, was das hier implizierte Paradox besagen soll oder auf welche Erfahrungsstruktur es hinzuweisen vermöchte.

Die Frage nach der Zeit war seit Plato, Aristoteles und Augustinus ein Grundproblem der Metaphysik, und in dem *meta* deutet sich an, daß das Denken, wenn es seine eigenen Voraussetzungen reflexiv zum Gegenstand der Analyse macht, im Zirkel enden muß. [3] Nicht erst Kant hat das gewußt. Das Denken bedarf der zeitlichen Kategorien von Erinnerung und Antizipation in synthetischer Vergegenwärtigung. Die Identität des Selbstbewußtseins wird durch den kontinuierlichen Strom der Zeit verbürgt, der dann mehr als seine Erscheinung in jedem Moment des Zeitgeschehens sein muß. Das Bewußtsein aber erlebt den Mangel, weil die Synthese nie zu vollkommener Einheit gelangen kann, und so sucht es die raumzeitliche Differenzierung in einer direkten Einheitsschau zu integrieren, durch die *mystische* Erfahrungen gekennzeichnet sind. Unter mystischen Erfahrungen verstehe ich eine Vielzahl von inhaltlich sehr unterschiedlichen Erfahrungen, denen gemeinsam ist, daß sie sich durch eine *sich einende Bewußtheit* auszeichnen. Bewußtheit ist die Selbstreflexivität des Bewußtseins, d.h. die Verschmelzung des beobachtenden Subjekts mit dem beobachteten Objekt. Daß das Zeitproblem aufs engste mit der Frage nach dem Verhältnis von Einheit und Vielheit, also mit mystischer Erfahrung in dem eben beschriebenen Sinne, zusammenhängt, hat vor allem Novalis beschäftigt. Raum und Zeit sind für ihn zwei Seiten einer Sache, sie verhalten sich wie Einheit und Vielheit, insofern die Bewegung (deren Maß seit Aristoteles die Zeit ist) im Raum zu erstarren scheint, während sie in der Zeit ablaufen oder fließen kann. Raum gerät in der Zeit

---

3) Vgl. G. Böhme, Zeit und Zahl. Studien zur Zeittheorie bei Platon, Aristoteles, Leibniz und Kant, Frankfurt 1974; E. Rudolf, Zeit und Gott bei Aristoteles, Stuttgart 1986.

ins Fließen, während Zeit zu Raum erstarrt. [4] Das Selbstbewußtsein ist sich nun Grund und Resultat zugleich, d.h. es ist Ursache und Wirkung des Selbstvergewisserungsprozesses, der zeitlich differenziert erscheint. [5] Erinnerte Ursprünge und aus der Gegenwart extrapolierte Möglichkeiten werden als Gegenwärtigsein des Vergangenen und Gegenwärtigsein des Zukünftigen in einer dynamischen Gegenwart so gedacht, daß die Einheit des gegenwärtigen Augenblicks in der Differenzierung einzelner Momente erscheint. Dies kann am Symbolismus der Trinitätslehre erläutert werden, wie bereits Augustinus zeigte. Aber mehr noch: Vergangenheit wäre das *Anhaften* an Erinnertem, Zukunft die *Projektion* des Gewünschten. Die Erfahrung reiner Gegenwart, die gleichzeitige Einheit ist, wäre Freiheit von beiden Intentionen, Freiheit von Anhaften und Projektion also. Dies ist eine buddhistische Denkfigur, die wir noch erörtern werden.

1.2. Das neue europäische Schisma

Die europäische Kultur der letzten Jahrhunderte war von einem Schisma bestimmt, zu dem es in Kulturen, die vom Buddhismus, Hinduismus oder Islam geprägt sind, nichts Vergleichbares gibt: dem Schisma von Wissenschaft und Religion. Der Begriff des Schisma ist an räumliche und zeitliche Differenzierung gebunden. Wo etwas gespalten wird, entsteht Raum, und der Prozeß des Spaltens markiert zeitliche Koordinaten. Dem allgemeinen Satz vom Schisma zwischen Wissenschaft und Religion liegt also die fundamentale Differenzierung in 'räumliche' und 'zeitliche' Räume zugrunde. Der Begriff des "zeitlichen" Raums klingt weniger fremd als der des "räumlichen Raums". Wir sprechen von Zeiträumen. Ein vorkritisches Bewußtsein stellt sich die Zeit ohne weiteres räumlich vor, als Zeit- oder Zahlenstrahl, der von einer Richtung in die andere verläuft, also Raum schafft, oder als leeren Hohlraum, der durch Ereignisse in der Zeit strukturiert, d.h. gefüllt wird. Der Begriff des "räumlichen Raums"

4) M. Frank, Das Problem "Zeit" in der deutschen Romantik. Zeitbewußtsein und Bewußtsein von Zeitlichkeit in der Frühromantischen Philosophie und in Tiecks Dichtung, Paderborn: Schöningh 1990, 160
5) Frank, aaO, 167

hingegen scheint eine Tautologie zu sein, aber nur auf den ersten Blick.

Wir setzen einen Raum voraus, er ist gegeben in dem Augenblick, da wir wahrnehmen. Denn wir nehmen "etwas" wahr, bevor dieses Etwas ins Bewußtseins getreten ist, und zwar in der reinen Subjektivität der Möglichkeit und zeitlichen Realisierung der Wahrnehmung selbst. Tritt dieses "Etwas" ins Bewußtsein, wird der leere Raum, der als solcher noch nicht wahrgenommener Raum ist, räumlich, d.h. ein "Etwas" im Unterschied von einem anderen "Etwas" läßt Raum sein. Wir nehmen nicht den Raum wahr, sondern die Beziehung zwischen zwei oder mehr Wahrgenommenen, wobei die eine Koordinate immer das wahrnehmende Subjekt ist. "Raum" könnte also als Möglichkeit der Wahrnehmung, "räumlicher Raum" als die Struktur der Beziehung im Wahrnehmungsprozeß beschrieben werden. Jede Aussage, wie die des einleitenden Satzes vom Schisma in unserer Kultur, setzt diese Wirklichkeit voraus.

Was besagen diese Überlegungen? Ich habe den Satz von dem Schisma in unserer Kultur nicht nur als Beispiel oder Paradigma angeführt, um die Unausweichlichkeit raum-zeitlichen Gefüges in der Wahrnehmung oder in der Formulierung eines jeden beliebigen Satzes zu demonstrieren, sondern deshalb, weil er das existentielle Dilemma nicht nur unserer Kultur, sondern auch unserer Frage nach der Zeit beschreibt. Dem Schisma liegt nämlich eine tiefere Spaltung zugrunde: die des wahrnehmenden Subjekts und des wahrgenommenen Objekts, und zwar nicht erst seit Descartes. Ich will nicht auf die Geschichte des europäischen Ich eingehen, die spätestens seit Sokrates eine unumkehrbare Richtung eingeschlagen hat, insofern die Selbstgewißheit der Frage oder Kritik die Seinsgewißheit des staunenden Beobachters dadurch überbieten konnte, daß der sokratische Logos den dionysischen Mythos zu verdrängen vermochte. Ob der apollinische Geist in Sokrates' Frage, die Selbstgewißheit schaffen soll, inkarniert ist und somit ein weiterreichendes Problem angeschnitten werden müßte, sei dahingestellt.

Zumindest ist deutlich: Descartes' *cogito* dient der Selbstvergewisserung des *ego sum*. Das Ego ist nicht, wenn es sich nicht als solches im Denken bestätigt, d.h. wenn es nicht durch das *alter ego* hindurchgegangen ist, das sich von sich distanziert, nur um sich im

Gedachten wiederzufinden. Dieser Durchgang oder die Distanzierung zur Selbstvergewisserung ist das, was Zeit und Raum schafft. In Zeit und Raum (wir werden uns forthin nur noch mit der Zeit beschäftigen) wird Existenz. Sie wird sich nicht nur ihrer bewußt, sondern außerhalb dieser Selbstdistanz *ist* sie nicht. Wesen, die der Selbstvergewisserung durch das *cogito* nicht bedürfen, haben keine Zeit. Das Dilemma der Entfremdung um der Existenz willen ist also ein fundamentales, die geschichtliche Wirklichkeit (einschließlich des Schismas, von dem wir oben sprachen,) ist davon abgeleitet.

Die Frage nach der Zeit ist somit die Frage nach einer bestimmten Weise des Menschlichen. Der Mensch zeitigt sich, um seiner selbst gewiß zu sein. Wissenschaft und/oder Religion wären dann nur zwei Möglichkeiten, diese Selbstdistanzierung in der Zeit zu vollziehen, d.h. sie sind Modi des *cogito*, das erst im Vollzug dessen, was wir Zeitigung nannten, zum Subjekt wird. Zeit wäre dann eine *conditio humana*, und die Frage, ob Zeit "objektiv", "subjektiv" oder etwas anderes sei, würde sich erübrigen, weil die Möglichkeit des Fragers ohnehin von dieser *conditio* abhängt.

Was aber geschieht in dieser Spaltung, in der sich das Subjekt selbst gegenübertritt? Oder anders gefragt: Wäre es möglich, Zeit anders oder nicht zu erfahren? Wenn ja, was würde das für unsere Ausgangsposition bedeuten, d.h. für die Frage nach der Selbstgewißheit des Menschen? Würde sie ungewiß werden, oder gibt es ganz andere Möglichkeiten der Selbstgewißheit als die, die wir in unserer historischen Entwicklung als die dominanten kennen, nämlich Religion und Wissenschaft, die nur in ihrem Modus verschieden sind, beide aber Tradition ermöglichen und damit die Selbstgewißheit kollektiv oder gesellschaftlich vermitteln, somit also gleichsam in ein und demselben individual- wie sozialpsychologisch beschreibbaren Boden wurzeln, der durch Zeitlichkeit geprägt ist?

Noch einmal anders gefragt: Bestünde das Dilemma der Selbst-Distanzierung in der Zeit der Selbstfindung nicht, könnte vielleicht Zeit anders erfahren werden? Denn daß der rational-fragende Bewußtseinsmodus nicht die einzige Bewußtseinsweise ist, wissen wir: Traum, Tiefschlaf, ekstatisches Erleben usw. sind gleichsam andere Bewußtseinsintensitäten, mit einem modernen Begriff: *altered states of consciousness*. In ihnen ist das Zeitbewußtsein erheblich modifiziert. Die *coincidentia oppositorum* wird in der Ekstase als Einheit in der Vielheit konkret erfahren, und dies betrifft auch die Differenz von Vergangenem und Zukünftigem, die als Gleichzeitigkeit im Jetzt erscheint. Bereits William James hat daraus geschlossen, daß es zumindest problematisch ist, den gewöhnlichen Wachzustand zum Maßstab aller Dinge zu machen und anzunehmen, daß nur dieser Zustand ein adäquates Bild von der Welt vermitteln könne. Denn wie ließe sich eine solche Reduktion begründen? Er urteilt:

"It is that our normal waking consciousness, rational conscious-ness as we call it, is but one special type of consciousness, whilst all about it, parted from it by the flimsiest of screens, there lie potential forms of consciousness entirely different. We may go through life without suspecting their existence; but apply the re-quisite stimulus, and at a touch they are there in all their comple-teness, definite types of mentality which probably somewhere have their field of application and adaptation. No account of the universe in its totality can be final which leaves those other forms of consciousness quite disregarded." [6]

Angesichts eines Wittgenstein und der modernen Dekonstruktion von Konzeptualisierungen ist es dann nur folgerichtig, daß Charles Tart eine Wissenschaft fordert, die in ihren Beschreibungen die Ab-hängigkeit vom jeweiligen Bewußtseinszustand angibt.[7] Dies betrifft auch den Zeitbegriff.

Veränderte Bewußtseinszustände sind seit alters in den Religio-nen durch "Mystiker" erfahren und beschrieben, von Philosophen auf dem Hintergrund solcher Erfahrungen auch konzeptualisiert worden. Bei aller Schwierigkeit, den Begriff der Mystik zu definieren oder gar "mystische Einheitserfahrungen" zu beschreiben - wir werden auf den Versuch einer Definition verzichten und dennoch phänomenologisch zu argumentieren versuchen -, scheint es erlaubt zu sein, den Zeit-Raum des Mystikers gerade in jener Welt anzusiedeln, in der das Dilemma der Selbstvergewisserung durch Distanzierung in der Zeit

---

6)   W. James, The Varieties of Religious Experience, London: Longman's 1913, 388.

7)   Ch. Tart, Transpersonale Psychologie, Freiburg: Walter 1978, 21 ff.

nicht auftritt. Dies sei zunächst als Hypothese formuliert und vorausgesetzt.

1.3. Zeiterfahrung als Problem

Zeit kann als Maß für die Bewegung von Erscheinungen innerhalb gesetzter Koordinaten nur abstrahiert werden, wenn die Frage nach dem Verhältnis dieses Maßes zum messenden Subjekt vernachlässigt wird, d.h. wenn der Sinn (die Richtung) des Messens selbst nicht in Erscheinung tritt. Daß es sich um die Vernachlässigung eines entscheidenden Parameters handelt, weiß die Wissenschaft spätestens seit der Entdeckung der Quantenmechanik, wonach das messende Subjekt selbst ein Aspekt im Meßvorgang ist.

Wir werden hier nicht den Zeitbegriff der Naturwissenschaft (wenn es ihn denn als einheitlichen Begriff gäbe) erörtern, auch nicht die philosophischen Implikationen und unterschiedlichen Deutungen der Relativitätstheorie und der Quantenphysik. Dennoch sind einige Bemerkungen hinsichtlich der "Objektivität der Zeit" sinnvoll, wenn wir später Reflektionen von Zeiterfahrungen in der Mystik nicht nur sammeln, sondern auch interpretieren wollen.

Niels Bohr hat deutlich gemacht, daß die nicht-klassischen Phänomene der Quantenphysik in klassischen Begriffen ausgeführt werden müssen, wenn sie über die mathematische Formel hinaus Bedeutung gewinnen sollen. Auch das Relativitätsprinzip unterliegt dieser Forderung, und es ist kein Zufall, daß ausgerechnet Physiker auf der Suche nach geeigneten klassischen Begriffen auf die Vorstellungswelt der Mythen alter Völker, auf philosophische Interpretationen mystischer Erfahrung und die Zeitstrukturen des Bewußtseins eines Kindes zurückgreifen, um die grundlegende *Relativität* im Begriffsbereich des Menschlichen anzutreffen. [8)]

Nicht nur bei den Griechen war die Zeit eine mythische Figur: Chronos, der seine Kinder erzeugt und verschlingt. *Mahakala* ist ein Beispiel aus dem indischen Mythos, das bis in das tantrische buddhi-

---

8) Vgl. dazu M.D. Akhundov, Conceptions of Space and Time. Sources, Evolution, Directions, Cambridge, Mass.: The MIT Press 1986, 5

stische *kalacakra*-System gewirkt hat. Im indischen *Brahmavaivarta-purana* (IV, 30, 45) betet der Dichter zu Gott:

"Von allen Maßen bist Du die Zeit. Du bist der Herr der Zeit, der Ursprung der Zeit. Du bist jenseits von Zeit und wohnst doch in der Zeit."

Allerdings ist auffällig, daß in Indien der Raum, *akasha*, als Element oder Grundbaustein des Universums sowohl in hinduistischen wie in buddhistischen Systemen eine viel zentralere Rolle spielt als die Zeit, deren Bedeutung zunächst nur in der Verschleierung des Wirklichen, kaum in dessen Entfaltung lag.

Am Beginn der abendländischen Philosophie steht die Kontroverse zwischen Heraklit, der in Bewegung und Werden das ursprüngliche Wesen der Wirklichkeit zu erkennen meinte, und Parmenides und Zeno, die Sein und Permanenz jenseits zeitlichen Wandels für allein wirklich hielten. Plato vermittelte zwischen beiden, indem er das Universum in einen zeitlichen und einen überzeitlichen Bereich aufteilte, wobei ihm die zeitliche Wirklichkeit das "bewegte Bild" der ewigen Formen war.[9] Sie verhalten sich wie Spiegelbild zu Urbild. Alle über den Neuplatonismus in Europa vermittelten mystischen Traditionen gehen auf diese Unterscheidung zurück und verbinden die *zeitlose Wahrheit* der Idee mit einer spezifischen Bewußtseinserfahrung.

Aristoteles' Zeitbegriff hat die abendländische Wahrnehmungs- und Denkgeschichte bis heute geprägt: Die Zeit ist eine Zahl der Bewegung hinsichtlich eines "Vorher" und "Nachher" [10], und zwar ursprünglich der obersten Himmelssphäre. Sie ist das Maß für Veränderung. Zeit wird hier mit der Bewegung der Himmelskörper in Verbindung gebracht, und dieses physikalische Modell ist bestimmend geblieben.[11] Drei Zeitbegriffe lassen sich auf diesem Hintergrund formulieren. Der erste bestünde darin, Zeit und Bewegung zu identifizieren. Die Schwierigkeit dieses Ansatzes ist, daß Zeit nicht

---

9) Plato, Timaios, 37d
10) Aristoteles, Physik, 219b
11) F. Brentano, Philosophische Untersuchungen zu Raum, Zeit und Kontinuum, Hamburg: Felix Meiner, 1976, 61

mit Bewegung identisch sein kann, denn Bewegung ist nur als Bewegung *in der Zeit* vorstellbar, d.h. Bewegung muß von dem Medium, in dem sie stattfindet, unterschieden werden.[12] Identifizierte man zweitens aber die Zeit mit bewegten Objekten wie zum Beispiel Himmelskörpern, würde man sie auf räumliche Koordinaten reduzieren. Die dritte Möglichkeit ist, die Zeit als Attribut der Bewegung aufzufassen, als Maß etwa, das Bewegung begleiten würde. Dann aber wäre die Frage, welches Maß angenommen werden müßte, ob unterschiedliche Bewegung unterschiedliche Zeiten zur Folge hätte und wie sich die Zeit, die an der Bewegung teilhat, zu der Zeit, die Bewegung mißt, verhält. [13]

Diese Fragen spiegeln sich auch in der Auseinandersetzung um die Interpretation der Relativitätstheorie Einsteins wider.[14] Auf der Grundlage der Riemann'schen Geometrie war deutlich geworden, daß Raum und damit geometrisches Maß nicht absolut sind, insofern Raum bestimmt ist durch die Körper, die sich in ihm befinden. So kann es weder absoluten Raum noch absolute Zeit geben. Whitehead hingegen hielt seine Theorie von der räumlichen und zeitlichen Kongruenz entgegen, nachdem die Einheitlichkeit der Weltgeometrie, und damit auch der Zeit, aufrechterhalten werden soll, ein Argument, das Grünbaum für nicht stichhaltig hält. Uns interessiert hier nur, daß es um die Fragen von Einem versus Vielheit bzw. Konstante versus Bewegung geht, mehr noch, um die Zuordnung beider Größen. Denn daß Bewegung die Konstanz eines Bewegten voraussetzt, andernfalls man nur von völlig diskreten Zuständen verschiedener Größen, also keiner Veränderung eines Gegebenen, sprechen könnte, wußten bereits die Griechen. Um den Prozeß der Bewegung zu erfassen, bedarf es also sowohl der Anschauung des Statischen als auch des

---

12) Auch Zeit und Geschwindigkeit setzen einander voraus, so daß diese jene nicht begründen kann. Aus psychologischer Sicht hängt Zeit an der Geschwindigkeit von Ereignissen, wie Piaget an der Zeitentwicklung beim Kinde demonstriert hat. (J. Piaget, Time Perception in Children, in: The Voices of Time (ed. by J.T. Fraser), Amherst: The Univ. of Massachusetts Press [2]1981, 202)

13) R.M. Gale, What, then, is Time, in: The Philosophy of Time (ed. by R.M. Gale), Garden City, N.Y.: Anchor 1967, 24 ff.

14) Zum folgenden vgl. A. Grünbaum, Philosophical Problems of Space and Time, Dordrecht, Boston: Reidel [2]1973, bes. 8-65 und 425 ff.

Bewegten. Whitehead jedenfalls faßt zusammen, daß es "unmöglich ist, über Zeit und den kreativen Ablauf der Natur zu meditieren, ohne eine überwältigende Empfindung bezüglich der Grenzen menschlicher Intelligenz" zu erfahren. [15] Und bekanntlich war bereits Augustinus zu einer ähnlichen Erkenntnis gelangt.

In der gegenwärtigen Physik gibt es verschiedene Ansichten und Interpretationen vom "Alter" des Universums. [16] Damit verbunden ist die Frage, ob das Universum seit dem "Urknall" gleichbleibende Geschwindigkeit hat oder vor Jahrmillionen schneller oder langsamer expandiert ist. Fluktuationen in der Raum-Zeit-Dichte lassen die Zeit in Abhängigkeit vom Zustand des Universums erscheinen [17], und die alte Frage nach der "objektiven" Zeit spitzt sich zu in der Frage, ob eine solche Zeit, wenn es sie gäbe, selbst zeitlich variabel wäre und man sich nach einer Meta-Zeit umschauen müßte.

Nicht nur die abstrakte Frage nach dem Wesen der Zeit ist aber kaum zu beantworten, sondern auch das Problem ihrer Richtung bzw. ihres Sinnes ist keineswegs geklärt. [18] S. Watanabe hat vorgeschlagen [19], in der Unterscheidung von Mittel und Ziel den anthropologischen

---

15) A.N. Whitehead, Concept of Nature, Cambridge: Cambridge University Press 1920, 73 (Das Zitat verdanke ich Benjamin, aaO, 8.)

16) Vgl. neuerdings die Überlegungen von S.W. Hawking, Eine kurze Geschichte der Zeit. Die Suche nach der Urkraft des Universums, Reinbek b. Hamburg: Rowohlt 1988.

17) G.J. Whitrow, Time and the Universe, in: The Voices of Time (ed. by J.T. Fraser), aaO, 576

18) Nach Hawking verlangt das "anthropische Prinzip", daß wir das Universum so sehen, wie es ist, weil wir nicht da wären, um es zu beobachten, wenn es anders wäre. Die Zeitstruktur mit dem Richtungspfeil von Vergangenheit-Gegenwart-Zukunft sei also jeder möglichen Beobachtung vorgegeben, und zwar für Hawking letztlich auf Grund des 2. Hauptsatzes der Thermodynamik. Es ist m.E. fraglich, ob das Prinzip in dieser Form allgemein gelten kann, wenn man andere Zeiterfahrungen, wie z.B. die mystische, als ein Phänomen, das zweifellos auftritt, ernst nimmt. Vgl. Hawking, aaO, 157 ff.

19) S. Watanabe, Time and the Probabilistic View of the World, in: The Voices of Time (ed. by J.T. Fraser), Amherst: The University of Massachusetts Press ^{2}1981, 561. Er weist die Möglichkeit zurück, die Begründung der Zeitrichtung auf den 2. Hauptsatz der Thermodynamik zu stützen, da zwar die Zunahme von Entropie nicht bestreitbar sei, die Richtung der Zeit daraus aber nicht abzuleiten wäre, da man eine zweite Variable brauchte. (555)

Ansatzpunkt für die gerichtete Zeiterfahrung zu suchen, wobei aber in der Deutung dieser Unterscheidung keineswegs ein interkultureller *consensus populorum* vorliegt. Insofern aber diese Differenz direkt mit der Unterscheidung von Ursache und Wirkung zusammenhängt, kann zumindest im Rahmen von Kausalität die Richtung der Zeit von Vergangenheit zu Zukunft auf diese Weise begründet werden. Allerdings wäre zu fragen, ob die *Richtung* der Zeit nicht ein Attribut der Zeit nur unter bestimmten makroskopischen Bedingungen ist, da ihre Bestimmung im Bereich der Elementarteilchen fraglich ist. [20] Ist somit also die Zeitrichtung grundlegend im Universum als solchem angelegt, oder handelt es sich nur um eine statistische Aussage?

Daß die einfache linear vorgestellte Zeitrichtung in Abfolge der drei Zeitmodi von der Vergangenheit über die Gegenwart zur Zukunft hin eine Vernachlässigung der Komplexität tatsächlicher Zeiterfahrung ist, indem zum Beispiel Vergangenheit nur als gegenwärtige Vergangenheit, Zukunft nur als in der Gegenwart antizipierte Zukunft usw. verfügbar sind, so daß "Zeitnetze" (J. Moltmann) entstehen, haber vor allem G. Picht, A. M. K. Müller und J. Moltmann herausgearbeitet. [21]

Zeiterfahrung, soviel ist sicher, ist abhängig von der Umwelt des Erfahrenden sowie vom Zustand des wahrnehmenden Bewußtseins, wie nicht nur Piagets Untersuchungen an Kindern gezeigt haben, sondern die allgemeine Erfahrung, das Traumerleben und der interkulturelle Vergleich belegen. Zeit ist eine Entdeckung im Verlauf der Evolution, und es ist durchaus möglich, daß sie nicht nur beim Menschen vorkommt, sondern auch beim Tier und der Pflanze - wenn

---

20) Whitrow, Time and the Universe, aaO, 580f.
21) G. Picht, Die Zeit und die Modalitäten, in: Hier und Jetzt: Philosophieren nach Auschwitz und Hiroshima, Bd. I, Stuttgart: Klett 1980, 362 ff.; J. Moltmann, Gott in der Schöpfung. Ökologische Schöpfungslehre, München: Chr. Kaiser 1985, 116 ff.; A.M.K. Müller, Das unbekannte Land. Konflikt-Fall Natur. Erfahrungen und Visionen im Horizont der offenen Zeit., Stuttgart: Radius 1987, bes. 210 ff. Müller nimmt nicht nur eine Evolution in der Zeit, sondern eine Evolution der Zeit selbst an. Eine Diskussion dieser Autoren ist hier nicht möglich und bleibt einer späteren ausführlichen Publikation vorbehalten.

auch in je modifizierter Form - anzunehmen ist.[22] Auch das Tier und
die Pflanze haben ihre je eigenen Zeitgeschwindigkeiten, die sich von
den menschlichen unterscheiden. Daß der menschliche Zeitsinn in
einer "instinktuellen Ambivalenz" begründet sein könnte, die daher
kommt, daß der Mensch Leben und Tod als entgegengesetzte Pole
erfährt, statt ihrer biologischen Einheit gewahr zu sein, ist möglich.[23]
Aber auch hier ist die Zeiterfahrung individuell verschieden: Nicht
nur, daß das Kind diese Ambivalenz ganz anders erfährt als der alte
Mensch, sondern auch die psychische Gesamtkonstellation, die
emotionale Balance und die soziale Umgebung sind Faktoren, die
Zeiterfahrung determinieren.

Auch die für abendländische Kultur fundamentale Erfahrung der
geschichtlichen Zeit ist keine Konstante, sondern selbst ein zeitliches
Phänomen, das der Wandlung unterliegt, wie R. Koselleck gezeigt
hat.[24] Er zitiert Herder, für den ein jedes Ding seine eigene Zeit hat,
so daß es im Universum zu einer Zeit unzählbare Zeiten gibt. Zeitbestimmungen sind demnach zwar von der Natur her bedingt, müssen
aber als spezifisch geschichtlich definiert betrachtet werden.[25] Durch
die "Verzeitlichung der Geschichte" während der letzten dreihundert
Jahre erscheint Zeit als in sich ganz anders differenziert als etwa im
europäischen Mittelalter. Der Grund ist eine Beschleunigung bzw.
Verzögerung der historischen Parameter, was Kosselleck eindrucksvoll und an zahlreichen Beispielen belegt. Zeit ist also auch hier
relativ, abhängig von einem kulturell geprägten Bewußtseinszustand,
der geschichtlicher Veränderung unterliegt.

Hermann Lübbe hatte in dieser Vorlesungsreihe auf Reinhart
Kosellecks Darstellung von Futurisierung der Utopie in der europäischen Geistesgeschichte hingewiesen. War bis zur Renaissance die
Utopie tatsächlich räumlich gedacht, d.h. die ideale Welt ein räumlich
zwar fernes, aber doch im Raum angesiedeltes Elysium gewesen -
und die Vergleiche zum zentralasiatischen Shambhala oder dem
buddhistischen Reinen Land im Westen drängen sich auf -, so war mit

22) Ich widerspreche damit J.T. Fraser, The Study of Time, in: The Voices of
   Time (ed. by J. T. Fraser), aaO (Anm. 12), 587
23) Fraser, aaO, 585
24) R. Koselleck, Vergangene Zukunft, Frankfurt: Suhrkamp 1979
25) Koselleck, aaO, 11

der geographischen Eroberung des Raumes und der Schwärzung aller
weißen Flecken auf der Landkarte die Utopie temporalisiert worden,
d.h. in eine Zukunft verlegt, die grundsätzlich überall möglich werden
konnte, wenn sich der Mensch, der die Utopie idealiter antizipierte,
von der Zukunft her handelnd in der Gegenwart realisieren konnte,
und das in der Neuzeit mit ständigem Druck der Beschleunigung von
Zeit. Unter dem Eindruck der mystischen Erfahrungen in der
Religionsgeschichte hingegen gilt: Die Realisierung der Utopie ist
weder die Überbrückung von räumlicher noch zeitlicher Distanz,
sondern die Erfahrung eines anderen Bewußtseinszustandes, der
immer und überall potentiell ist.

Wie wäre eine solche Erfahrung kategorial einzuordnen? Ich
zitiere aus Hans-Peter Dürrs Beitrag[25a] : "Die Erfahrung eines geordneten Nacheinanders in der von uns wahrgenommenen Wirklichkeit
ist eine Vorbedingung jeglicher bewußter Erfahrung und kann
deshalb als solche im Rahmen rationaler Betrachtungen nicht weiter
reduziert werden. Sie kann bestenfalls in Erlebnisinhalte, welche
hinter die Aufspaltung von Subjekt und Objekt, von dem Wahrnehmenden und dem Wahrgenommenen zurückgehen, transzendiert
werden." Um diese Erlebnisinhalte bzw. diesen Bewußtseinszustand
geht es hier.

Wenn wir also nach Erfahrungen zeitloser Gleichzeitigkeit in der
Mystik fragen, muß klar sein, daß Beobachtung und Erfahrung zu unterscheiden sind. Beobachtung setzt die Unterscheidung in beob-
achtendes Subjekt und beobachtetes Objekt voraus. Es handelt sich
um eine bewußte Trennung, bei der Wirklichkeit objektiviert wird.
Erfahrung hingegen ist die Einheit von Innerem und Äußerem bzw.
die "Einswerdung" mit dem "Objekt", das Anlaß zur Erfahrung gibt.
Dies entspricht einer allgemeinen Bewußtseinsbeschreibung, wird
aber besonders deutlich in Meditationserfahrungen und in intersub-
jektiver menschlicher Erfahrung, besonders der Liebe. Aus der naturwissenschaftlichen Methode ist dieser Aspekt bisher, d.h. vor der Formulierung der Quantentheorie, erfolgreich ausgeklammert worden

---

25a) vgl. H.-P. Dürr: "Wie offen ist die Zeit ? Die Verantwortung für unsere Zukunft." In diesem Band S. 181-206, hier S. 185 f.

Wenn wir von Zeit*erfahrung* in der Mystik sprechen, ist der Begriff mit Bedacht gewählt; wir sprechen nicht von Beobachtung. [26]

2. Zeiterfahrung im hinduistischen Bereich

Es ist oft behauptet worden, Indien habe keinen Sinn für Geschichte, was mit dem Desinteresse am Phänomen der Zeit zusammenhänge. Dies ist falsch. Gewiß, sowohl für Hinduismus als auch für Buddhismus gilt, daß der Weltprozeß keinen Anfang in der Zeit hat. Durch Expansion und Kontraktion wird in zyklischer Oszillation über lange Zeiträume hinweg ein Universum nach dem anderen hervorgebracht und wieder zerstört. Innerhalb eines Universums wird der Charakter des Historischen bzw. Zeitlichen sehr deutlich erkannt, aber anders bewertet als in Griechenland, Europa oder auch China. Die Puranas und epischen Werke sind voll von historischen Situationen und Geschichten, bei denen spezifische Zeitmuster eine entscheidende Rolle spielen, und Ursache-Wirkungs-Ketten, die den karmischen Fluß des Geschehens, d.h. die Historizität des Menschen, verdeutlichen.[27] Allerdings ist das zeitliche Geschehen nur insofern interessant, als es Möglichkeiten bietet, sich selbst zu transzendieren, d.h. den Kreislauf der Geburten (*samsara*) zu überwinden, Befreiung (*moksha*) zu erlangen und in die zeitlose Fülle (*purna*) einzugehen. Es gibt also in Indien von Anfang an ein spezifisches Zeitverständnis.

Dazu möchte ich einen Mythos aus dem Matsya Purana nacherzählen: [28]

Der Weise Narada, ein Sohn des Schöpfergottes Brahma, wollte einst von dem höchsten Gott Vishnu, der das Universum in Gang hält, das Geheimnis seiner Schöpferkraft, die alle Welten und

---

26) Zu meinem Erfahrungsbegriff vgl. M.v.Brück, Einheit der Wirklichkeit. Gott, Gotteserfahrung und Meditation im hinduistisch-christlichen Dialog, München: Chr. Kaiser ²1987, 247 ff.

27) R. Panikkar hat mit guten Gründen vorgeschlagen, das *Karman*-Gesetz im Sinne der Historizität des Menschen zu begreifen. Vgl. R. Panikkar, The Law of Karman and the Historical Dimension of Man, in: Philosophy East and West XXII, 1, Honolulu 1972

28) Vgl. H. Zimmer, Myths and Symbols in Indian Art and Civilization, Princeton Univ. Press 1974, 27 ff.

Zeiten hervorbringt, erfahren. Der Gott befahl ihm, in einen magischen See zu springen. Als er im Begriff war aufzutauchen, war er die Prinzessin Sushila von Benares. Er/sie heiratete den Prinzen des benachbarten Königreiches, da die Zeit gekommen war, und als Sushilas Gemahl den Thron bestieg, wurde sie Königin, hatte viele Kinder und Enkelkinder und war glücklich. Jedoch, es kam zu Wirren und politischen Konflikten zwischen den Reichen ihres Vaters und ihres Mannes, schließlich zum Krieg, in dem ihr Vater, ihr Gemahl, ihre Söhne und alle Verwandten getötet wurden. Verzweifelt mußte sie selbst die Verbrennungsfeuer für die Toten anzünden - das mächtige Feuer verwandelte sich langsam in einen kühlen Wind, aus dem sich wiederum ein See verdichtete, und Sushila fand sich als der Weise Narada wieder, den Vishnu an der Hand hielt, um ihn aus dem Wasser zu ziehen. Das Schauspiel hatte nur so lange gedauert, wie ein Körper braucht, um nach einem Sprung wieder aus dem Wasser aufzutauchen.

Der Mythos ist immer weiter ausgeschmückt worden. Die Expansion und Kontraktion eines ganzen Universums dauert nur ein Augenzwinkern des Schöpfergottes Brahma, der in einem Lotos sitzt, der aus dem Nabel des schlafenden Gottes Vishnu emporgewachsen ist, der auf der Schlange Shesha am Grund des Weltenozeans schläft und die Welt in rhythmischem Atmen träumt. Die Gleichzeitigkeit dessen, was uns als zeitliches Nacheinander erscheint, von einer höheren, göttlichen Bewußtseinsebene aus, ist ein Motiv, das in vielen Religionen anzutreffen ist - "tausend Jahre sind vor Dir wie der Tag, der gestern vergangen ist" (Ps 90, 4).

Von wenigen Ausnahmen abgesehen sucht das indische Denken das Eine und Unwandelbare, jeder Zeit gleichzeitig Gegenwärtige, in oder hinter den Erscheinungen der Temporalität. H. Nakamura hat darauf hingewiesen, daß die indischen Sprachen, vor allem das klassische Sanskrit, ein spezifisches Zeitverständnis nahelegen bzw. erzeugen.[29] So bevorzugt das Sanskrit den Nominalstil und löst Verben in

---

29) H. Nakamura, Time in Indian and Japanese Thought, in: The Voices of Time (ed. by J.T.Fraser), aaO, 77 ff.

Partizipien und Verbalnomina auf. Statt eines Adverbs wird der Akkusativ des Adjektivs für die adverbiale Funktion gebraucht usw. Selbst wo von der Vergänglichkeit (*anitya*) geredet wird, erscheint dieser Satz als ewiges Gesetz, das statisch ist. Ja, es gibt keinen gesonderten Begriff für "Werden", da die Wurzel *bhu* sowohl unser abendländisches "werden" als auch "existieren" bedeuten kann, d.h. die temporale Struktur ist nur ein Attribut des Existierenden, das in sich ist und bleibt. Was die Vorsokratiker - sichtbar in der Differenz zwischen Heraklit und Parmenides - als Antithesen empfanden, kann man in Indien als zwei Aspekte desselben verstehen. Indien hat kaum Interesse an Historiographie entwickelt, und wenn doch, so dient der Geschichtsverlauf als Vordergrundsfolie für die Darstellung der ewiggleichen Gesetzlichkeit. So spricht etwa die buddhistische Tradition durchaus von der Lebensgeschichte des historischen Buddha, die sich sukzessive in den Kulminationspunkten der Geburt in Lumbini, der Erleuchtung in Gaya und dem Eintritt ins *parinirvana* in Kushinagara entfaltet. Aber das in südasiatischen Ländern gefeierte Vesak-Fest im Mai zelebriert alle diese Ereignisse in zeitloser Gleichzeitigkeit. Denn die Erscheinung des Buddha ist nicht durch quantitativ bestimmte Zeitlichkeit gekennzeichnet, sondern durch eine qualitative Heilszeit, die ein immer und überall erreichbares Bewußtseinspotential vergegenwärtigt.

Dies sind allgemeine Beobachtungen, die eine Tendenz andeuten, ohne in sich schon als historisch gesichert gelten zu können. Denn im einzelnen unterscheiden sich die philosophischen Schulen im Zeitbegriff durchaus, und es gibt diesbezüglich auch Entwicklungen in der indischen Philosophiegeschichte.

Wir wollen zunächst den Zeitbegriff in Samkhya und Yoga kurz erörtern, um dann einigen Entwicklungen im Buddhismus größere Aufmerksamkeit zu schenken.

Im frühen Samkhya-System, das später praktisch alle indischen philosophischen Schulen erheblich beeinflussen sollte, findet sich noch kein ausgearbeitetes Zeit-Konzept, wohl aber im späteren Samkhya-Yoga. [30] Zeit existiert, im Gegensatz zur Ansicht des

---

30) H. Shankar Prasad, Time and Change in Samkhya-Yoga, in: Journal of Indian Philosophy 12 (1984), 35

Nyaya-Vaisheshika, nicht wirklich. Neben dem unveränderlichen und dem Prozeß rein zuschauenden geistigen Prinzip, *purusha*, macht die veränderliche *prakriti* (das "Hervorgebrachte", als zeitlich bewegtes aktives Prinzip, aber *natura naturans* und *natura naturata* zugleich) zwar eine Evolution durch, aber hier handelt es sich nur um aufeinander folgende Ereignisse, von denen Zeit nicht abstrahiert werden kann. Zeit ist nur das Bindeglied zwischen Ereignissen oder markiert Phasen der *prakriti*, sie ist nichts in sich selbst. Daß Zeit als von der Bewegung der kleinsten Partikel (*anu*) getrennte und eigene Wirklichkeit *erscheint*, ist eine Schöpfung des menschlichen Bewußtseins (*buddhinirmana*). [31)]

Im Yoga spricht man von dem Moment (*ksana*) als der kleinsten Einheit der Zeit. Die Zeit ist hier nicht die Wirkung einer Urnatur, sondern der Ablauf der ununterbrochenen Kette von Momenten, d.h., der unablässige Fluß solch diskreter Momente erscheint dem Bewußtsein als Zeit. Zeit hängt also an Kausalität, und Kausalität ist die karmische Modifikation (*samskara*) des Bewußtseins. So wie das Bewußtsein anfangslos ist, weil es immer von einem Bewußtseinsimpuls abhängig ist, so sind die Bewußtseinsmodifikationen (*samskara*) anfangslos. [32)] Die Substanz (*dharmin*) bleibt ewig dieselbe, sie manifestiert sich nur in verschiedenen Momenten in unterschiedlicher Weise. Die Wirklichkeit unterliegt also keinem wirklichen zeitlichen Wandel, sondern "Schwingungen der Weltstoffenergien", wie J.W. Hauer treffend den Begriff *parinama* übersetzt. [33)] Der *purusha* als geistiges Prinzip ist von dieser Bewegung nicht betroffen, und der Yoga-Pfad besteht gerade darin, diese Unabhängigkeit des *purusha* von den *prakriti*-Bewegungen zu erfahren, was Gewißheit und Überwindung jeder Angst vor der (scheinbaren) Vergänglichkeit zur Folge hat.

Patanjalis Yoga-Sutra 4, 12 macht deutlich, daß Vergangenheit und Zukunft im Wesen gegenwärtig sind und die Differenzen nur darin bestehen, daß bestimmte Charakteristika sukzessive erscheinen. "Wenn latente Eindrücke in ihrer Kraft bewußt werden, entwickeln

---

31) Shankar Prasad, aaO, 39, vgl. S. Dasgupta, A History of Indian Philosophy, Bd. 1, Cambridge: Cambridge Univ. Press 1922, 311
32) Patanjali, Yoga-Sutra IV, 10
33) J. W. Hauer, Der Yoga als Heilsweg, Stuttgart [2]1958, 278

sie sich zu einem Objekt der Erinnerung, und diesen Entwicklungs-
prozeß nennen wir Wandel. Die Wandlungen in der Welt der
Erscheinungen sind grundsätzlich gleicher Natur." [34] Wenn nun die
Grenzen der Wahrnehmungskraft durch Meditation erweitert oder
aufgehoben werden, können alle möglichen Kombinationen der
Manifestationsmomente gleichzeitig in den Bereich der Wahrnehmung treten, die Zeitdifferenzen sind aufgehoben, und "alles erscheint
gegenwärtig". [35]

Vergangenheit, Gegenwart und Zukunft sind im Yoga nur
Modifikationen des zugrundeliegenden Substrats, und das wahre
Wesen des Menschen besteht in einer transtemporalen unzerstörbaren
Wirklichkeit, die in Meditation nach Loslösung vom Fluß der zeit-
lichen Modifikationen erfahren wird, so daß die durchaus real exi-
stierenden Dinge von einem meditativen Bewußtsein in ihrer
Ganzheit und Vollkommenheit erfahren werden. Zeitlichkeit ist damit
sozusagen die größte Versuchung auf dem Yogaweg und Ursache
aller anderen leidverursachenden Konditionierungen. Denn aus dem
Zeitempfinden entsteht die Ungeduld, die das Bewußtsein so
stimuliert, daß es angespannt handelt, um in Begierde das von der
Zukunft Erwartete zu erreichen oder durch Anhaften an vergangenen
Erfahrungen die Offenheit für den Augenblick zu verspielen. Der
Yogi strebt hingegen ein Bewußtsein an, das frei ist von dem Zwang,
wählen zu müssen, und das Gegebene von Augenblick zu Augenblick
so wahrnimmt, wie es ist. [36]

Genau dies besagt die berühmte Definition des Yoga bei Patanjali (Sutra 1, 2), daß Yoga das Zur-Ruhe-Bringen der Bewußtseins-
bewegungen (oder -modifikationen) ist (*yogah cittavrtti nirodhah*).
Alle Funktionen und Inhalte des Geistigen werden mit dem zusam-
menfassenden Ausdruck *citta* bezeichnet. Er ist der Träger der
dharmas oder modifizierten Bewegungen, die, angeregt durch die
Außenwelt, innere Bewußtseinsimpulse und karmische Formationen
(*samskaras*), d.h. in der Vergangenheit angesammelte Prägemuster

---

34) Swami Hariharananda, Yoga Philosophy of Patanjali, Albany: State Univ. of
    New York Press 1983, 368
35) Swami Hariharananda, aaO, 369
36) P.Y. Deshpande, Kommentar zu Patanjali, Yogasutra I, 30-33, in: B. Bäumer
    (Hg.), Patanjali, Die Wurzeln des Yoga, München: O.W. Barth 1976, 57f.

für das Manifestationsgeschehen, eine falsche Welt des Werdens und
Vergehens, vorgaukeln und damit Leid verursachen. Während im
Samkhya einzelne Größen aufgezählt werden (*buddhi, ahamkara*
usw.), um das geistige Geschehen zu beschreiben, verweist der Yoga
auf den einen *citta*, in dem alle Bewußtseinsvorgänge miteinander
zusammenhängen. Das wahre Selbst oder den *purusha* aus der
Verstrickung in die zeitliche Zersplitterung zu befreien, ist die
Aufgabe des Yogi, ja jedes Menschen.

Die Yoga-Philosophie ist zweifellos vom Buddhismus beeinflußt, wenn Yoga-Sutra 3, 14 und Vyasa's Kommentar dazu nahelegt,
daß letztlich alles aus jedem entstehen kann, weil alles miteinander
zusammenhängt und von gleicher Substanz ist. Die Bewegung entsteht auf Grund einer bestimmten *causa efficiens*, wobei Raum, Zeit
usw. nur Variationen der Wirkursache sind. Durch diese spezifischen
Wirkursachen manifestiert sich das noch nicht Manifeste. Es entsteht
also nichts Neues in der Zeit, sondern das Unmanifeste wird manifest.
"Was gegenwärtig ist, wird direkt erkannt, und über das Vergangene
und Zukünftige stellt man Mutmaßungen an, weil es noch nicht manifest ist. Die vergangenen und zukünftigen Eigenschaften eines
Objekts sind vielleicht unendlich. Da eine innere Einheit aller Objekte
besteht, können sich alle Dinge in jedes verwandeln." [37] Es wird also
deutlich, daß im Yoga nicht gesagt ist, daß die Zeit nur eine
Bewußtseinsbewegung ohne ein Substrat oder eine Substanz ist. Die
Substanz selbst ist insofern bewegt, als sie ihre inneren Eigenschaften
aufgrund von Ursachen manifestiert. Sie bleibt aber dabei wesens-
mäßig die gleiche.

3 Zeiterfahrung im Buddhismus

Der Buddha selbst hat Fragen nach dem Zeitbegriff als irrelevant
für den Heilsweg zurückgewiesen. Im *Culamalunkyasutta* heißt es:
Ob die Welt ewig bzw. unendlich oder nicht sei, ob der Vollendete
nach dem Tod existiere oder nicht - in jedem Fall gebe es Geburt,
Alter, Tod, Vergänglichkeit und also Leiden, was durch Überwindung
der Unwissenheit auf dem Wege des achtgliedrigen Pfades über-

---

37) Swami Hariharananda, aaO, 277

wunden werden müsse. [38] Der Buddha beantwortet hier die abstrakte
Frage nach der Zeit mit dem Gleichnis eines Menschen, der von
einem vergifteten Pfeil verletzt ist und diesen unverzüglich heraus-
ziehen müsse, ohne zuerst nach dem Woher und Warum bzw. dem
Urheber der Verletzung zu fragen.

Vergänglichkeit (*anitya*) und Wandel im Fluß der sich ständig
neu formierenden Daseinselemente (*skandha*) sind eine buddhistische
Grunderfahrung. Zeit entsteht durch die gegenseitige Wechselwirkung der zwölf Glieder des Entstehens in gegenseitiger Abhängigkeit, deren grundlegendes Unwissenheit ist, was Leid verur-
sacht. [39] Leid (*duhkha*) entsteht, wenn der Mensch seinem Bedürfnis
nach Permanenz bzw. Anhaften an Beständigem nachgibt und sich
dem Strom von Werden und Vergehen entgegenstemmt. Die
Wirklichkeit ist nicht etwas feststehend Substantielles, sondern die
formativen Elemente bilden von Moment zu Moment eine neue
Synthese, die wir Wirklichkeit nennen. Kontinuität besteht nur in der
Verknüpfungsstruktur, die durch karmische Eindrücke, d.h. wieder-
holbare, sich in Wechselwirkung befindende "Gewohnheiten", von
Moment zu Moment neu geprägt wird.

Besonders in der Madhyamika-Schule Nagarjunas ist Wirklichkeit ein Netz von Erscheinungen. Nichts ist substantiell, und das betrifft selbstredend auch die Zeit. Bereits im Anguttara-Nikaya heißt
es, daß Vergangenheit das eine Extrem, Zukunft aber das andere sei,
und man allein den Mittleren Weg der Gegenwart beschreiten müsse,
denn von diesem her allein erschließen sich die extrapolierten
Extreme. [40] Die einzelnen Phänomene können nicht abstrahiert werden. Das Ganze des Prozesses aber transzendiert die einzelnen Bestimmungen, was auch für die einzelnen Aspekte der Zeit zutrifft.
Nagarjuna bringt dies deutlich zum Ausdruck. [41] In den Worten von
T.R.V. Murti: Das Universum als Ganzes betrachtet ist das transtem-

---

38) Majjhima Nikaya 63
39) Milindapanha III, 3. Um fachfremde Leser nicht zu verwirren, werden im
    folgenden Abschnitt buddhistische Termini einheitlich in ihrer Sanskrit-
    Fassung zitiert - auch dort, wo sie Pali-Texten entnommen sind.
40) S. Miyamoto, Time and Eternity in Buddhism, in: H.S. Prasad (Hg.), Essays
    on Time in Buddhism, Delhi: Sri Satguru Publ. 1991, 684
41) Nagarjuna, Madhyamika Karika 25,9

porale Absolute, als Prozeß betrachtet ist es die gezeitigte Erscheinungswelt. [42]

Jede mögliche Ontologie der Zeit ist für Nagarjuna, Candrakirti und a le Madhyamika-Philosophen keine Beschreibung der Wirklichke t, sondern Ich-Projektion, die das Ich anwendet, um sich in Selbst distanz zu verobjektivieren und zu erkennen. Während im späteren Hinayana die Kategorien eine gewisse Verdinglichung erfuhren, ist in der Madhyamika-Analyse die Zeit eine Bewegungsform des Bewußtseins, hervorgerufen durch die *samskaras* [43], das nichts Statisches finden kann. [44] Das Yogacara-System fügt hinzu, daß erkennendes Bewußtsein und erkanntes Objekt voneinander abhängig sein müssen, daß Zeit als Bewußtseinsform welt-schaffend ist, ohne daß eine idealistische Reduktion daraus gefolgert werden müßte, weil auf der Ebene von Ursache und Wirkung (*prati yasamutpada*) tatsächliche Zeitstrukturen angenommen werden können. Es handelt sich aber nicht um eine einlinige Zeitrichtung, sondern um Entstehen in *gegenseitiger* Abhängigkeit, wo jede Wirkung wieder zur Ursache wird und alle Aspekte, also auch zeitliche Phänomene, gegenseitig voneinander abhängen. Zeit ist ein Faktor, der die Erscheinungen modifiziert sowie alldurchdringend und ewig sein muß, weil Zeit keinen Anfang haben kann, da jeder Anfang Zeit voraussetzt.

Diese Denkform wird besonders deutlich im Avatamsaka-Sutra, das die gegenseitige Durchdringung aller Phänomene lehrt.[45] Nicht nur die Mikro- und Makro-Räume durchdringen einander, sondern auch die Zeiten; Vergangenheit, Gegenwart und Zukunft bedingen einander gegenseitig. Denn die Erfahrung des gegenwärtigen Moments ist nichts als die bewußte Verarbeitung des eben vergangenen Eindrucks, d.h., der vergangene Augenblick wird dem Bewußtsein

---

42) T R.V. Murti, The Central Philosophy of Buddhism, London: Unwin Pb. 1980, 233

43) M. Walleser, Die Zeit, in: H.S. Prasad (Hg.), Essays on Time in Buddhism, a.O (Anm. 40), 16

44) Aryadeva, Catuhshataka 9,5

45) Einige Texte aus diesem Sutra sind übersetzt und kommentiert in: M.v.Brück, Weisheit der Leere. Sutra-Texte des indischen Mahayana-Buddhismus, Zürich: Benziger 1989, 101 - 198

gegenwärtig in einem Prozeß, der diesem Augenblick zukünftig ist. Wahrnehmung des Vergangenen hängt ab von den Wahrnehmungsbedingungen in der Gegenwart.

Was die Vergangenheit *war*, ist dem Bewußtsein nicht zugänglich, was sie hingegen *ist*, hängt von Bedingungen ab, die ihre Zukunft sind. Alle drei Zeitaspekte sind aber, so lehrt das Avatamsaka-Sutra, in sich unbegrenzt und daher nicht determiniert. Begrenzt sind die menschlichen Wahrnehmungsweisen deshalb, weil sie von Bedingungen, d.h. dem Zustand des Bewußtseins, abhängen.

Mit anderen Worten: In anderen Bewußtseinszuständen (wie in der Meditation oder im Traum) wird Zeit anders, nämlich in ihrer gegenseitigen Durchdringung oder Einheit, erfahren. [46] Zeit ist hier kein abstrakter Zahlenstrahl, der mit aufeinander folgenden Ereignissen gefüllt würde, sondern der gegenwärtige Augenblick vollkommener Wachheit, in der Vergangenheit, Gegenwart und Zukunft zusammenfallen. Aber dieser "Augenblick" ist nicht statisch, er bleibt nicht stehen, sondern bewegt sich fort und entfaltet ewig seine innere Dynamik. Es geht um eine *zeitewige Gegenwart*. Alle einzelnen Dinge und Ereignisse sind, was sie sind, aber sie erscheinen in ihrer gegenseitigen Abhängigkeit und Durchdringung.

Wenn dies so ist, können Welt und Gott, wie theistische Systeme sagen würden, oder *lokadhatu* (der Bereich der Unterschiede und des Leidens) und *dharmadhatu* (der unaussprechliche Bereich der Wahrheit), wie es im Buddhismus heißt, nicht zwei Welten sein, die einander ausschließen würden, sondern sie sind zwei Zustände des Bewußtseins, die in tiefer Kontemplation als einander durchdringend erfahren werden.

Das ganze Avatamsaka-Sutra ist nichts anderes als eine Illustration dieser meditativen Erfahrung, indem alle Dinge - Länder, Berge, Flüsse, Blumen, Menschen, Wolken - als leuchtende Strahlengestalten erscheinen, die keinerlei Schatten werfen und wie das Licht alles durchdringen und erleuchten. [47] Die individuellen gewöhnlichen

---

46) Vgl. Th. Cleary (Hrsg.), The Flower Ornament Scripture. A Translation of the Avatamsaka Sutra Vol. III, Introduction, Boulder u. London: Shambhala 1984, 7

47) D.T. Suzuki, Essays in Zen Buddhism (3rd series), London-New York 1953, 77

Wesen oder Zeitmomente verschwinden in dieser letzten Wahrheit (*nirvana*) nicht, sondern werden vom Buddha-Licht durchdrungen. Dies ist aber kein fremdes Licht, sondern ihre eigene wahre Natur. D.T. Suzuki erläutert das Zeit-Paradox anhand einer Frage, die Subhuti im Astasahasrika-Prajnaparamita-Sutra so stellt: Wird Erleuchtung erlangt durch das Erwecken eines vorangehenden oder nachfolgenden Gedankens? Wenn durch einen vorangehenden, so geht das nicht mit einem nachfolgenden zusammen oder umgekehrt. Wenn es aber keine Übereinstimmung beider gibt, wie kann die Gesamtheit positiver Bewußtseinsformungen (*punya*) vermehrt werden? Ist Bewußtsein eine Abfolge von Gedanken, die zeitliches Nacheinander erscheinen läßt? Was aber verbindet die Gedanken, und wie kann ein einziger Erleuchtungsgedanke die ganze Kette durchdringen, wenn jeder Gedanke doch nur ein Moment ist? [48)]

Das Erleuchtungsbewußtsein kann nicht unter gewissen Umständen plötzlich neu auftreten, denn dann wäre es bedingt. Wäre es bedingt, könnten seine Grenzen immer weiter ausgedehnt werden, das heißt, es käme nie zur Ruhe bzw. vollkommene Erleuchtung wäre nicht erreichbar. So kann es weder Grade noch Stufen in der Erleuchtung geben. Sie kann nicht die Wirkung von etwas sein, weil dies eine zeitliche Bedingtheit implizieren würde.

Für Nagarjuna ist darum *nirvana* weder verloren noch wird es erlangt, es ist weder Auflösung noch Ewigkeit, weder zerstört noch geschaffen.[49)] Die Raum- und Zeitunterscheidungen ereignen sich im Bewußtsein auf einer bestimmten Ebene, aber sie sind nicht absolut. In der Weisheit selbst gibt es weder Raum noch Zeit. Was also ist wirklich, und was ist Täuschung?

Der Mahayana-Buddhismus, und hier besonders die Prajnaparamita-Literatur [50)], gebraucht gern das Beispiel vom Mond, der sich im Wasser spiegelt. Wer nur auf die Spiegelung schaut, hält diese für wirklich, möchte sie mit den Armen umfassen und kann sie natürlich nicht begreifen. Die Spiegelung ist die Welt der Unterscheidungen, die als solche wirklich ist, vergleichbar den magischen Gebilden eines

---

48) Suzuki, aaO, 270f.
49) Nagarjuna, Madhyamika Karika 25,5-6
50) Vgl. M.v.Brück, Weisheit der Leere (Anm. 45), 201-241

Zauberers (*maya*). [51] Relativ gesehen (*samvrti*) ist diese raum-zeitliche Existenzform real, und es ist nützlich, mit ihr entsprechend
umzugehen. Man darf sich aber nicht daran hängen, weil die absolute
Wirklichkeit anders ist, eben leer (*shunya*) hinsichtlich der Sub-
stantialität der eben beschriebenen *samvrti*-Ebene der Erfahrung, und
dies ist der absolute Standpunkt (*paramartha*).

Nun darf man allerdings nicht in den Fehler verfallen, die Leere
als Standpunkt zu begreifen, gleichsam die raum- und zeitlose
Dimension zu substantialisieren und als "Bereich" der Welt der Differenzierung *gegenüber*zustellen. Nein, auch dieser "Standpunkt"
muß beständig als solcher überwunden werden, die Leere ist im
zeitewigen Transzendieren selbst zu entleeren (*shunyatashunyata*), so
daß die unbegreifliche Buddha-Natur (*buddhatva*), die natürlich
Nicht-Natur ist, manifest werden kann.

Nagarjunas Dialektik ist der Versuch, diesen Prozeß analytisch
zu vollziehen: es gibt keine Ontologie, sondern nur die Dekonstruktion aller vom Ich aufgebauten begrifflichen Konstrukte. Ich
möchte folgenden Vergleich vorschlagen: Der Zusammenhang der
beiden "Ebenen" oder "Betrachtungsweisen", der Differenzierung in
der Zeit und der zeitlosen Transzendenz also, kann mit einem
Einwegspiegel verglichen werden. Schaut man von der Bewußtseinsebene der Raum-Zeit-Differenzierung her, ist die Spiegelwand
undurchdringlich, und man sieht nur eine begrenzte, in sich selbst
gespiegelte, raum-zeitlich differenzierte sowie in Subjekt und Objekt
gespaltene Wirklichkeit. Von der anderen Seite jedoch, also von der
Bewußtseinsebene zeitewiger Gleichzeitigkeit und gegenseitiger
Interpenetration des Räumlichen und Zeitlichen her, sieht man zwar
noch diskrete Raum- und Zeitmuster, aber gleichsam im Medium des
einheitlichen Stromes.

Für den Mahayana-Buddhismus bedeutet *shunyata* also nicht die
Negation des Zeitlichen zugunsten der Zeitlosigkeit, sondern die
Transzendierung der Dualität von Zeit und Zeitlosigkeit! Denn
konzeptualisiert man *shunyata*, hat man sich schon wieder in ein-
seitiger Weise an mentale Projektionen gehängt und das Ganze auf
ein abstraktes Konstrukt reduziert.

---

51) Suzuki (Anm. 48), 245f.

Shunyata kann somit im Blick auf das Verständnis von Zeit in zweifacher Weise aufgefaßt werden:

1. als die Interrelationalität aller Zeitmomente (*ksana*), wie sie im Entstehen in gegenseitiger Abhängigkeit (*pratityasamutpada*) angeschaut wird, sowie
2. als Jenseitigkeit gegenüber jeder möglichen Bestimmung.

Diese Anschauung wurde radikalisiert im chinesisch-japanischen Buddhismus. In Japan, dessen Ästhetik und Denkformen nicht auf das Allgemeine, sondern das je konkrete und besondere Ereignis ausgerichtet sind, wird das einzelne Phänomen als das Absolute interpretiert, d.h. der jeweilige Augenblick *ist* in seiner Soheit die zeitlos gezeitigte Buddha-Natur. [52] Diese Anschauung fand eine einzigartige Interpretation bei Dogen Zenji (1200-1253), vor allem in seiner Idee von der "Einheit von Praxis und Erleuchtung", also von zeitlich gegliedertem geistigem Weg und überzeitlicher Wahrheit. Er kritisiert die klassische (indische) evolutionistische Auffassung, die Buddhanatur sei eine Potentialität, die im Menschen allmählich entwickelt würde und irgendwann in der Zukunft voll manifest sei. Für ihn *ist* vielmehr die Buddha-Natur zu jedem Zeitpunkt voll manifest. Der spirituelle Weg ist somit ein Gewahrwerden des tatsächlich Gegebenen, nicht ein Wachsen. [53]

Der Erleuchtungsgeist (*bodhicitta*) ist für ihn weder einer noch viele, weder hat er einen Anfang noch ein Ende. Er befindet sich weder im Menschen noch ist er jenseitig, weder spontan noch permanent. Er wird weder durch Bewußtseinsanstrengung noch durch einen Akt der Gnade Buddhas erweckt, sondern wird bewußt in dem Moment, in dem eine Resonanzschwingung des menschlichen Bewußtseins mit dem absoluten Bewußtseinsgrund bzw. spirituelle, kosmische Kommunion stattfindet. Der Begriff *kanno-doko* kann als

---

52) H. Nakamura, Time in Indian and Japanese Thought (Anm. 29), 77ff.
53) Dogen, Shobogenzo, Uji

kosmische Resonanz aufgefaßt werden, wobei alle Wesen durch diese Schwingung miteinander kommunizieren. [54]

Für Dogen ist demzufolge die Zeit das absolute Jetzt (*nikon*), in dem Vergangenheit, Gegenwart und Zukunft in dem einzigen Ereignis der absoluten Bewußtheit erfaßt werden. Gegenseitige Identität des Existierenden und gegenseitige Durchdringung (*sosoku-sonyu*) [55] ist die Formel, mit der Gleichzeitigkeit als der wesentliche Ausdruck der Buddha-Natur dargestellt wird. Das Wesen der Buddha-Natur ist damit als die vollkommene Aktualität im Gegenwärtigen bestimmt. "Gegenwart" ist demnach für Dogen nicht akkumulierte Vergangenheit, sondern die Bewußtheit *aller* Zeit. [56]

Dogen's Position, daß alle Wesen die Buddha-Natur (*buddhatva*, jap. *bussho*) *sind* (und sie nicht einfach *haben*), wirft ein bezeichnendes Licht auf sein Verständnis der Zeit: Alle Zeiten sind die Buddha-Natur. [57] Die Wesen sind nicht getrennt von der Buddha-Natur. So ist auch das zeitliche Ereignis nicht getrennt vom transtemporalen Grund. Dieser Grund ist ebenfalls nicht "ewig", sondern selbst impermanent, d.h. er erzeugt sich ständig selbst. Erst dieser Gedanke der vollständigen Impermanenz macht die gegenseitige Durchdringung aller Phänomene, auch der jeweiligen zeitlichen Augenblicke, möglich.

In der tieferen Bewußtseinserfahrung erlebt der Meditierende nicht selten eine Art "Totalität des gegenwärtigen Augenblicks". Dogen unterstreicht, daß diese Totalität nicht als Metapher für die Ewigkeit betrachtet werden darf, sondern als die vollkommene Entdeckung, Verwirklichung und Bejahung der Sein-Zeit, so wie sie

---

54) Dogen, Shobogenzo, Hotsu Bodai-shin. Die erste Übersetzungsmöglichkeit (kosmische Resonanz) wird von Hee-jin Kim, Dogen Kigen - Mystical Realist, Tucson: Univ. of Arizona Press 1980, 156, vorgeschlagen, die zweite von Yuko Yokoi, in: Zen Master Dogen, New York-Tokyo: Weatherhill 1976, 107.

55) Für eine detaillierte Darstellung dieses Konzepts bei Dogen vgl. Kim, aaO, 187

56) Dogen, Shobogenzo, Uji

57) Dogen, Shobogenzo, Uji. Vgl. M. Abe, Dogen on Buddha Nature, in: Zen and Western Thought, Honolulu: Univ. of Hawaii Press, 1985, 61ff.

in jedem einzelnen Zeitmoment erscheint. Dies verdeutlicht er gern an der Betrachtung von immer wechselnden und sich wandelnden Naturereignissen. In dem Abschnitt "Tsuki" im Shobogenzo betont er zum Beispiel, daß der Mond von heute unsere volle Aufmerksamkeit verlangt - als unmittelbare und vollständige Manifestation ohne Rücksicht auf seinen Anfang oder sein Ende, sein Alter oder seine Neuheit. Weiterhin ist jede Phase des Mondes in sich selbst vollständig und der ganze Mond in seiner jetzigen "Soheit". Das trifft auf alle anderen Erscheinungen der Wirklichkeit genauso zu. Sie sind, so wie sie in ihrer jeweiligen zeitlichen Existenzform sind, die "wahre Form des Buddha". Dogen besteht darauf, daß sein Verweis auf den Mond nicht bloß eine Sprachfigur ist, die die Lichthaftigkeit der Sein-Zeit symbolisieren würde: "Wie es ist" zeigt nicht Ähnlichkeit mit einem jenseitigen Grund an, sondern besagt: "das ist es", nämlich die wahre und nicht weiter hinterfragbare Gestalt der Existenz. Jeder Aspekt oder jede Phase des Mondes, und darum jedwede Erscheinungsform der Sein-Zeit, ist in sich selbst eine vollkommene Manifestation der Wirklichkeit ohne Referenz auf etwas jenseits ihrer selbst.

Ein zentraler Begriff für Dogens Zeitverständnis ist *nikon*, das "Jetzt" oder "Nun", vergleichbar durchaus mit dem "Nun" in der deutschen Mystik, vor allem bei Meister Eckhart. Dogen macht deutlich, daß damit wiederum nicht ein überzeitliches Ewiges gemeint ist. Er betont, daß die zeitliche Tiefe und erfahrungsmäßige Weite des "Gerade-Jetzt" (*nikon*) mit der Kontinuität eines ganzheitlichen Vorgangs (*kyoryaku*) vermittelt ist. *Nikon* ist also kein Begriff, der die prinzipielle Impermanenz aller Ereignisse unterlaufen und somit erneut den Eternalismus in abgeleiteter Form einführen würde, sondern es handelt sich um eine Qualität jedes "Vorgangs" als Übergang von einem Ereignis der Sein-Zeit zu einem anderen. Dieses "Jetzt" oder "Nun" bezieht einerseits alle Aspekte und Dimensionen der Selbigkeit und Gleichzeitigkeit von Vergangenheit, Gegenwart und Zukunft ein, hier-und-jetzt, und anderseits ermöglicht es ihre volle Unterscheidung, Verschiedenheit und Differenzierung.

Das zweite Element des *dharma*-Vorgangs (*kyoryaku*) bezieht sich auf die kontinuierlich kreative und regenerative Dimension von Sein-Zeit. *Nikon* (gerade Jetzt) und *kyoryaku* (verlaufender Vorgang) sind zwei untrennbare, einander durchdringende und letztgültig gleichwertige Standpunkte zum Verständnis von Sein-Zeit (*uji*). Keiner hat Priorität. Die Differenz zwischen ihnen ergibt sich aus der Frage, ob man entweder die jeweilige Oberfläche (*nikon*) oder die innere Überkreuzung der zeitlich vernetzten Erscheinungen (*kyoryaku*) betrachtet. Dogen will diesen Zusammenhang wiederum mit einer Metapher verdeutlichen: Beim Bergsteigen zum Beispiel bezeichnet *nikon* die besondere und unmittelbare Aktivität, die nichts anderes als das gegenwärtige Aufsteigen ist; *kyoryaku* weist auf den gesamten Kontext von Ereignissen hin, die dieses Aufsteigen begleiten, und zwar sowohl die inneren Vorgänge in dem betreffenden Menschen wie auch die Begleitumstände, die das Universum betreffen. Dieser Zusammenhang ist nicht sekundär, sondern der eigentliche Ort des Aufsteigens, da "Leben durch mich lebt und ich auf Grund des Lebens bin". *Kyoryaku* umfaßt also die gesamte Geschichte des Individuums, die Natur- und Sozialgeschichte, das gegenseitige Bedingen der einzelnen Ereignisse und die Erinnerung an Früheres sowie auch alles zukünftig Mögliche als Projektion der jetzigen Konstellationen in die Zukunft. Diese Bedingungen sind gekennzeichnet durch das Zusammenspiel der Grundvoraussetzungen (die sich aus der je individuellen Geschichte ergeben und konditional wirken) und des Strebens, das - in Aktivität geäußert - den jeweiligen Spielraum der Freiheit markiert. Das Zusammenspiel beider Faktoren ermöglicht die konkreten Umstände und enthält sie zugleich. Denn sie sind so, wie sie sind, gerade hier und jetzt so und nicht anders manifest. Jeder Augenblick ist so, wie er ist, vollständig, ohne daß ihm etwas fehlen würde. Denn er enthält die gesamte Palette unterschiedlicher Perspektiven und Situationen, die sich gleichzeitig auftun und ungehindert in gegenseitiger Resonanz netzartig durch die drei Zeitmodi (Vergangenheit, Gegenwart, Zukunft) widerhallen. Vergangenheit, Gegenwart und Zukunft sind nur vorläufige Begriffe, um die Ganzheit der Dimensionen wiederzugeben, die in jedwedem Moment erscheinen.

Um diesen Sachverhalt präziser beschreiben zu können, unterscheidet Dogen *fünf Arten* oder Bewegungsrichtungen *von Vorgängen.* Er will auf diese Weise zeigen, daß unser erster Eindruck, unterschiedliche Vorgänge würden *aufeinander folgen*, der Korrektur bedarf, damit die Komplexität und Nicht-Substantialität, die Verwickeltheit und der Fluß, die Flexibilität und Viel-Gerichtetheit des Dynamismus der Sein-Zeit wahrgenommen werden können. Er unterscheidet also:

1. Vorgang vom Heute zum Morgen,
2. Vorgang vom Heute zum Gestern,
3. Vorgang vom Gestern zum Heute.

Die Verknüpfung dieser drei Zeitrichtungen besagt, daß die simple lineare Zeitvorstellung, die eine Chronologie des "Vorher" und "Nachher" konstruiert, nicht angemessen ist, um die primäre Vernetzung der Zeitmodi zu erfassen.

4. Vorgang vom Heute zum Heute

Diese Bewegung überwindet die gedanklich vollzogene Trennung der drei Zeitmodi, durch die überhaupt erst "Vergangenheit", "Gegenwart" und "Zukunft" als mentale Konstrukte entstanden sind, weil sich das "Heute", das die drei Zeitmodi umfaßt, gleichzeitig vorwärts und rückwärts bewegen soll und obendrein eine Vorwärts- und Rückwärtsbewegung in sich selbst darstellt.

5. Vorgang vom Morgen zum Morgen

Diese Bewegung schließlich läßt jede Vorstellung hinter sich, die der Wahrnehmung der bloßen "Gegenwart" Priorität einräumen würde, da jede der vereinten Dimensionen nur durch ihre Identiät mit jeder anderen vollständig gedacht werden kann.

Authentisches Voranschreiten (Vorgang, *kyoryaku*) bedeutet (im Gegensatz zu der inauthentischen Erfahrung des sequentiellen "Verfliegens" der Zeit), daß die unerschöpflichen Inhalte und unzählbaren Manifestationen der Sein-Zeit in ihrer Impermanenz wahrgenommen werden, d.h. ohne Substrat und Dauer entstehen und vergehen. Dogen benutzt dafür wiederum ein recht anschauliches Bild: Vorgang ist wie Frühling, insofern alle verschiedenen Manifestationen des Frühlings selbst Vorgang sind... Vorgang ist aber nicht bloß Frühling. Denn da es sich um den *Vorgang* von Frühling handelt, vollendet das Vorgehen den *Weg* just zu dem Zeitpunkt, da der Frühling eintritt. Indem ein Aspekt des Frühlings sich zeigt, entfaltet sich "Frühling" überall und zu allen Zeiten. Mit jeder Situation, jeder Erscheinung, jedem Duft, jeder emotional assoziierten "Atmosphäre" des Frühlings sind alle vorigen und zukünftigen "Möglichkeiten Frühling" erfahren und spontan realisiert, und zwar jetzt-und-hier (*nikon*).

Der Begriff von *kyoryaku* ist die Grundlage für Dogens radikale Neuinterpretation der traditionellen Mahayana-Ontologie und hier besonders des Begriffs der Buddha-Natur (*buddhatva*, jap. *bussho*). Aber für Dogen geht es nicht um neue (verbesserte) Begrifflichkeit, sondern um das angemessene Zen-Verständnis des existentiellen Pfades der Verwirklichung, dessen Tauglichkeit nur in der Praxis erwiesen werden kann. *Kyoryaku* ist nun ganz eng verbunden mit dem Begriff *bussho* und zwar durch zwei miteinander verknüpfte Aspekte:

1. Dogen zeigt, daß die hier vorgetragene Formulierung der Gleichzeitigkeit von Vergangenheit, Gegenwart und Zukunft seiner eigenen Erfahrung von *genjokoan* (unmittelbare, vollkommene Zen-Erleuchtungs-Realisierung) entspricht.

2. Dogen zeigt, wie Buddha-Natur neu verstanden und ausgedrückt werden kann hinsichtlich der vollen Integration der Begriffe *nikon* und *kyoryaku* bzw. der letztgültigen Identität

dieses einen Augenblicks mit der totalen Vergegenwärtigung von Sein-Zeit.

Für Dogen ersetzt nur aber der Begriff *uji* (Sein-Zeit) nicht notwendigerweise *bussho* (Buddha-Natur) als zentrale Lehre, die die existentiell-ontologische Realisierung der buddhistischen Wahrheit von *anatman* (Nicht-Selbst) auszudrücken vermöchte. Er lehnt *bussho* nicht etwa ab, sondern unterstreicht die ursprüngliche, *temporale Bedeutung* dieses Begriffs durch seine kreative Interpretation von *bussho* als *kyoryaku* durch folgende Denkfigur: Es gibt keine Sein-Zeit, die nicht Buddha-Natur wäre. Andererseits ist Buddha-Natur nicht manifest bis zur Realisierung von *uji*, d.h. der Impermanenz und Nicht-Substantialität aller Erscheinungen.

Was heißt aber hier "temporale Bedeutung"? Wir wollen dies an einem Text Dogens exemplarisch erläutern. Im ersten Abschnitt des Kapitels "Bussho" im Shobogenzo versucht Dogen, die *temporale Bedeutung* der bekannten und völlig unumstrittenen Passage aus dem Nirvana-Sutra zu deuten:

"*Alle Lebewesen ohne Ausnahme haben die Buddha-Natur. Der Tathagata ist für immer ohne Wandel.*"

Er deutet diesen Vers in eigener Weise und liest ihn auf der Basis seines Verständnisses von *kyoryaku*. Den erstens Satz liest er als: *shitsu-u-bussho* = "Ganz-Sein-Buddha-Natur". "Buddha-Natur haben" bedeutet für ihn in einem tieferen Sinn "Buddha-Natur sein". Diese Interpretation ist aber keineswegs willkürlich, denn das *Sein* von *bussho* ist ja nicht ein fixiertes, ontologisches Substrat, das allen Erscheinungen zugrunde liegen würde. Es ist nicht eine Entität, die alle Wesen besitzen würden, und auch nicht umgekehrt eine höhere gottähnliche Macht, die alle Wesen umfinge. Es ist vielmehr ein Ausdruck der *Soheit* aller Erscheinungen (Lebewesen wie Nicht-Lebewesen), die unmittelbar und vollkommen manifest sind als die jeweilig konkrete Sein-Zeit.

Ein Mensch, der Ganz-Sein-Buddha-Natur vollkommen verwirklicht, tut dies nicht in einem allmählichen Fortschreiten, aufstrebend
von einem dunklen Ursprung und evolutionär auf ein bestimmtes Ziel
hin, denn diese Fülle ist manifest jetzt und hier als der alltägliche
Geist. Es handelt sich nach Dogen aber auch nicht um ein ursprüng-
liches, zeitloses Wesen, das die Potentiale, die aus der Vergangenheit
stammen, auf dem Stufenweg bis zum jetzigen Moment erfüllen
würde. Diese Wesens-Fülle existiert nicht vor der Praxis und wird
nicht erlangt nach der Praxis!

Buddha-Natur (*bussho*) ist also nicht zu verstehen als etwas
Verborgenes, das zum Vorschein kommen will, oder als ein Potential,
das aus der Vergangenheit in die Gegenwart herüberreicht und auf
Aktualisierung wartet in einer Zukunft, die erst kommen würde. Die
traditionelle Interpretation des zweiten Teils der zitierten Passage aus
dem Nirvana-Sutra besagt, daß Buddha-Natur ein konstantes Wesen
ist, das, wenn es durch Übung gefördert wird ("vom Regen des
dharma genährt"), nacheinander Zweige, Blätter, Blüten und Früchte
treibt, die wiederum neue Samen-Potentiale hervorbringen. Eine
solche Interpretation setzt aber voraus, daß sich ein Zustand auf den
vorhergehenden stützen kann, was bedeutet, daß Vergangenheit,
Gegenwart und Zukunft drei trennbare und unabhängige Bereiche
sind, die jedes existierende Wesen durchschritte, um schließlich zu
einem Ziel zu gelangen. Man kann dies "abgeleitete Zeit" nennen.
Dogen aber liest den abschließenden Satz aus dem Nirvana-Sutra-
Zitat neu. Den Ausdruck "ohne Wandel" (*mu u hennyaku*) liest er:
Der Tathagata ist "nicht-existent (*mu*), existent (*u*) und *ist* Wandel
(*hennyaku*)".

Die existentielle Bedeutung einer solchen Umformulierung, ganz
unabhängig davon, ob sie grammatisch korrekt ist oder nicht, meint:
Buddha-Natur ist nicht eine Sache des Innen oder Außen bzw. Vorher
oder Nachher. In bezug auf das oben genannte Bild vom Baum heißt
das: Buddha-Natur ist immer verwirklicht in jedem Augenblick der
Vergangenheit oder Gegenwart oder Zukunft. Denn Wurzel, Stamm,
Zweig und Blatt leben dasselbe Leben und sterben denselben Tod. So

sind sie Buddha-Natur als das mit sich identisch eine, ganze Wesen. Im Kontrast zum Begriff einer "abgeleiteten Zeit", in der die Buddha-Natur zu einem späteren Zeitpunkt realisiert würde, sind bei Dogen alle Manifestationen und Elemente zu jedem Augenblick in jeder Zeit (*kyoryaku*) das spontane Hier-und-Jetzt-Vergegenwärtigen (*nikon*) dieser einen Sein-Zeit (*uji*) als Buddha-Natur (*bussho*).

In anderen Abschnitten des *Bussho*-Kapitels unterstreicht Dogen den zeitlichen Aspekt der Buddhanatur, indem er deutlich macht, daß sie untrennbar und gleichbedeutend mit Impermanenz (*mujo*), karmischem Bewußtsein (*goshiki*), Leben-und-Tod (*shoji*), alltäglicher Aktivität (*gyo*), dem Manifestationskörper der fünf Aggregate (*sningen*), der jeweils vorfindlichen Gelegenheit (*jisetsu kishi*) und dem einzigartigen Augenblick (*ji*) ist. Auch an anderen Stellen im Shobogenzo reinterpretiert Dogen solche Zen-Begriffe, die Erleuchtung symbolisieren, um sie von einer bloß statischen Interpretation zu befreien, die eine Aufspaltung der Zeiterfahrung in unveränderliche Ewigkeit einerseits und vergängliche Zeit anderseits implizieren würde. Er sagt zum Beispiel wieder mit unterschiedlichen Metaphern, daß "eine strahlende Perle" (*ikkya-myoju*) alle Veränderungen des Lebens der unerschöpflichen Vergangenheit enthalte, die durch die drei Zeitmodi hindurch existieren und in der Gegenwart neu zum Vorschein kommen würden. In ähnlicher Weise glühe "ausstrahlendes Licht" (*komyo*) inmitten aller harmonisch einander durchdringenden Funktionen zeitlicher Erscheinungen. Ferner könne "ursprünglicher Buddha-Geist" (*kobusshin*) auf keine Weise vom spontanen Hier-Jetzt der Vergegenwärtigung der Sein-Zeit (*uji*) getrennt werden: "Die sich entfaltenden Blütenblätter und mannigfachen Bäume und Gräser sind nichts anderes als die unbegrenzte Verwirklichung der ursprünglichen Buddha-Natur."

Damit erscheint auch die Rede von "Stadien" oder "Stufen" der Zen-Erleuchtung in einem neuen Licht. Dogen weist ausdrücklich die ausschließliche Betonung der *koan*-Praxis [58] in der Rinzai-Schule

---

58) Ein *koan* besteht in einer logisch nicht-lösbaren Aufgabe. Die Lösung liegt auf einer höheren Ebene der Einigung von Gegensätzen, die nur durch

zurück, weil diese Schule annehme, daß Erleuchtung plötzlich durch die schnelle Lösung eines *koan* erlangt werden könne. Dogen hält dem entgegen, daß das *koan* zwar gelöst werden könne, die Einsicht aber oberflächlich bleibe, wenn nicht das authentische *kyoryaku*, d.h. das gegenseitige Durchdringen der Zeitmodi im steten Fluß der Erfahrung Hier-und-Jetzt, der Zen-Verwirklichung in jedem Moment der Sein-Zeit also, erfahren werde.

Dogens Analyse der Einheit von Spontanität und Entschluß (Anfang oder Vergangenheit), Gleichzeitigkeit und Totalität der Praxis (Mitte oder Gegenwart) und kontinuierlich erneuertem Voranschreiten der Verwirklichung (Ende oder Zukunft), mündet in dem Begriff von *genjokan* (Hier-und-Jetzt-Verwirklichung). *Genjo-koan* umfaßt und beinhaltet die Gleichzeitigkeit von *nikon* und *kyoryaku*. Dies ist für ihn die vollkommene Lösung seines ursprünglichen Problems, des "Großen Zweifels", wie nämlich die Beziehung zwischen ursprünglicher und erworbener Erleuchtung zu denken sei. Dogen war tief beunruhigt von der Frage, warum denn noch die Zen-Praxis notwendig sei, wenn Buddha-Natur ursprünglich und alldurchdringend für jeden gegeben sei. Dieser Zweifel betrifft dann unmittelbar die Frage, woher die Differenz zwischen Anspruch und Wirklichkeit, der behaupteten Buddha-Natur und der offensichtlich höchst unbefriedigenden Lebenssituation der meisten Menschen, komme, was also der Ursprung des "Bösen" in der Welt sei, das es doch zu überwinden gelte. Die Lösung, die er anbietet, besagt, daß sich Entschluß, Praxis und Verwirklichung wie die drei Zeitmodi zueinander verhalten, nämlich einander durchdringend und untrennbar ineinander erfüllt auf Grund des vereinten und doch multidimensionalen *kyoryaku* des *dharma*, das wiederum das *genjokan* des Nicht-Selbst hier und jetzt reflektiert. Dogen hatte ja seine eigene Erleuchtungs-Erfahrung so beschrieben: Körper und Geist sind

---

eine existentielle Erfahrung der "Erleuchtung" bzw. Einung der Bewußtheit erreicht wird. Vgl. dazu M. v. Brück, Wer warst Du vor der Geburt Deiner Eltern? In: K.Weis (Hrsg.), Bilder vom Menschen in Wissenschaft, Technik Religion, München: Technische Universität München 1993, 297ff.

ausgefallen. Körper und Geist ausfallen zu lassen und spontan das Selbst zu vergessen heißt, alle Ebenen der Erfahrung hier-und-jetzt zu verwirklichen. Dogen reduziert also nicht Beschluß-Praxis-Verwirklichung (Vergangenheit-Gegenwart-Zukunft) auf ein ununterscheidbar Eines, sondern er zeigt die Identität in der kreativen Spannung zwischen diesen Momenten auf, wobei jede Phase die anderen durchdringt und verstärkt, erfüllt und erneuert.

Dogens Verständnis der Natur der Zeit beruht auf der Dynamik der buddhistischen Verwirklichung der sich einenden Bewußtheit ("Erleuchtung"). Dieser Zeitbegriff überwindet jede lineare oder sequentielle Begriffsbildung. Entschluß und Praxis führen zwar nicht notwendigerweise zu Verwirklichung, aber die drei untrennbaren Dimensionen sind voll verwirklicht in ein und derselben Sein-Zeit. Wenn für *ein* Bewußtsein *eine* der drei Dimensionen zu *einer* bestimmten Zeit erscheint, durchdringt sie *alle* Dimensionen *jedes* Bewußtseins zu *jeder* Zeit ohne Unterscheidung, Behinderung oder Partikularität. So kann Dogen sagen:

"Wenn also auch nur ein einziger *zazen* für einen Augenblick übt, durchdringt er alle *dharmas* und alle Zeiten, so daß er in Vergangenheit-Gegenwart-Zukunft in dem unbegrenzten Universum allerorts Wesen zur Erleuchtung führt. Für jedwedes Ding ist dieser Akt die selbige Praxis und Verwirklichung."

Die drei "Stadien" der Verwirklichung enthalten sich gegenseitig und sind *letztlich* identisch, obwohl sie für ein unerleuchtetes Bewußtsein erfahrungsmäßig unterschieden erscheinen. Dogen formuliert diese dialektische Spannung so:

"Den Weg unablässig fortsetzend koexistieren Entschluß, Praxis, *bodhi* (das Erwachen) und *nirvana* allzeit ohne jeden Zwischenzeitraum - das ist die Kontinuität des *Weges* durch ständig aufrechterhaltene Aktivität."

Entschluß ist also nicht ein einmaliger Akt, der durch
Erleuchtung überboten oder zum Ende gebracht würde. Vielmehr ist
Entschluß (Motivation zur Praxis) ein beständiges Sich-selbst-
Antreiben in bezug auf die authentische, spirituelle Intention, einen
bestimmten Geist (*shin*)[59] wahrzunehmen und zu erzeugen, der zu
allen Zeiten in allen Wesen existiert. Dogen schreibt:

> "Deshalb denke nicht, daß Erwachen nur einmal
> stattfindet... Zahllose Erwachen ergeben sich aus dem
> anfänglichen Entschluß, Erleuchtung zu erlangen. Der Entschluß
> unzähliger Personen begann mit dem ursprünglichen Erwachen
> einer einzigen Person... Das ursprüngliche Erwachen und *zazen*
> sind weder identisch noch verschieden, weder zusammengefügt
> noch trennbar."

Der Entschluß selbst erneuert sich ständig in der Praxis, und er
ist gleichzeitig in jeder Verwirklichung mitenthalten. Denn Entschluß
motiviert die Praxis und inspiriert die Verwirklichung.

Mit dieser Analyse der Zeit legt Dogen eine höchst praxisrele-
vante Theorie vor, die eine genauere Bestimmung des Verhältnisses
von Mittel und Ziel bzw. Ursache und Wirkung zuläßt: Erleuchtung
ist danach nicht ein erreichbares Ziel, sondern ständig zu erneuernde
Einsicht und Erfahrung, die durch sorgfältige Praxis genährt wird! Im
Shobogenzo-Bendowa heißt es: Praxis und Verwirklichung, Mittel
und Ziel, Ursache und Wirkung sind nicht zwei Dinge.

Weil gegenwärtige Praxis eine Praxis *in* Verwirklichung ist, ist
die anfängliche Unterscheidung der Phasen des Weges die volle
Manifestation der ursprünglichen Verwirklichung selbst. Wenn man
sich also auf Praxis konzentriert, darf man nicht erwarten, es könne
eine Verwirklichung getrennt von eben dieser Praxis geben.

---

59) *Shin* ist allerdings mehr als das rational unterscheidende Bewußtsein, sondern
    das "Herz" bzw. der Bewußtseinsgrund, in dem alle mentalen und affektiven
    Bewußtseinskräfte ihren Ursprung haben.

Verwirklichung ist endlos. Da umgekehrt Verwirklichung in Praxis eingeschlossen ist, ist Praxis anfangslos.

Dieser Sachverhalt kann nun noch einmal "ontologisiert" und zu dem buddhistischen Grundgedanken der Kausalität, d.h. des Entstehens in gegenseitiger Abhängigkeit (*pratityasamutpada*), in Beziehung gesetzt werden. Für die Theorie der Zeit ist dieser Gedanke fundamental. Denn wenn alles in gegenseitiger Abhängigkeit entsteht, trifft dies auch auf die Zeit zu: Vergangenheit, Gegenwart und Zukunft hängen voneinander in reziproker Kausalität ab, sie bedingen einander und entstehen in gegenseitiger Abhängigkeit. Für Dogen ist aber *gyoji* (andauernde Aktivität und Energie) noch fundamentaler als *pratityasamutpada* (jap. *engi*, Entstehen in gegenseitiger Abhängigkeit). Denn die reziproke Kausalität wird bei ihm dynamisch verstanden als eine Aktivität, die nie zum Stillstand kommt. Für Dogen ist der letzte Ausdruck für das, was Wirklichkeit ist, Bewegung, Energie oder Aktivität; und diese Aussage kann auf keinen anderen Begriff zurückgeführt werden. "Es sollte gründlich untersucht und verstanden werden, daß *engi gyoji* ist, aber *gyoji* ist nicht *engi*."

Aktivität, selbst-los und ziel-los, doch bis zum äußersten sich selbst ausdrückend und kraftvoll, ist somit die Basis für die temporale Existenz aller nur möglichen Universen. Alle Wesen entstehen zu allen Zeiten spontan und kontinuierlich auf Grund ihrer Wirkungsaktivität oder Energie. Diese Energie besteht nicht aus Substanzen, sondern ist reine Aktivität. Dies drückt der Buddhismus durch den Ausdruck *an-atman* (ohne Selbst) aus. Ohne solche selbst-lose Aktivität (*anatma*n) gäbe es weder Zeit noch Welt. Nur durch diese Aktivität erscheint Zeit in der impermanenten, nicht-substantiellen Gegenwart. Die Konvergenz der unterschiedlichen und individuell gesonderten, existentiellen Aktivitäten, von dem einen und dem anderen also, ereignet sich als das ontologische Netz der Verlauf-Strukturen des *Weges* in dem jeweiligen, gegenwärtigen Augenblick, der immer "Jetzt" ist.

Dogens Rede von Sein-Zeit (*uji*) läßt natürlich sogleich die Frage aufkommen, wie sich dieser Begriff zu Martin Heideggers

(1889-1976) Philosophie und besonders seinem Hauptwerk "Sein und Zeit" (1927) verhält. Wir können dies hier nicht im Detail untersuchen, möchten aber doch eine kurze Bemerkung einfügen, denn für viele neuere Zen-Philosophen, besonders aus der Kyoto-Schule [60], ist Heidegger in der Tat bevorzugter Gesprächspartner gewesen. Die Differenz in der Ontologie zwischen Heidegger und Dogen ist offenkundig, da Dogen betont, daß Zeit selbst sich nicht ereignet ohne existentielle Aktivität in jedem Augenblick. Zeit ist nicht eine Art Hintergrundsgemälde, das von der Handlung im Vordergrund in irgendeiner Weise trennbar wäre. Zeit *ist* das Ereignis, und so ist nirgends eine Zuschauerhaltung möglich. Der Mensch kann und darf also nicht auf Zeit warten, denn Sein-Zeit wartet nicht. Der "Augenblick" ist weder automatisch gegeben noch als Zielvorgabe erreichbar, sondern unmittelbar und immer neu verwirklicht bei jeder Gelegenheit des Ereignisses von Tun/Sein, Leben/Verstehen. Dogen schreibt in Bendowa:

> "Zu glauben, daß weltliche Angelegenheiten den Buddha-Dharma behindern könnten, hieße glauben, daß es keinen Buddha-Dharma im Alltag gibt. Man würde dabei nicht erkennen, daß es im Buddha-Dharma keine 'weltlichen Angelegenheiten' gibt. Alle Aktivitäten - selbst die scheinbar ganz

60) Für eine vorzügliche Einführung in die Philosophie der Kyoto-Schule mit ausführlicher Bibliographie vgl. R. Ohashi (Hg.), Die Philosophie der Kyoto-Schule. Texte und Einführung, Freiburg/München: Karl Alber 1990. Eine kurze, aber sehr erhellende Einführung in die Philosophie Nishida Kitaros und die anderen philosophischen Konzeptionen der Kyoto-Schule präsentiert H. Waldenfels in seinem Buch: Absolutes Nichts, Zur Grundlegung des Dialogs zwischen Buddhismus und Christentum, Freiburg: Herder 1976, 48ff. Vgl. außerdem: T. Unno (Hg.), The Religious Philosophy of Nishitani Keiji, Berkeley: Asian Humanities Press 1989; S. Heine, Postwar Issues in Japanese Buddhism, in: Ch. Wei-hsun Fu / G.E. Spiegler (Hg.), Religious Issues and Interreligious Dialogues, New York 1989, 249ff.; D.W. Mitchell, Spirituality and Emptiness, New York: Paulist Press 1991, 10ff.; und besonders Nishitani Keijis Reflexionen über seinen Lehrer Nishida aus dem Jahr 1950 in: K. Nishitani, Nishida Kitaro, Berkeley: Univ. of California Press (engl. Übersetzung von 1991).

weltlichen - sind außerordentliche und einzigartige Gelegenheiten, den *Weg* der Sein-Zeit zu verwirklichen."

Das heißt: Dogens Lehre der Sein-Zeit und des totalen Dynamismus (*zenki*) schließen gleichzeitig Heideggers Begriffe der ekstatischen Zeitlichkeit und des Ereignisses des Zusammengehörens ein und transzendieren sie. Dogen integriert voll und ganz die existentiellen und ontologischen Dimensionen der Sein-Zeit, indem er radikal an der Bedeutung der gegenwärtigen Aktivität orientiert ist, in der es keine Unterscheidung von "eigentlich" und "uneigentlich" geben kann.

Wir fassen zusammen: Bei Dogen wird also Zeit in der Zen-Erfahrung nicht aufgelöst. Im Gegenteil, Zeit kommt zu ihrer wahren Erfüllung im vollkommenen Gegenwärtigsein, das auf der Grundlage der gegenseitigen Durchdringung aller Phänomene (*engi*) alle Zeitmomente in den drei Zeitmodi umfaßt.

Dogen beschrieb seine außerordentliche Zen-Erfahrung mit den Worten "Körper und Geist sind ausgefallen". Neuere Berichte über solche Zen-Erfahrungen variieren, aber immer ist der Zusammenfall der Gegensätze und das vom Zeitablauf ungehinderte Gegenwärtigsein wichtigster Aspekt der Erfahrung. Hier zum Vergleich einige Beispiele der Versprachlichung dieses Erleuchtungs-Ereignisses aus jüngster Zeit:

- Bewußtsein, Berge und Flüsse werden vollkommen eins; [61]
- Ich und Universum verschwinden, da ist nur noch der eine Klang, vollkommene Freiheit ohne jede Begrenzung; [62]
- "Nichts ist, absolut nichts - ich bin alles und alles ist Nichts ... es war immer bei mir, und doch habe ich fünf Jahre gebraucht, um es zu sehen." [63]

61) Vgl. Ph. Kapleau, The Three Pillars of Zen, Boston: Beacon 1965, 205
62) Vgl. Kapleau, aaO, 207
63) Kapleau, aaO, 228 (eigene Übersetzung)

In diesem Bewußtseinszustand wird das Bewußtsein grenzenlos und vollkommen gleich mit der Unendlichkeit des Kosmos. [64] Zeit hat sich nicht aufgelöst in Nicht-Zeit, sondern jeder Augenblick ist vollkommen klar in zeitloser Gleichzeitigkeit, bei der die Trennung von Zeit*ablauf* und Zeit*wahrnehmung* transzendiert ist.

4. Zeiterfahrung in der christlichen Mystik

Es ist offenkundig, daß wir hier nicht "die" christliche Mystik behandeln können, weil sie zu vielfältig ist. Dennoch gibt es auch bei ihr relativ konstante Grundmuster.

4.1. Augustinus

Zunächst einige Bemerkungen zu Augustinus, der wie kaum ein anderer in der Spätantike die Unlösbarkeit des Rätsels der Zeit empfunden hat und diesem Erstaunen Ausdruck verleihen konnte. Im 10. und 11. Buch der *Confessiones* beschreibt er zunächst Funktion und Wesen des Gedächtnisses, woraus sich die Frage nach dem Wesen der Zeitmodi ergibt. Zeit ist für ihn eine meßbare Ausdehnung. Aber Ausdehnung wovon? Er kommt zu dem Ergebnis, daß die geschöpflichen Dinge der *anima* bzw. dem wahrnehmenden Bewußtsein als vergangene, gegenwärtige und zukünftige erscheinen. [65] An und für sich kommen ihnen diese Eigenschaften nicht zu. Die Zeit ist mit der Schöpfung gegeben, d.h. Gott und die Erkenntnis Gottes ist jenseits der Zeit, wenn nicht Gott dem Wandel der Zeit unterworfen sein sollte, was für Augustin undenkbar ist. Augustin schreibt somit das Zeitvermögen dem erkennenden Bewußtsein zu, das in der *memoria* nun aber die Gleichzeitigkeit von Vergangenheit, Gegenwart

---

64) Vgl. Kapleau, aaO, 233
65) Für eine Kritik seiner Auffassung, daß kein ausgedehntes Ereignis gegenwärtig sein kann, weil es in jedem Augenblick zugleich seine Vergangenheit und Gegenwart ist, vgl. A. Loizou, The Reality of Time, Aldershot: Gower 1986, 45 ff.

und Zukunft erfahren kann. Außerhalb der *memoria* des Menschen ist nur das jeweilige Jetzt. [66)]

Darüber hinaus hat Augustinus seinen trinitätstheologischen Analogien psychologische Beobachtungen zugrunde gelegt, die für den Zeitbegriff interessant sind. Die Einheit in der Differenzierung des dreifaltigen Gottes wird u.a. mit der Dreiheit von *memoria - intelligentia - voluntas* veranschaulicht. [67)] Die *memoria* als Speicher vergangener Erfahrung wird in der Koordination derselben durch *intelligentia* vergegenwärtigt bzw. in Aktualisierung des Möglichen präsentiert, während in *voluntas* die wünschende Ausrichtung auf zukünftige Realisierungen die jetzig-gegenwärtigen Bewußtseinsinhalte prägt. Ist der erste Aspekt der Ursprung des Wirklichen, so kann der zweite als Verwirklichung und der dritte als Rückkehr bzw. Erneuerung des Wirklichen aus dem Ursprung interpretiert werden, was eine trinitarisch verstandene Zeitstruktur bedeutet. Die Trinität ist somit die Selbstbewegung dieser drei Aspekte, durch die sich der gleichzeitig-gegenwärtige Gott in seinen drei Aspekten selbst aussagt. [68)]

Während dieser spekulative Begriff des Augustinus nicht von einer spezifisch mystischen Zeiterfahrung ausgeht, ist dies bei Dionysius Areopagita und den mittelalterlichen Mystikern durchaus der Fall. Sie deuten allerdings ihre ekstatischen Erfahrungen in einer Weise, die dem augustinischen trinitarischen Zeitschema der Einheit der Zeitmodi in Unterscheidung recht nahekommt.

Mystische Ekstasen sind vielgestaltig. Ihnen eignet aber immer die vollkommene Vereinheitlichung des Bewußtseins sowie eine gesteigerte Wahrnehmungsintensität, wie schon Evelyn Underhill hervorgehoben hat. Sie verallgemeinert: "In diesem Erleben sind die Sondertätigkeiten des Denkens und Fühlens, des Bewußtseins vom eigenen Ich, von Raum und Zeit - von allem, was zu der Welt des Werdens gehört, und von dem Platz, den das Ich darin einnimmt - aufgehoben." [69)] Das Ich als perspektivischer Ausgangspunkt für die

---

66) Augustinus, Confessiones 11,14, 17 ff., zit. nach F. Kümmel, Über den Begriff der Zeit, Tübingen 1962, 23 ff.

67) Augustinus, De trinitate 10,11,18

68) Vgl. M. v. Brück, Einheit der Wirklichkeit (Anm. 26), 142f.

69) E. Underhill, Mystik. Entwicklung des religiösen Bewußtseins im Menschen, Bietigheim: Turm 1928, 476

Wahrnehmung des Raumes wie auch des fixierten Maßstabes, an dem die Zeit vorbeifließt, wird in der mystischen Erfahrung in einen universalen Horizont der Gleichzeitigkeit eingeschmolzen. Dies ist in der buddhistischen *anatta*-Lehre besonders ausgeprägt, spielt aber auch in hinduistischen Vorstellungen und, wie wir hier sehen, in der christlichen Mystik die entscheidende Rolle. Das Bewußtsein wird so gebündelt (*ekagrata*), daß es aus der Mehrdimensionalität der Raumzeit in einer transtemporalen Gleichzeitigkeit gebündelt erscheint.

Die Paradoxie der Einheit des Temporalen und Transtemporalen in dem gleichzeitigen "Nun" der Mystiker hat seine Entsprechung in der Einheit von Transzendenz und Immanenz Gottes, wie sie die Trinitätslehre veranschaulicht. Auch die Denkfigur der Einheit von personal liebendem Gott (Zeitlichkeit) und transpersonal undifferenzierter einer Gottheit, wie Meister Eckhart sagt, einem Urgrund nämlich, der als Ewiges Licht erscheinen kann, charakterisiert dieses "Nun". Die Neigung zur einen oder anderen Seite dieses Paradoxes läßt Typisierungen verschiedener Mystiker zu, und das weit über Religionsgrenzen hinweg. Es gibt aber auch eine "synthetische Erfahrung, die die persönliche und die transzendente Seite der mystischen Tatsache zusammenfaßt" [70], und zu diesem Typ gehört der herausragende rheinisch-flämische Mystiker Jan van Ruysbroeck.

4.2. Jan van Ruysbroeck

Ruysbroeck (1293-1381) war zugleich ein sehr genauer Beobachter seiner mystischen Bewußtseinszustände und scharfsinniger Interpret derselben mittels der Kategorialität hochmittelalterlicher Philosophie. Er hat die systematische Ordnungskraft eines Meister Eckhart mit der inbrünstigen Stimmung eines Seuse verbunden und eine nicht zu unterschätzende Wirkung auf Tauler, und daher auch auf Luther, gehabt. Ich möchte aus seinem Werk "Die Zierde der geistlichen Hochzeit" nur eine Passage zitieren, die typisch die Zeiterfahrung in der mystischen Schau thematisiert. [71] Er spricht von

---

70) Underhill, aaO, 447

71) J.v. Ruysbroeck, Die Zierde der geistlichen Hochzeit und die kleineren Schriften. Herausgegeben von F.M. Huebner, Leipzig: Insel 1924, 384 ff. (Zierde III, 3 f.)

der ewigen Ankunft des Seelenbräutigams, die er als "neue Geburt" und "unablässiges Erleuchtetsein" begreift. Jenseits des gewöhnlichen Handelns ist dies ein "ewiges Schauen und Hinstarren" auf das Licht, in dem sich Gott jenseits der Vermittlung durch Geschöpfliches selbst auswirkt. Dieses Erlebnis ereignet sich plötzlich und ist so unmittelbar-unvergleichlich, "als wäre er vorher noch niemals gekommen".

"Denn sein Kommen besteht, der Zeit enthoben, in einem ewigen Nun, welches immerdar mit neuer Lust und mit neuer Freude empfangen wird. Sehet, die Wonne und die Freude, welche dieser Bräutigam mit dieser Ankunft bringt, die ist unversieglich und unermeßlich, denn sie ist er selber. Und darum sind die Augen des Geistes, mit denen er seinen Bräutigam schaut und anstarrt, derart weit aufgeschlagen, daß sie sich nimmermehr schließen. Denn das Starren und Schauen richtet sich ewig auf die verborgene Offenbarung Gottes. Und das Begreifen des Geistes ist so weit geöffnet nach dem Kommen des Bräutigams hin, daß der Geist selber zu der Weite geworden ist, die er begreift. Und derart wird Gott durch Gott gesehen und begriffen, und hierin liegt alle unsere Seligkeit."

Der Heilige Geist als Liebe Gottes ist in dem so Erkennenden wirksam, in dem wir "unserer Ichheit abgestorben" sind, wobei der Geist in diesem Erkennen "in der überwesentlichen Einheit, in Ruhe und in Genuß" bleibe (III, 4). Ruysbroeck sagt, daß das menschliche in der Zeit geschaffene Wesen letztlich und "seinem wesentlichen Dasein nach" gleich sei mit dem ewigen Wesen des Menschen, das mit dem göttlichen Wesen und Leben gleich ist, da Gott sich selbst in der zweiten Person der Trinität aus sich heraus "in eine unterschiedene Anderheit" begibt, d.h. zeitlich entfaltet. Und so wie innerhalb des trinitarischen Symbols Ewigkeit und zeitliches Ausfließen in unterschiedlichen Seinsweisen synthetisiert sind, so ist es für Ruysbroeck mit der Dimension des Ewigen und des Zeitlichen im Menschen. In der Heiligen Dreifaltigkeit, so Ruysbroeck, schaut "Gott sich selber und alle Dinge in einem ewigen Nun, ohne Vor und Nach" (III, 5) in einer zeit-ewigen Liebesumarmung, voller Genießen und dennoch

formlos (III, 6). In dem daraus sich ergebenden Bilde spiegeln sich
alle Dinge und haben ein ewiges Leben. In der mystischen Erfahrung
gewinnt der Mensch an diesem Schauen Gottes Anteil. Ruysbroeck
fährt fort (III, 6):

> "Aber wo man diese Wunder versteht und erfühlt, ohne sich zu
> verwundern, da ist der Geist jenseits seiner selbst und ist eins mit
> dem Geist Gottes und empfindet und sieht, maßlos gleichwie
> Gott, den Reichtum, der er selber in der Einheit des lebenden
> Grundes ist, allwo er sich nach der Weise seiner Ungeschaf-
> fenheit besitzt."

Der Mystiker spricht von Verstehen und Erfühlen, d.h. von ge-
fühlsmäßigen und kognitiven Elementen, die mit der mystischen
Erfahrung des zeitewigen Nun verbunden sind.

Wir können aus diesem Text vier Aspekte oder Merkmale der
mystischen Erfahrung konstatieren:

1. Es handelt sich um eine Erfahrung der Zeitlosigkeit, die in sich allerdings Erlebnisqualität hat.
2. Die Erfahrung ist verbunden mit dem Gefühl ekstatischer Freude.
3. Das begreifende Bewußtsein selbst wird zu der Weite, die es begreift, d.h. Subjekt und Objekt des Erkenntnisvorgangs sind in
   einer geistigen Präsenz verschmolzen. Diese eigentümliche Nicht-
   Dualität kann sprachlich in unterschiedlichen Metaphern repräsentiert werden: Gott wird durch Gott gesehen (Ruysbroeck), das
   Auge, mit dem mich Gott sieht, ist dasselbe Auge, mit dem ich
   Gott schaue (Eckhart), der *atman* wird durch den *atman* gefestigt
   und erkannt (Bhagavadgita).
4. Es handelt sich um eine "Schau der verborgenen Offenbarung Gottes". Dieses Paradox ist unauflösbar, denn die mystische Erfahrung
   verweist auf einen dem Zeitlichen zugrunde liegenden transzen-
   dentalen Grund, in dem die zeitlichen Modifikationen implizit und
   gleichzeitig gegenwärtig sind. Für Gott, so sagt Luther über diese
   mystische Zeiteinheit, ist das heilsgeschichtliche Nacheinander
   ewige Gegenwart, d.h. für Gott ist der Jüngste Tag am Ende der
   Zeiten schon geschehen, für unsere zeitliche Wahrnehmung steht

die Vollendung hingegen noch aus. [72] Der Mystiker hingegen schaut, mit dem Auge Gottes, die zeitewige Gleichzeitigkeit.

Wie schon angedeutet, hat die christliche Trinitätssymbolik versucht, dieses Paradox zu denken, d.h. die Abhängigkeit und gegenseitige Durchdringung von Einheit und Vielheit, Statik und Dynamik, Zeitlosigkeit und Zeit zu veranschaulichen. Gott ist, indem er in der Dynamik des Geschehens der Durchdringung dieser Aspekte oder Elemente ist, ohne sich dabei von seinem Wesen zu entfernen, d.h. in der Zeit fortzubewegen. Das altkirchliche Bild dafür ist die *perichoresis* [73], der Reigentanz oder das gegenseitige Umkreisen, durch das sich Gott als Wirklichkeit konstituiert. Gott vollzieht sich in dieser Eigendynamik, und alle Einzelereignisse entstehen nicht-dualistisch im Rhythmus dieses Ereignisses. Hier ist also ein Rhythmus, der nur zeitlich definiert sein kann, der aber in seiner formierenden Struktur sein Wesen zeit-ewig zeitigt. Wir können auf die konstante Kreislinie oder die Bewegung der Dynamik, die diese Kreislinie konstituiert, fokussieren, entsprechend haben wir das Nicht-Zeitliche oder das Zeitliche gesehen. Beide konstituieren aber einander und sind voneinander abhängig, und genau das ist die Einheit von Einheit und Vielfalt in der Trinität.

Im übrigen ist in vielen alten Völkern die Zeit eher als Rhythmus denn als kontinuierliche Abfolge von Ereignissen auf einem Zahlenstrahl gedacht worden, weshalb im rhythmischen Ritus der Ursprung ewige Gegenwart ist. [74] Was wir Zeit nennen, wäre dann der Rhythmus der Energie, der quantitativ und qualitativ bestimmt ist, in dem sich aber die Teilaspekte synchron zu einem Ganzen verschmelzen, in das sich ein geeintes Bewußtsein gleichsam einzuschwingen vermag.

Ruysbroeck faßt diesen Sachverhalt am Ende seines Buches von der geistlichen Hochzeit in ein grandioses Bild (III, 6):

"Denn in diesem grundlosen Strudel der Einheitlichkeit werden alle Dinge von genießender Seligkeit gepackt. Der Grund aber

---

72) M. Luther, WA 45, 175, 1 ff. (Rörer 1537). Vgl. M. v. Brück, Einheit der Wirklichkeit (Anm. 26), 175, dort weitere Belegstellen.
73) Johannes Damascenus, De fide orthodoxa, MPG 789 ff.
74) Vgl. M.-L. von Franz, Zahl und Zeit, Stuttgart: Klett 1970, 223.

bleibt gänzlich unbegriffen, man begreife ihn denn mit der wesentlichen Einheit selber. Vor ihm müssen die Personen und
alles, was in Gott lebt, zergehen; denn hier herrscht nichts
anderes als ein ewiges Ruhen in der genießenden Umarmung
liebenden Hinschmelzens ... es ist die dunkle Stille, darin alle
Liebenden sind verloren."

4.3. Nikolaus von Kues

An einem weiteren Beispiel soll ein christlicher Beitrag vorgestellt werden, am Buch *De visione Dei* von Nikolaus von Kues, der, in
neuplatonischer Tradition stehend, die ihm über Augustinus und
Dionysius Areopagita vermittelt ist, einen glänzenden Beitrag zu unserem Thema aus abendländischer Sicht leistet.

Nikolaus von Kues' wichtige mystische Schrift *De visione Dei*
stammt aus dem Jahr 1453 - im gleichen Jahr erobern die Türken
Konstantinopel, was den politisch abgewogen urteilenden Kusaner an
den Rand der Verzweiflung bringt. Er will Einheit und Frieden. So
entwirft er "die Utopie des Gesprächs der Weisen der Völker" [75].

Die Doppeldeutigkeit des Titels *De Visione Dei* ist bewußt gewählt; er kann als objektiver und subjektiver Genitiv verstanden werden, d.h. als die Schau, die der Mensch von Gott hat bzw. als die
Schau, die Gott selbst hat. Beides fällt letztlich in Gott zusammen,
was auch heißt, daß Vielheit und Einheit, Zeitlichkeit und Ewigkeit in
Gott zusammenfallen, was Nikolaus mit dem berühmten Wort von der
coincidentia oppositorum ausgedrückt hat.

Gott selbst ist in seiner Einheit aber auch jenseits der Koinzidenz.[76] Gottes Auge spiegelt alle Wesen wider. Da sein Auge unendlich und nicht, wie das menschliche, durch räumliche Koordinaten
begrenzt ist, sind in Gottes Schau alle Wesen zu allen Zeiten in
Gleichzeitigkeit vereint. Da Gottes Sehen sein Sein ist, insofern Sein
und Haben in Gott zusammenfallen (*habere tuum est esse*) [77], handelt

75) K. Jaspers, Nikolaus Cusanus, München: Piper 1964, 66
76) E.A. Wyller, Identität und Kontradiktion. Ein Weg zu Cusanus' Unendlich-
    keitsidee, in: MFCG 15, Mainz: Grünewald 1982, 117 ff.
77) Nikolaus von Kues, De visione Dei, zit. n. J. Hopkins (Ed.), Nicholas of
    Cusa's Dialectical Mysticism, Minneapolis: Banning 1985, hier 8, 32, 1-2

es sich nicht um eine sekundäre oder gewordene Gleichzeitigkeit, sondern um das Wesen der Wirklichkeit überhaupt, denn außerhalb Gottes ist nichts (*extra igitur te, domine, nihil esse potest*). [78) Nikolaus schreibt:

"Da aber dein Blick Auge ist, d.h. lebendiger Spiegel, sieht er in sich alles. Ja, weil er der Grund alles Sichtbaren ist, umfaßt und sieht er alles im Grunde und im Sinne von allem, d.h. in sich selbst. Dein Auge, Herr, nimmt ohne sich nach verschiedenen Richtungen zu wenden den Weg zu allem. Unser Auge wendet sich jeweils einem Gegenstande zu, und zwar deshalb, weil unser Blickvermögen nur in einem Winkel von begrenzter Größe sieht. Der Sehwinkel deines Auges aber, Gott, ist nicht so oder so groß, sondern unendlich; ist er doch auch ein Kreis, ja unendliche Kugel, weil dein Blick das gleichsam sphärische und das unendlich vollkommene Auge ist. Es blickt also alles sowohl im Umkreis wie aufwärts und abwärts zugleich." [79)

Gott ist in seiner Wahrnehmung, und das heißt, wie wir oben sahen, in seinem Sein, allem Geschehen gleich nahe. Gleichzeitig macht Nikolaus deutlich, daß Wahrnehmung von der Bewegung des Beobachters abhängt, wodurch das Zeitproblem explizit eingeführt wird.

Nikolaus wählt das Beispiel einer Ikone, die den Betrachter anschaut, auch wenn er sich an ihr entlangbewegt. [80) Ein anderer Betrachter, der bewegungslos steht oder sich in eine andere Richtung bewegt, spürt die Augen der Ikone ebenfalls auf sich gerichtet. Der in Bewegung befindliche Beobachter meint, die Augen bewegten sich mit ihm; der ruhende Beobachter meint, die Augen auf sich ruhend zu wissen. So ist Wahrnehmung abhängig von der Bewegung. Der Blick der Ikone gleicht dem Sehen Gottes. Da Gott an allen Orten gleichzeitig ist und ihm unendliches Sehen zukommt, was nicht eine quantitative Vermehrung relativen Sehens, sondern Ausdruck der Unendlichkeit ist, teilt sich diese Unendlichkeit in jedem Augenblick

78) De visione Dei, zit. n. Hopkins, aaO, 9, 36, 11-12
79) De visione Dei, zit. n. E. Bohnenstädt (Übs.): Von Gottes Sehen, Leipzig: Meiner 1944, S. 77
80) De visione Dei, zit. n. Hopkins, aaO, 9, 34,2; 9, 37, 10 ff.

an jedem möglichen Ort mit, ohne ihn zu verändern: Gott ist allen Dingen zu ein und derselben Zeit gegenwärtig, und zwar als Ganzer.[81] Gott bewegt sich mit den Bewegten, ruht mit den Ruhenden, zeitigt sich im Zeitigen und ist somit bewegt und in Ruhe zugleich (*tu, domine, stas simul et moveris, progrederis simul et quiescis*) [82]; ebenso gilt aber, daß Gott weder Ruhe noch Bewegung ist (*neque stas neque progrederis*) [83] - man hört mit Vergnügen Nagarjuna sprechen! -, d.h. Gott ist zeitewig derselbe. Er sieht alle Dinge gleichzeitig in ein und demselben Augenblick (*omnia igitur et singula simul tu, domine, vides*). [84]

Nikolaus gebraucht noch einen anderen Vergleich, der sein mystisches Zeitverständnis veranschaulicht: [85] Schlägt man ein Buch auf, so erscheint der Gesamtinhalt einer Seite verschwommen und unklar. Um alles wahrzunehmen, muß man jedes einzelne Zeichen, Silben und Worte nacheinander lesen und erfassen. Gott nimmt hingegen die Ganzheit der Seite in ihrer Differenzierung gleichzeitig wahr - man denke an das Hologramm -, ohne daß dabei Zeit vergehen würde. Wenn nun aber zwei Menschen gleichzeitig eben diese Seite in unterschiedlicher Geschwindigkeit lesen, so liest Gott doch mit ihnen mit in eben dieser je eigenen Geschwindigkeit, d.h. Gott scheint in der Zeit zu lesen (*videris in tempore legere*). Überzeitlich aber (*supra tempus*) ist alles gleichzeitig für Gott. Er hat schon immer gleichzeitig und in Ewigkeit alle Bücher gelesen und liest sie doch auch sukzessive in der geschöpflichen Temporalität, ohne dadurch veränderlich zu werden, denn Gott ist unveränderlich und feststehende Ewigkeit (*non mutabilis, fixa aeternitas*).

Ewigkeit schließt aber Zeit nicht aus. Sie scheint sich mit der Zeit mitzubewegen, obwohl Bewegung unter dem Blickwinkel der Ewigkeit Ruhe ist. Gott also ist zeitlich bedingte Immanenz und transtemporale Transzendenz zugleich und bleibt dabei der eine zeitewige Gott. Es handelt sich um zwei Betrachtungsweisen, wobei

---

81) De visione Dei, 9, 37,9-10: omnibus illis simul et semel et cuilibet totus ades, domine.
82) De visione Dei, 9, 37,6-7
83) De visione Dei, 9, 37,13
84) De visione Dei, 9, 37,4-5
85) De visione Dei, 8, 31

wir den Fokus so oder so richten können und doch dabei das Objekt nicht verändern. Gott und Welt, mystische Einheitserfahrung der Gleichzeitigkeit und diskursive Temporalität, Transzendenz und Immanenz befinden sich in dieser Polarität oder Nicht-Zweiheit.

Gott ist die Essenz der Wesen, die den bedingten Wesenheiten gewährt, was sie sind. [86] Er ist das Zentrum, aus dem sich die Welt expliziert (*explicatio*), wobei die Gegenbewegung der Implikation (*implicatio* oder *complicatio*) die Welt zur *unio* mit Gott bringt. Die *explicatio* besagt, daß Gott in allen Wesen und Zeitmomenten existiert, die *complicatio* besagt, daß alle Wesen und Zeitmomente in Gott existieren. [87] Explikation und Implikation sind aber nicht äquivalent, denn alles, was von Gott expliziert ist, ist in ihm implizit, aber nicht alles, was in Gott implizit ist, wird als Welt explizit. [88] Obwohl das Transzendente in der Immanenz ist, bleibt es das Transzendente gegenüber jeder möglichen Immanenz. Obwohl die Ewigkeit in der Zeit, d.h. mit jedem Zeitmoment mitgeht und gegenwärtig ist, kann die Summe der Zeitmomente niemals die Ewigkeit sein. Bewegung, Ruhe, Gegensatz, alles was sprachlich formulier- und wahrnehmbar ist, folgt auf diese Unendlichkeit [89], ist gleichsam abgeleitet auf Grund der menschlich begrenzten Erkenntniskraft.

Die Einheitsmetaphysik des Nikolaus bedeutet nicht, daß die Vielheit der Welt in ihrer Zeitlichkeit eine untergeordnete Emanation aus dem Einen wäre wie bei Plotin, für den es eine Bewegung von den Seienden zum Einen hin, nicht aber eine Bewegung des Einen zu den Seienden hin gibt. Bei Nikolaus hingegen liegt das Schwergewicht auf der absoluten Priorität des Handelns Gottes am Menschen, d.h. es ist das Eine, was sich selbst in die Vielheit hineinbewegt und zeitigt.

---

86) De visione Dei, 9, 36, 10-11: es igitur essentia essentiarum, dans contractis essentiis ut id sint quod sunt.

87) Vgl. K. Flasch, Die Metaphysik des Einen bei Nikolaus von Kues, Leiden: Brill 1973, 256 ff., der nachweist, daß der Pantheismusvorwof gegen Nikolaus völlig unhaltbar ist.

88) Vgl. Nikolai de Cusa, De docta ignorantia, 2 Bde., Hamburg 1979³, übs. u. hg. v. P. Wilpert, I,22

89) De visione Dei, 9, 37,19

Ich möchte noch den Text zitieren, der das eben Gesagte im Blick auf die Frage nach Zeit und Zeiterfahrung in der Mystik des Nikolaus von Kues wohl am deutlichsten zum Ausdruck bringt:

"Von allen Kreaturen kannst du gesehen werden und alle siehst du: dadurch, daß du alle siehst, wirst du von allen gesehen. Anders können die Kreaturen nicht sein, durch dein Sehen sind sie ... das Sein der Kreatur ist dein Sehen und Gesehenwerden zugleich ... O unendliche Kraft! Dein Denken ist dein Reden; du denkst den Himmel und er ist, wie du ihn denkst; du denkst die Erde, und sie ist, wie du sie denkst. - Doch zum Verwundern bist du, mein Gott! Du redest und denkst *einmal*; wie kommt es dann, daß nicht alles gleichzeitig, sondern vieles in zeitlichem Nacheinander existiert? Wie kommt so Verschiedenes aus einem Gedanken? ... Dein Gedanke ist die einfachste Ewigkeit selbst ... Was uns daher als Nacheinander erscheint, ist keineswegs *nach* deinem Gedanken, der die Ewigkeit selbst ist. Dein einiger Gedanke umfaßt alles und jedes in sich, dein einiges Wort kann nicht vielfach, entgegengesetzt, veränderlich sein ... Denn in der Ewigkeit, in der du denkst, koinzidiert alles zeitliche Nacheinander in dem Jetzt der Ewigkeit. Es gibt daher keine Vergangenheit oder Zukunft, wo Zukunft und Vergangenheit mit der Gegenwart koinzidieren." [90]

Zeit ist in der Ewigkeit und Ewigkeit in der Zeit. [91] Beide Betrachtungsweisen durchdringen einander, wie das Beispiel der Ikonenbetrachtung darlegt und wie es heute oft am Hologramm dargestellt wird, bei dem das Ganze jeweils im Teilaspekt gegenwärtig ist. Weder das Ewige ist absolut noch die Bewegung, noch sind beide

---

90) De visione Dei 10, 41,8 - 10, 43,18
91) K. Jaspers faßt aaO, 122, des Kusaners Denken in bezug auf die Zeitlichkeit und Transtemporalität der Welt in ihrem Ursprung aus Gott so zusammen: "Die Welt selber ist als Veränderung keine zeitliche Entwicklung mit Ursprung und Ziel. Sie hat ihr wesentlich gleich bleibendes Dasein zwischen Schöpfung und Weltende. Die Chiffren von Schöpfung und Weltende lassen die zeitfreie Wirklichkeit der unendlichen Ewigkeit spüren, in der alle Zeitlichkeit, die zeitlich weder Anfang noch Ende hat, aufgehoben ist."

identisch. *Sub specie Dei*, wir können sagen *paramarthika*, erscheint die gleichzeitige Einheit, das Jetzt, das alles umfaßt. Aber dieses Jetzt ist nicht abstrakt, sondern *ist*, indem es *sub specie hominis*, wir können sagen *samvrti* oder *vyavaharika*, die Evolution und Differenzierung ermöglicht, aktualisiert und erhält. Die Mystik lebt von dieser Komplementarität. Nikolaus von Kues macht sie zum Prinzip seiner dialektisch-mystischen Theologie.

5. Abschließende Überlegungen
5.1. Zeit und karman

Eines der Grundprobleme der überzeitlichen mystischen Einheitsschau ist das Verständnis der Kreativität. Wenn alles in Gott implizit ist, wenn es nicht nur Kausalität gibt, sondern die Gleichzeitigkeit aller möglichen Ereignisse, wenn Aktualisierung die Explikation dessen ist, was auf anderer Ebene bereits *ist*, ergibt sich die Frage, ob es Kreativität geben kann, die zu irgendeiner Art von Entwicklung führt.

Karman bedeutet die vollkommene Interrelationalität aller Ereignisse und Dinge. Obwohl *karman* keinen Anfang hat, hat es ein Ende. Wenn die wahre Natur des Wesens der Wirklichkeit, die Buddhaschaft (*buddhatva*), verwirklicht ist als die wahre Natur des eigenen Bewußtseins, hat sich der karmische zeitliche Kreislauf erschöpft.

Was wir als karmische Notwendigkeit und damit auch als zeitlich bedingte und bedingende Struktur erfahren, ist in Wirklichkeit der gewordene Charakter einer spezifischen Situation oder eine Gewohnheit, die durch Wiederholung geformt ist, also Zeiterfahrung beschreibt.

Kreativität ist der Durchbruch durch die Muster der Wiederholung und Notwendigkeit (oder Gewohnheit), also das, was *karman* überwindet.

Nach D. Bohm gibt es eine Tendenz, daß das Universum neue Formen ausprobiert, [92] d.h. es ist seine Natur, kreativ zu sein. Damit haben wir eine Polarität von Stabilität und Kreativität, die für die Be-

---

92) D. Bohm, Nature as Creativity. in: ReVision, Fall 1982, 37

wegung im Ganzen des Universums verantwortlich ist. Bohm nennt diese Ganzbewegung, die dem Universum zugrunde liegt und sich in jeder seiner Formen zugleich ausdrückt, *holomovement*. Die Wirklichkeit ist Prozeß. Ein Prozeß kann beschrieben werden als strukturierte Veränderung, die Stabilität impliziert und Einheit wie Teilung als ihre Pole hat. Bohm spricht von einer impliziten und einer expliziten Ordnung [93] (eine Terminologie, die an Nikolaus von Kues erinnert), wobei *holomovement* die fortwährende Implikation wie Explikation seiner eigenen Formen ist. Die Beziehung von expliziter und impliziter Ordnung wird durch das Kontinuum von Projektion und Injektion in beiden Richtungen gekennzeichnet. Es handelt sich also um Einheit und Verschiedenheit oder Ganzheit und Individuation in der Dynamik einer polaren Einheit. Das ist ein Konzept, das dem der beschriebenen mystischen Traditionen nahe kommt.

5.2. Mystische Einheitserfahrung und Bewegung

Raum und Zeit sind Aspekte der zugrunde liegenden Bewegung. Zeit als Beziehung zwischen bewegten Gegenständen im Raum ist an das Phänomen der Geschwindigkeit gebunden. Die Beziehung von Zeit und Geschwindigkeit hängt aber von den logischen koordinierenden Operationen ab, die Bewegungen verschiedener Objekte vergleichen, was nicht nur individuell und situationsgemäß verschieden, sondern beim Menschen auch entwicklungsgeschichtlich bedingt ist, wie Piaget gezeigt hat.

Nach unserer Analyse verschiedener mystischer Traditionen können wir hinzufügen, daß auch der Faktor des Bewußtseinszustandes eine entsprechend bedingende Funktion für die Zeiterfahrung darstellt. Der Bewegungszustand des Beobachters ist verantwortlich für die Änderung des Zeitbegriffs, und Nikolaus von Kues' Ikonenmetapher macht deutlich, daß unterschiedliche Bewußtseinszustände verschiedene Bewegungszustände bedeuten können, wobei der mystische Bewußtseinszustand vielleicht einer Ganzbewegung zu vergleichen wäre, die in sich ruht, indem sie sich rhythmisch selbst erzeugt. Aber auch geistige und kulturelle Bewegungen, Bewegungen

---

93) D. Bohm, Wholeness and Implicate Order, London: WIO [2]1981

der Sprachstruktur etwa, die Folgen für den Bewußtseinszustand haben, sind Determinanten für die je spezifische Zeiterfahrung des Individuums bzw. einer ganzen Kultur.

Die in verschiedenen mystischen Traditionen vorkommende Erfahrung der Zeitewigkeit wäre die Erfahrung der vollkommenen Harmonie mit allem und in allem, ein überzeitliches "Zeiterlebnis", in dem es keine Spannung mehr gibt, weil kein Gegenrhythmus den Rhythmus des Ganzen, in den sich der Mystiker vollkommen eingeschwungen hat, relativiert, zerschneidet und dann an einem anderen Zeiterleben meßbar macht. Aus diesem Grunde gibt es für die Erleuchteten keine Zeit. Sie sind in vollkommener Gleichzeitigkeit mit dem Ganzen.

Dieses gleichzeitige Sehen bzw. das Sehen des Ganzen ist Ziel der Mystik. Dennoch wird in vielen mystischen Traditionen die Zeit und Zeiterfahrung nicht als überflüssig oder als trügerischer Schein verworfen. Zeit ist eine Entfaltung von Struktur, Potenz [94] oder rhythmischer Selbstbewegung bzw. eine Kontraktion des Zeitewigen, wie wir mit Nikolaus sagen können.

Dogen, so hatten wir gesehen, hat eine Intuition von der universalen Resonanz oder der Resonanz des Universalen. Für ihn ist dies aber nirgends anders als in der ganz konkreten Erscheinung gegeben. Die Zeit ist demnach das absolute Jetzt, das "Nun" eines Meister Eckhart, in dem das Faktische der Vergangenheit und das Mögliche der Zukunft in einem einzigen Moment der Gegenwärtigkeit von geeinter Bewußtheit verschmelzen. *Gegenwart* ist dann nicht das Produkt der Vergangenheit, sondern das Gewahrwerden aller Zeit im zeitewigen Jetzt.

5.3. Ganzheit und Differenzierung

Wir leben im Jetzt. Aber das Jetzt ist dimensionslos. Wäre die Vergangenheit vollkommen bekannt, was für die vollkommen Erleuchteten im Buddhismus geltend gemacht wird, so wäre auch die Zukunft bekannt. Warum? Das gleichzeitige Bewußtsein aller vergangenen Ereignisse ist das Gewahrwerden der expliziten Möglich-

---

94) S. Watanabe, Time and the Probabilistic View of the World (Anm. 19), 562f.

keiten des Universums, also seiner Aktualität. Zukunft ist die
Potentialität oder Wahrscheinlichkeit, in der Explikationen der Wirklichkeit Ereignis werden können. Wird die Vergangenheit vollkommen erkannt, sind diese Explikationen enthalten. Denn sie sind keine
Potentialitäten mehr, insofern sich hier Potenz zu Akt wie Impuls zu
Resultat verhält. Karmische Samen (*bija*) sind nur dann Bildungen
karmischer Notwendigkeit, wenn sie nicht explizit geworden sind,
wenn sie also mit Notwendigkeit ihre eigene Energie in Bewegung
oder Handlung umsetzen müssen. Ist dies geschehen, kann man von
einer Aufhebung der karmischen Potentialität sprechen, d.h. die
Zukunft hat sich als Explikation der Vergangenheit in karmischen
Mustern zum Gegenwärtigsein entfaltet.

Deshalb kennt der Buddha nicht nur die Vergangenheit, sondern
auch die Zukunft, d.h. er kennt nicht eigentlich diskrete Zeiten, sondern ist sich der vollkommenen Ganzheit der Einheit des zeitlichen
Geschehens im Punkt der Gegenwart bewußt.

Die Gegenwart ist aber dann kein Punkt, der gleichsam von zwei
Seiten, nämlich der Vergangenheit und der Zukunft, begrenzt wäre,
sondern das vollkommene Gegenwärtigsein in jedem möglichen
Punkt der als Kontinuum erfahrenen Wirklichkeit. Das Erwachen zu
diesem Gegenwärtigsein ist die Erleuchtung (*buddhatva*).

Die Erfahrung des zeitlichen Kontinuums in der relativen Ordnung der Kausalität und die Gleichzeitigkeit, gegenseitige Durchdringung oder Leere in bezug auf inhärente Existenz jedes möglichen
Koordinatenpunktes in der Raum-Zeit-Struktur sind zwei einander
bedingende Betrachtungsweisen - in buddhistischer Terminologie die
absolute (*paramartha*) und die relative (*samvrti*). Beide sind
notwendig zur Beschreibung der menschlichen Erfahrung. Sie sind
nicht ineinander auflösbar. Beide als Einseitigkeiten genommen
spalten das Bewußtsein in verhängnisvoller Weise.

Das Formlose ist in Form [95]), das Absolute ist im Relativen, das
Wunderbare im Gewöhnlichen, der Vater im Sohn, der Duft des Veil-

---

95) Die Formulierung des Herzsutra, auf die sich mein Kommentar bezieht, lautet:
rupam shunyata shunyataiva rupam, Form ist Leere und Leere ist Form. Das
"in" darf also nicht als Kongruenz zweier räumlich getrennter Bereiche
verstanden werden, sondern es deutet eine *Bewußtseinserfahrung* an, die das
erkenntnismäßig vorher Getrennte nun in seiner wesensmäßigen Einheit sieht,

chens ist in meinem Herzen, mein Herz ist im Gesang dieses Rotkehl-
chens – und umgekehrt. Diese Sätze weisen auf das mystische "in"
hin, das man in vielen Traditionen finden kann. Vielleicht ist dieses
"in" eine der entscheidenden Koinzidenzen der mystischen Traditionen die wir hier dargestellt haben. Es ist *die* Erfahrung des
Menschen *in* Gott bzw. im Absoluten und gleichzeitig im sinnlich
ganz Konkreten. Sie transzendiert den zeitlich-evolutionären Aspekt
der Bewußtseinserfahrung in eine zeitewige Resonanz, die "in allen
Welten aller Buddhas zu allen Zeiten" widerhallt.

Wirklichkeit ist auf Grund der Interpretation der hier vorgestellten mystischen Einheitserfahrungen eine Selbstdifferenzierung, die in
sich ganz bleibt und darum undifferenziert ist. Das bezeichnet man im
Buddhismus mit Leere (*shunyata*). Ein funktionales Äquivalent dafür
im Christentum scheint mir das Symbol der Trinität zu sein. [96]

Der zeitlich erfahrende Mensch partizipiert vollkommen an
dieser Dynamik, die Gott *ist*, indem es für den Mystiker ein ewiges
Verschmelzen in Gott hinein gibt, wie auch umgekehrt Gott ewig in
den Menschen hinein verschmilzt. Der Mensch wird aber dabei nicht
in eine undifferenzierte Identität aufgesogen (obwohl es auch diese
Schulen gibt, wie z.B. einige Richtungen im Advaita Vedanta).

"Klares Licht" (Sanskrit *abhasvara,* Tibetisch *'od gsal*), so sagt
der tantrische Buddhismus, ist der Grund am Anfang und am Ende,
die zeitewige Gleichzeitigkeit. Der Weg des Mystikers besteht darin,
zu dieser Erfahrung zu erwachen. Die zeitlose Gleichzeitigkeit kann
dann aber nicht einen Gegensatz zum zeitlich differenzierten Erfah-
rungsmuster des Tagesbewußtseins bilden, sondern die Einheit ist in
dieser Differenzierung, und die Differenzierung der drei Zeitmodi ist
dialektisch aufgehoben in der zeitewigen Gleichzeitigkeit. Diese
"Oszillation" zwischen den beiden Bewußtseinsmodi ist typisch für
ein reifes mystisches Bewußtsein. In diesem Sinne äußert sich auch
der Mystiker Jakob Böhme:

---

ohne daß die Differenz, die auf anderen Bewußtseinsebenen auftritt, ausge-
löscht wäre.
96) Dies habe ich ausführlich erörtert in: M. v. Brück, Einheit der Wirklichkeit
(Anm. 26), 213 ff.

"Wem die Zeit ist wie Ewigkeit
und Ewigkeit wie die Zeit,
der ist befreit
von allem Streit." [97]

---

97) Zit. nach G. Wehr, Die deutsche Mystik, München: Scherz 1988, 255.

Hinweis des Herausgebers:

Vgl. auch Michael von Brück: "Wer warst Du vor der Geburt deiner Eltern? Zum Menschenbild des Zen-Buddhismus." In: Kurt Weis (Hrsg.): Bilder vom Menschen in Wissenschaft, Technik und Religion. 1. Aufl. FAKTUM Bd 2. München: Technische Universität München 1993, 2. Aufl. Opladen: Westdeutscher Verlag 1995, S. 297-315.

RUPRECHT PAQUÉ

Zeit schenken

I

Korf *), vorweihnachtlich bedrängt,
überlegt sich, was man schenkt.

Lang noch nach Sankt Nikolas
weiß er nur, was nicht, nicht was.

Dann, mit etwas Weinbefeuchtung,
kommt ihm plötzlich die Erleuchtung:

Was man braucht und was erfreut,
soll man schenken - also: Zeit!

Und so schenkt er: Tage, Stunden,
kleine Pausen, selbst Sekunden;

nur ein Viertelstündchen diesen,
eingestickt in bunte Kissen,

---

*) Die beiden Geistfiguren Korf und Palmström sind aus Christian
Morgensterns Galgenliedern "ausgeliehen"

andren, arm an Zeit befunden,
schenkt er ganze Mußestunden;

manchen, sparsam von Natur,
gleich ein Konto auf der Uhr,

dazu Schecks, noch unbeschrieben,
auszufüllen nach Belieben;

Leuten, die sich ständig sputen,
eine Schere für Minuten,

um die auf den Tag verstreuten
vielen kleinen Leerlaufzeiten,

die oft übrig, auszuschneiden
und draus läng're zu bereiten.

Korf, sobald man dies erfuhr,
kommt nicht aus mit *seiner* Uhr,

muß, von allen eingeladen,
eigner Pläne ganz entraten

und, um niemanden zu kränken,
sich erst selbst mit Zeit beschenken.

II

Palmström, als er dieses hört,
ist tief innerlich empört.

Jedem schenkt er noch in Eile
eine Schachtel Langeweile.

III

Korf hingegen schenkt er nur
eine kleine Taschenuhr,

doch auf welcher die Sekunden
dicht und schwer sind wie sonst Stunden;

diese, auf der geist'gen Waage,
wiegen schwer wie sonst nur Tage;

nach den Tagen wiederum
meint man hier: Ein Jahr ist um.

Korf hält inne und versteht:
*In*tensi- statt *Ex*tensität.

IV

Doch unser Korf verliert nicht so schnell
sein spielerisch schweifendes Naturell.

Im Weltall ist - das hat Einstein gefunden -
die Zeit ja nicht gleich, sondern ortsgebunden.

Und flög' man dem eigenen Ort davon,
wär's woanders vielleicht "noch nicht" oder "schon".

Drum schenkt er nun Palmström, wenn auch recht spät,
zu Silvester die geistige Fakultät,

wann immer es diesem an Zeit gebricht,
in Gedanken (welche ja schneller als Licht)

von einem Koordinatensystem zum andern
beliebig schnell hinüberzuwandern,

so daß er die Gegenwart, wenn sie ihn dränge,
sozusagen im Raum überspränge.

Nun hat Palmström fast immer Zeit:
Wenn er will, ist es stets "noch nicht ganz soweit".

V

Freilich, so vom Leib befreit
(selbst der Lichtgeschwindigkeit),

fehlt ihm bald das Hier und Heut'
irdischer Entschiedenheit.

Einmal ist es doch soweit -
besser also: gleich bereit

und zur rechten Zeit getan,
was man tun muß, was man kann.

Jetzt ist Weihnacht, *jetzt* Neujahr!
Morgen heißt es schon: "Es war".

ANHANG

ANHANG

Autorin und Autoren

Michael von Brück, Prof. Dr. theol., geb. 1949 in Dresden. 1968-73 in Rostock Studium der Evangelischen Theologie, vergleich. Sprachwissenschaften, Sanskrit und Indologie. 1975 Promotion. Studium der Indischen Philosophie und Religion (1976-77 Madras), des Mahayana- und des tibet. Buddhismus. Ordination zum Pfarrer der Ev. Luth. Landeskirche Sachsens 1979; Habilitation in Systematischer Theologie 1982. 1980-85 Gastdozent in Indien. Studium des Yoga in Indien, des Zen in Japan; seit 1985 Zen- und Yogalehrer. 1988 Prof. für Vergleichende Religionswissenschaft, Univ. Regensburg. Seit 1991 Lehrstuhl f. Missions- und Religionswissenschaft, Univ. München. Bücher u.a.: Einheit der Wirklichkeit (2. Aufl. 1987, engl.1991), Weisheit der Leere (Sutra-Texte, 1987, 2. Aufl.), Ein Universum voller Gnade (Tibetischer Buddhismus, 1987). Die Bagavad-Gita (1993).

Hans-Peter Dürr, Prof. Dr. phil., geb. 1929 in Stuttgart, dort Studium der Physik. Promotion (Ph.D.) bei Edward Teller, Univ. of California, Berkeley 1956. Habilitation für Physik 1962 an der Universität München. Mitarbeiter von Werner Heisenberg. Appl. Professor an der Universität München 1969. Seit 1978, im Wechsel, Direktor des Max-Planck-Instituts für Physik und Astrophysik sowie des Werner-Heisenberg-Instituts für Physik. Mitglied u.a.: Deutsche Akademie der Naturforscher Leopoldina, Halle 1975, Vorstand von Greenpeace Deutschland 1985-1991, Gründungsvorstand von Global Challenges Network 1987, Club of Rome 1991, Vorstand der Vereinigung Deutscher Wissenschaftler 1991. Preise u.a.: Right Livelihood Award ("Alternativer Nobelpreis") 1987.

Hermann Lübbe, Prof. Dr. phil.,
geb. 1926 in Aurich, Ostfriesland. Studium
der Philosophie und sozialwissenschaftlicher Disziplinen in Göttingen, Münster,
Freiburg i.Br., dort 1951 Promotion. Habilitation 1956 an der Universität Erlangen.
1963 o. Prof. für Philosophie an der Ruhr-
Universität Bochum. 1966-69 Staatssekre-
tär im Kultusministerium, 1969-70 Staats-
sekretär beim Ministerpräsidenten von
Nordrhein-Westfalen. 1969-73 o. Prof. für
Sozialphilosophie, Universität Bielefeld.
1971-91 o. Prof. für Philosophie und Politische Theorie, Universität Zürich, seither dort Honorarprofessor. 1975-78 Präsident der
Allgemeinen Gesellschaft für Philosophie in Deutschland. Mitglied des Deutschen P.E.N. und der Europäischen Akademie der
Wissenschaften und Künste. Zahlreiche Bücher über Politische
Philosophie, Geschichte, Kultur, Fortschritt und Zeit.

Hans Maier, Prof. Dr. phil., Dr. h.c. mult.,
geb. 1931 in Freiburg i.Br., Studium der
Geschichte, Germanistik und Romanistik
in Freiburg, München und Paris; Staats-
examen 1956, Promotion 1957, Habilitation für Politische Wissenschaft in Freiburg 1962. Seit 1962 o. Prof. für Politische
Wissenschaft an der Universität München.
1970-86 Bayerischer Staatsminister für
Unterricht und Kultus; 1976-1988 Präsident des Zentralkomitees der Deutschen
Katholiken. Seit 1988 Lehrstuhl für Christ-
liche Weltanschauung, Religions- und Kulturtheorie (Guardini-
Lehrstuhl), Universität München. Bücher u.a.: Revolution und
Kirche (1. Aufl. 1959, 5. Aufl. 1988, engl. 1966, franz. 1992). Zahlreiche Veröffentlichungen zur deutschen und französischen So-
zial- und Verfassungsgeschichte, Staatskirchenpolitik, Geschichte
der christlichen Parteien, Verwaltungslehre, Kulturpolitik. Acht
Schallplatten und zwei CD s mit Orgelmusik.

Helga Nowotny, Prof. Dr. phil.,
geb. 1937 in Wien. Studium an der juridi-
schen Fakultät der Universität Wien 1955-
59, Dr. jur. 1959. 1960-65 Univ.Assistentin
am Instit. für Kriminologie, Universität
Wien. 1965-69 Studium der Soziologie an
der Columbia University, New York, dort
1969 Ph.D. in Sociology. Habilitation für
Soziologie 1980 an der Universität Bielefeld, 1982 an der Universität Wien, dort
seit 1987 Univ.Prof.in für Soziologie. 1974-
87 Gründungsdirektorin des Europäischen
Zentrums für Soziale Wohlfahrt. Maitre d'Etudes, Maison des
Sciences de l'Homme, Paris, 1987 und 1992. 1992 Permanent Fel-
low des Collegium Budapest. 1993 Präsidentin der International
Society for the Study of Time. Bücher u.a.: Kernenegie - Gefahr
oder Notwendigkeit, Anatomie eines Konflikts (1979, holl. 1983),
Eigenzeit, Entstehung und Strukturierung eines Zeitgefühls (1989,
3. Aufl. 1990), In Search of Usable Knowledge (1990).

Ruprecht Paqué, Dr. phil.,
geb. 1924 in Augsburg, Abitur in Zürich
1942. Nach dem Wehrdienst Studium der
Philosophie, Psychologie, Religionswissenschaft und Geschichte in Göttingen und
Köln, dort Promotion 1968. Zugleich Studium und Tätigkeit als Übersetzer (EG u.
a.). 1972-75 Forschungssekretär und Ener-
giereferent der Stiftung Wissenschaft und
Politik, Ebenhausen/Isar. 1975-85 Gründungsleiter des Deutschen Übersetzungsdienstes der UNO in New York; Gastpro-
fessor an der City University, New York. Bundesverdienstkreuz I.
Klasse 1985. Bücher u.a.: Das Pariser Nominalistenstatut. Zur
Entstehung des Realitätsbegriffs der neuzeitlichen Naturwissenschaft (1970, frz. 1985). Hrsg.: Afrika antwortet Europa (1967),
Auch schwarze Kühe geben weiße Milch (Afrikan. Sprichworte,
1976). Zahlreiche Buchübersetzungen und Rundfunksendungen.

Ernst Pöppel, Prof. Dr. phil.,
geb. 1940 in Schwessin, Pommern. 1962-
1968 Studium der Psychologie und Zoo-
physiologie in Freiburg, München und
Innsbruck, dort 1968 Promotion. For-
schungsstipendien der Max-Planck-Gesell-
schaft, der VW-Stifung und der DFG (für
das MIT, Dept. of Psychology and Brains
Science 1971-73). 1974 Habilitation für
Sinnesphysiologie, Universität München;
1976 Habilitation für Psychologie, Universität Innsbruck. Seit 1977 Professor und
Vorstand des Instituts für Medizinische Psychologie, Universität
München. Seit 1992 Mitglied des Vorstands, Forschungszentrum
Jülich GmbH. 1993 Mitglied der Deutschen Akademie der Naturforscher Leopoldiana. Forschungsgebiete u.a.: Zeitliche Organisation von Hirnprozessen und mentalen Vorgängen: Restitution von
Funktionen nach Hirnverletzungen. Messung der Narkosetiefe.

Kurt Weis, Prof. Dr. iur.,
geb. 1940 in Mannheim, juristische Ausbildung (Referendar 1964, Assessor 1970),
kriminologische und soziologische Tätigkeit in den USA (Promotion zum S.J.D.,
Harvard Law School 1968; Univ. of Chicago 1971-72; Univ. of California at Berkeley 1972-73; Univ. of Hawaii Social Science Research Institute 1993-94). Habilitation für Soziologie, Saarbrücken 1979.
Seit 1980 Prof. für Soziologie am Institut
für Sozialwissenschaften der TU München.
Seit 1992 Mitglied der Europäischen Akademie der Wissenschaften und Künste. Forschungen zur Soziologie der Abweichung und
der sozialen Kontrolle, des Sports, der Jugend, der Technik. Bücher u.a.: Die Vergewaltigung und ihre Opfer (1982), Ko-Autor
bzw. Mithrsg. von: Sport und Gewalt (1982), Erlebnispädagogik
(1992, 2. Aufl. 1994), Die dunkle Seite des Chips (1993), Institutionen und Einzelne im Zeitalter der Informationstechnik (1994).

 Wolfgang Wild, Prof. Dr. rer. nat., geb. 1930 in Bayreuth, Studium der Physik an der Universität München. Dort 1953 Physik-Diplom, 1955 Promotion. Habilitation 1960 an der Universität Heidelberg. 1961 Professor an der FU Berlin, seit 1961 o. Professor der Theoretischen Physik an der TU München. 1973-76 Vizepräsident der Universität Bayreuth. 1980-86 Präsident der TU München. 1986-89 Bayerischer Staatsminister für Wissenschaft und Kunst. 1989-93 Generaldirektor der Deutschen Agentur für Raumfahrtangelegenheiten (DARA) GmbH in Bonn. Ehrensenator der Universität Bayreuth. Bayerischer Verdienstorden. Arbeiten zur Theoretischen Kernphysik, Quantentheorie von Vielteilchensystemen, zunehmend Publikationen zur gesellschaftlichen, politischen und erkenntnistheoretischen Bedeutung der modernen Naturwissenschaft, u.a. das Buch: Begreifen und Gestalten - Wissenschaft verändert unser Leben (1989).

Namensregister

Sachregister

Was ist Zeit?

Teil Zwei

Entwicklung und Herrschaft der Zeit in Wissenschaft, Technik und Religion
Eingeleitet und herausgegeben von Kurt Weis
Reihe FAKTUM der TU München, Bd. 12, 1996, 280 S., DM 29,80
ISBN 3-929115-67-0

Zur Einführung
Die Herrschaft der Zeit und die Zeitunterworfenheit des Menschen.
Prof. Dr. iur. Kurt Weis, Technische Universität München

Zeit als Richtungspfeil
Die Entwicklung unumkehrbarer Zeit in Selbstorganisationsprozessen von der
kosmisch-physikalischen über die biologische bis zur soziokulturellen Evolution.
Prof. Dr. phil. Klaus Mainzer, Universität Augsburg

Zeit als Maß von Gegenwart
Von den acht Zeitbildern der Physik über eine kurze philosophische Geschichte des Jetzt
zur Logistik und Zeitwahrnehmung des Gehirns. – Oder: Wie ist Gegenwart?
Dr. rer. nat. Eva Ruhnau, Ludwig-Maximilians-Universität München

Zeit als Geburt aus Chaos und Raum
Religionsgeschichtliche Entwicklungsschemata in Ägypten und der Bibel. –
Oder: Warum führen uns Weihnachtsmythos und Chaostheorien nach Altägypten?
Prof. Dr. theol. Dr. phil. Manfred Görg, Ludwig-Maximilians-Universität München

Zeitordnungen als Ordnung der Geschlechter
Zeit als Machtfaktor. Stabilität und Erosion der unterschiedlichen Zeitmuster von Frauen
und Männern im Alltag.
Dr. phil. Karin Jurczyk, Justus-Liebig-Universität Gießen

Zeit als Maß für Strafe und Reife
Zeit im Recht und Menschen hinter Mauern: Fristen, Gefängnisse und Klöster als
Verdeutlichungsagenten menschlicher Zeitbewertung. Warum aber sammelt der Häftling
Frust und der Mönch Kraft in der Zelle?
Prof. Dr. iur. Kurt Weis, Technische Universität München

Zeit als Waffe im Wettbewerb
Zeitmanagement im Geschäftsprozeß. Zeitfallen und Zeittreiber. Die Bedeutung der
Zeitreduzierung und Zeiteffizienz für die Logistik in Unternehmen und Lebensalltag.
Prof. Dr. rer. pol. Horst Wildemann, Technische Universität München

Zeit als Zukunft
Die menschliche Konstruktion der Zeit. Uhren, Fernseher, Computersimulation und
Technikfolgenabschätzung. Vom Handeln vor offenen Zukünften.
Prof. Dr. phil. Walther Ch. Zimmerli, Otto-Friedrich-Universität Bamberg

Akademischer Verlag München, Theresienstraße 40, 80333 München
Tel.: 0 89 / 2 80 21 95 – Fax: 0 89 / 2 80 20 97